海外汉学译丛·主编 张西平

天朝的封建官僚机制

古代中国
经济和社会研究

[法]白乐日 著
佘振华 译

GUANGXI NORMAL UNIVERSITY PRESS
广西师范大学出版社
·桂林·

天朝的封建官僚机制：古代中国经济和社会研究
TIANCHAO DE FENGJIAN GUANLIAO JIZHI:
GUDAI ZHONGGUO JINGJI HE SHEHUI YANJIU

图书在版编目（CIP）数据

天朝的封建官僚机制 ：古代中国经济和社会研究 / （法）白乐日著 ；佘振华译. --桂林 ：广西师范大学出版社，2021.12

（海外汉学译丛 / 张西平主编）

ISBN 978-7-5598-4379-1

Ⅰ. ①天… Ⅱ. ①白… ②佘… Ⅲ. ①官僚主义－政治制度－研究－中国－古代 Ⅳ. ①D691.2

中国版本图书馆 CIP 数据核字（2021）第 213361 号

广西师范大学出版社出版发行

（广西桂林市五里店路 9 号　邮政编码：541004
网址：http://www.bbtpress.com）

出版人：黄轩庄

全国新华书店经销

湛江南华印务有限公司印刷

（广东省湛江市霞山区绿塘路 61 号　邮政编码：524002）

开本：880 mm × 1 230 mm　1/32

印张：12.25　　字数：200 千

2021 年 12 月第 1 版　　2021 年 12 月第 1 次印刷

印数：0 001~6 000 册　　定价：58.00 元

丛书总序

近四十年来海外汉学研究成为学界的一个热点，其翻译著作之多，研究展开之迅速，成果之丰硕，在中国当代学术研究领域是任何一个学科都不可以比拟的。据国家图书馆海外中国问题研究资料中心尹汉超副研究馆员的初步统计，四十年来学界翻译、研究、介绍海外汉学研究的著作达3600部之多。尽管如此，在海外汉学经典著作的翻译和整理上我们仍需努力，对于海外汉学名著的翻译一直是一项最基础、最根本的学术工作。在我们身边很难再有像钱钟书先生那样的天才，精通多国语言，融通中外学术，所以我们只能老老实实地把世界各国汉学的名著一本一本地翻译出来，这样才会对欧美汉学史有一个整体的、全面的认知。二十多年来我就是凭借着这种理念，组织翻译了一批西方汉学早期汉学的经典著作。

尽管《剑桥中国史》《剑桥中国文学史》等大部头的著作已出版，关于儒学与道学的海外汉学著作的出版工作也有了显著的进步，但对世界各国的海外汉学名著的翻译仍有欠缺，尤其是非英语国家的汉学研究名著亟待翻译。特别是对“一带一路”国家的中国研究，我们应给予高度关注。因为仅仅靠英语世界的汉学成果，我们是绘不出一个完整的世界汉学历史全图的。我们应明白中国学术的进步是需要几代人才能完成的，我们应站在中国学术的全局，一代接一代地把世界各国的汉学名著翻译成中文出版。我们应鼓励更多的熟悉法语、德语、意大利语、瑞典语、印地语、波斯语等各种语言的学者投入到海外汉学著作的翻译研究中来，并像已故的冯承钧、耿昇先生那样，献身于基础汉学著作的翻译。我们向所有安于寂寞、献身学术、从事汉学名著翻译的学者致敬。这次我与广西师范大学出版社的合作，就是希望在海外汉学著作的翻译上再翻新篇。

四十年来，海外汉学（中国学）研究的进展与当代中国学术的变迁与发展紧密相连，这充分说明海外汉学这一域外的中国知识和中国当代知识的进展以及当代中国学术的变迁有着内在的联系。这样的传统是从清华大学国学研究院的成立开始的，吴宓在《清华开办研究院之旨趣及经过》中明确地指出：

“惟兹所谓国学者，乃指中国学术文化之全体而言，而研究之道，尤注重正确精密之方法（即时人所谓“科学方法”），并取材于欧美学者研究东方语言及中国文化之成绩，此又本校研究院之异于国内之研究国学者也。”学者在解释吴宓这一思想时说：“近代以来，‘国学’概念的使用有不同的用法，吴宓的提法代表了当时多数学者的用法。后来清华国学研究院的教研实践也显示出，清华国学研究院对国学和国学研究的理解，始终是把国学作为一种学术、教育的概念，明确国学研究的对象即中国传统学术文化，以国学研究作为一种学术研究的体系。在研究方法上，则特别注重吸取当时世界上欧美等国研究中国文化的成果和方法。这表明，老清华国学研究院以研究中国传统文化为本色，但从一开始就不是守旧的，而是追求创新和卓越的，清华国学研究院的学术追求指向的不是限于传统的学术形态与方法，而是通向新的、近代的、世界性的学术发展。”①本土之国学与海外汉学互动是近代中国学术发展的重要特点，这样的传统在近四十年的汉学研究中也充分体现了出来。

汉学的存在标志着中国的学术已经是世界性的学术，汉学研究的成果已经不再仅仅作为一门“外学”，像外国文学、外国

① 陈来：《清华国学院的使命》。

哲学、外国历史那样，仅仅作为一种知识产品丰富我们对世界学术的认识。自晚清以来，中国历史的自然发展因西方国家的入侵而打断，同时，中国文化与知识的叙述也不能再在经史子集这样的框架中表达，从四部到七科，中国现代学术体系和表达形式发生了根本性的变革。西方汉学，此时作为西学进入我们的知识和文化重建之中。因此，如果搞不清西方汉学的历史，我们就说不清中国近代的历史，并无法开启今天的学术重建。

在这个意义上，海外汉学不仅仅在海外，而且同时内在于我们近代学术史和当代的学术史之中。为此，我将海外汉学研究说成是一种“内外兼修之学”，意在表达它作为一个学术体系和知识系统，对中国学术具有内在参考性。

梁启超在百年之前就提出“在中国研究中国”“在亚洲研究中国”“在世界研究中国”三种方法。四十年来对海外汉学的研究使我们体会到：文化自觉和学术自觉是我们展开域外中国学研究，展开西方汉学史研究的基本出发点；开放与包容的文化精神是我们对待域外汉学家的基本文化态度；求真与务实的批判精神是我们审视西方汉学的基本学术立场。

张西平

2021 年 1 月 16 日

法文序

白乐日（1905—1963）是现代西方最重要的中国史专家 7
之一。他出生于匈牙利的首都布达佩斯，然而当时的匈牙利和奥地利皆未开展汉语教学，于是他便前往德国学习，并在德国成长为汉学家。在柏林大学，白乐日完成了既新颖又翔实的博士论文，内容是关于唐朝的经济史（*Beiträge zur Wirtschafts-ges Chichte der Tang-Zeit*，公元 618—906 年，柏林，1931—1933 年，共 227 页）。之所以选择唐朝是因为它的地位关键，其时处六朝（公元 3 世纪至 6 世纪）之后，宋朝（公元 10 世纪至 13 世纪）之前。白乐日把前者称为“中世纪”，而把后者视为中国现代时间的开端。这是第一次，至少是西方汉学史上第一次真正涉足中国的经济史，并选择了古代中国的鼎盛时期之一。那时，中华帝国是世界文明最璀璨的中心。从唐朝史的重要研究开始，白乐日一方面继续研究“中世纪”，另一方面也把目光转向了“现代时间”，后者是其晚年的研究对象。

然而，大约在15年的时间里，白乐日敏锐地感受到了一系列政治事件的影响，这打乱了他关于中国以及中国史的研究。希特勒上台后，白乐日便离开德国，前往法国定居，并在不久后加入法国国籍。“二战”伊始，他受困于法国限制敌对国侨民的法律；在法国被德国占领的时期，作为著名的反
8 纳粹人士，他同时受到了德国当局和法国维希政府的威胁。他躲到凯尔西的一个小村庄里，以养鹅为生。战争结束后，饱受生活折磨后的消极悲观情绪让他谨小慎微，长期远离巴黎。直至1948年，他才发表了关于汉末危机的系列研究。这也是他最早用法文发表的论文。之所以研究公元2世纪至3世纪陷入分裂的中国，是因为当时欧洲和世界的状态与之相似，激起了他强烈的共鸣。1949年，他进入法国国家科学研究院，开始编撰关于中世纪中国经济与社会的两卷本著作（莱顿出版社，1954年，共448页），受到学界的关注。不久，他便在法国高等社会科学研究院获得教职，在刚刚成立的社会与经济科学分部教授中国史。此后，他著作渐丰，和国内外学界的交往日益频繁，加入了许多学会，也参加了一系列的研讨会，重新致力于激活和复兴汉学研究。白乐日主持了“宋史指南研究计划”，

这项国际合作的重要研究一直持续至今。1957 年，他前往日本访学，并第一次因心脏病被送往医院，病因是他为了弥补“二战”中损失的时间而长期劳累。最终，年仅 58 岁的白乐日因心脏病离世，留下大量尚未完成的研究。其中一篇论文在本书中首次面世。另一篇关于汉末至 12 世纪中国制度史的精彩概述也刚刚收录进遗著《古代中国的历史和制度》（法国大学出版社，1967 年，共计 322 页。其中三分之二的篇幅为白乐日所著）。该书中从上古至汉朝的部分由另一位伟大的中国史专家马伯乐（1883—1945）撰写。马伯乐曾是白乐日的老师，在世时是上古至汉朝时段（公元前 10 世纪至公元前 3 世纪）中国史研究领域最重要的汉学家。

然而，这段历史似乎并未得到白乐日的青睐，这也许是因为相关文献情况不足以支撑经济和社会方面的研究。而这两个方面正是白乐日研究中国史的重点。他对马克思主义的理论很感兴趣，尤其受到马克斯·韦伯的影响。尽管后者在白乐日赴德前已经去世，但仍然启发了白乐日的研究方向和内容。白 9
乐日在汉学研究中所探索的，正是通过比较数据，从而在更大基础上坐实他青年时代提出的社会和经济问题。这些问题深深地困扰白乐日的祖国，也占据他的全部学术研究。本书将呈现白乐日比较研究中对主题和对象之间关系的思考，以及主题如何在对象中展现其问题，并提供不同的参考意义。白乐日以自己的方式展现了中国史家的名言，大意为历史是今日之镜。因此，他的所有著述都体现了其个人鲜活的甚至是热情的风格，以及有目共睹的文字天赋。这位眼界高远的历史学家科研思维活跃，创新能力突出，文化底蕴丰富。此外，他还是极为严谨的博学之士，学术研究和批评方法成熟。白乐日认为，文献虽然只是方法，但是绝不可轻视。其研究目的在于找到“一个大型社会的社会结构和经济基础”。而且，他认为该社会“和美洲社会同等重要”，从中得出经验教训，有益于解决最棘手的现实问题。1954 年，白乐日写道：“在美苏的世纪之后，将会是属于中国的 21 世纪。”后来发生的事件证明了这一预测。白乐日没有预见到 1966 年发动的“文化大革命”，这场运动恰恰是反对官僚制度和科举制度的。而白乐日却错误地认为它们是“中国永恒性”的特征，对于新中国政府而言依然有效。

白乐日去世后，耶鲁大学曾以英文精心出版了一本他的论文集。法国公众也许会阅读这些既普遍又具有现实意义的研究
10 成果，但是它们大多数只刊载于学者专用的出版物中。本书所选的文章与美国出版的论文集不同，其中增加了白乐日去世当年在伦敦大学所做的三场讲座的法文稿。伽利玛出版社为本书拟定的书名并不违背作者试图阐明的思想，“当谈论不复存在

的士大夫儒家国家之经济和社会问题时，我无意中已经涉及了极权主义和官僚制度之社会的诸多问题，尽管它目前尚不存在，或正形成于世界的某个地方”[①]。

戴密微

① 引自本书第 13 页。本书原著中的中文名字和术语皆采用中华人民共和国现行的拼音标注系统。

目　录

第一部分

社会与官僚制度

第 1 章　中国社会的重要特征[①]

“发现中国”也许与“发现美洲”同样重要，但是发现中 15
国的过程并非突然，这是在好几个世纪里逐渐完成的。首先，西方人的好奇心追逐着一个神奇的中国。这个传奇般的国度激发了西方的殖民和传教事业。早期的东方学贪婪地抓住这个新的研究对象以窥究竟。因此，它的语言、信仰和习俗很自然地成为东方学早期研究的中心。

更加密切的接触和常驻远东的传教士向惊诧不已的欧洲展现了一个理性主义的中国，后者被理想化为开明专制的形象。此时，中国的哲学和宗教体系被译介到西方，扩大了西方的视野。之后，在 19 世纪，沿着科学进步的足迹，汉学家开始列

① 本文取自作者 1952 年 5 月 2 日在罗瑶蒙修道院（Abbaye de Royaumont）国际文化中心组织的“中国文明日”主题活动上所做的演讲。

单编目，为已有研究增添了历史、文学、戏剧、民俗和神话等新领域。热情的收藏家、研究者和考古学家也补充了艺术和考古学的内容。由于现代科学必然要求划分不同的学科，所以汉
16 学也变得丰富多样，不断增加有关中国的知识。但是，在这个漫长且费力的发现过程中，尽管汉学已经取得巨大的成就，并在研究工具上不断完善，但是它的方法仍然受到西方狭隘的主观视角的支配，集中体现了征服者的利益。从中国光谱传来的光线被 19 世纪偏见的厚玻璃过滤，并且产生了变形。直到 20 世纪初，当中国成为世界政治舞台的积极参与者，发现这一东方动荡社会之中国的事业才最终完成。

无论在东方或西方，熟悉中国的学者都急切地想知道，这一动荡骚乱的状态将把中国引向何处？但是，该问题马上又会带来另一个问题，这个既古老又现实，并在时间延续性上独一无二的东方最大的社会以往是如何发展的？在这个本质上与西方不同的社会中，主导发展的规律有哪些？这些规律会带来什么样的后果呢？

因此，我们可以把汉学看作不同学科的集合，它包含了语言学、民族学、考古学、政治史、艺术史、宗教哲学史、科学史和社会学等。中国这一有着五千年历史的次大陆就是上述学科的共同关注点。很自然，这些不同分支的出现、发展和各自

的重要性受制于研究主体（即西方及其科学）和研究客体（即中国）之间不断变化的关系。然而，这个主客体之间的关系非常复杂，正处于一个交会点，这是因为客体自身不仅没有停滞不前，反而在以惊人的发展速度转变成主体。朝夕之间，中国已经从中世纪帝国演变为世界强国，如果我们从词源的角度把“强国”理解为充满力量、有着无限可能的政权的话。

然而，当西方面对独立中国这一无法忽视的因素时，中国自身也在觉醒，中国人也开始意识到并且反省自己的社会。我
想指明的是，中国人开始重新发现他们自己的国家。这一发现 17
之路并非一条笔直的大道。1912 年，中国的一代新人致力于现代化，甚至过于投入到仿效西方技术、吸收西方思想和采纳西式方法的事业当中去。他们在美国的学院和欧洲的大学里如饥似渴地学习，以至于没有时间和兴趣去关注中国自己之事。自 18 世纪以来，中国汉学一直在退步。但是和西方汉学相比，无论是在传统上还是在潜力上，中国汉学都要有力得多。而且，在新中国爱国主义的强烈推动下，中国汉学将会重新关注中国问题，追问国家的过去和未来。

因此，在两次世界大战之间，东方和西方都各自从自负中走出来，开始克服既敌对又相同的自我优越感。中国和欧洲学者几乎同时发现了中国社会之存在，或者进一步说一个特殊

类型社会之存在。它不同于其他已知的社会，受不同的规律支配，并且按照自主的方式发展。它似乎被西方的入侵突然打断，在当时的中国人眼中陷入四分五裂的状态，呈现出现实中国混乱无序的巨大问题。

以上简单概述了中国社会问题所处的条件和背景。汉学中这一特殊研究分支的方向和方法既受到政治现实的影响，又受到现代人文科学的影响。这表明我想研究的对象非常复杂，尽管在此我只是呈现了它的某些方面。很明显，在这篇远算不上全面的文章里，也许只能涉及中国社会过去和现在的部分问题，这是因为一方面我们面对的是汗牛充栋的中国古代文献，而且它们还几乎尚未被编目；另一方面，有关新中国的问题总是与国际政治相关，这就让问题更加复杂。唯一可行的办法就是重点选择对汉学和20世纪社会学皆有意义的某些问题。

18 如果通览中国社会几千年的历史，我们会对一种永恒的、稳固的和持久的现象感到惊讶，我把它称为“官僚体制”。它最明显的特点就在于“文人官僚”组成的统治阶级从未退出过历史舞台。从公元前3世纪秦始皇建立秦帝国到1912年清帝国覆灭，都是由这些受过良好教育的“君子”们组成的统治阶级掌管着中华帝国的命运，控制着中华帝国的话语权。从基层机构到穷乡僻壤，从文学到艺术，这些士大夫一直活跃在中华文明的每一个角落。如何定义这个中国独有的、占据统治地位的社会群体呢？它是国家、种姓还是阶级呢？

这个社会阶层的首要特点源自一个惊人的对比，即个体成员的动荡生活和脆弱命运与整个阶级的恒久存在和稳定延续形成了一种强烈的反差。受君主专制国家权力的支配，最高级的官员们亦可能朝不保夕，今天得以封侯拜相，明日便做阶下之囚。但是，整个官员群体和官僚制度依然围绕君权而运作。整个“二十四史”就是这一官僚制度的真实写照，里面充斥了无数官员被斩首、被赐死的故事。总而言之，对这些事件做一个统计可能很有意义，尽管目前这项工作还有待完成。

经济基础（或土地所有制）、共同的观点和行为、不变的生活方式、传统的世界观，这些都让我更加倾向于使用“阶级”一词来定义这个阶层。教育、掌握知识、荣誉感，尤其是
中国官员的文人气质与目不识丁的大众截然相反。这些特点虽 19
然会让人将其与种姓或者贵族的概念相比较，但是算不上民主的官员选拔和科举制度又与强调家族传奇的种姓制度不同，中国士大夫总是极力掩饰自己的垄断地位。简而言之，该统治阶级的选拔方式会不断更新。从民众中选拔人才，这倒与英国的贵族制度有点相似，而与封闭的种姓制度截然不同。

如果我们考虑到中国历史上某些带有封建性的元素，上述

问题就会更加复杂。当然，我所指的并非是官僚社会形成之前周朝的封建制度，而是回向再封建化的趋势及其周期性的再衰退，是贵族在中世纪扮演的重要作用及其捍卫田产和特权的顽固特性。难以判断中国社会的结构，这是因为儒家学说的模棱两可。诞生于古代封建社会内部的儒家学说原本属于中国的封建领主。但是，它已经成为士大夫利益、思想和观念最完整的系统。失势的贵族摇身一变成为士大夫新阶级的组织者，而儒家学说也变成该阶级的喉舌。然而，这一转型导致了儒家学说的自相矛盾。儒家学说被用来保护士绅阶级的利益，这一巧妙做法即使不算伪善，至少也欺骗了它的众多诠释者。儒家坚持的斗争只是为了“贵族内部的民主”，这种民主只是统治阶级独有的特权。对于其他阶级，儒家仍然是极端的独裁主义者。它的机会主义、保守主义、传统主义以及其他某些鼓动人心的特征很容易诱人上当。当他们谈及“民”时，他们的真意是“百姓”，即“一百个家族”。

我们知道，中国共产党接受了苏联共产党内部关于政权改朝换代的理论，发展出一种简明的历史观，并证明了阶级斗争的正确目的。按照这种历史观，中国社会古代政体是纯粹的封建制度。这至少按照马克思主义学说的纲要，透彻地证明了资产阶级革命和土地改革的必然性。

我认为，对士大夫的物质条件、社会关系、生活方式以及意识形态等方面进行细致的研究将会呈现以下几个特点：文人在社会中的地位既不取决于所受的教育，也不取决于继承的特权，更不取决于家庭或个人财富及田产。我们虽不否认这些组成要素的重要性，但是事实上它们都源自文人在社会各个层面所承担的职能。这些都是维持大型农业社会运作必不可少的职能。在该社会中，基于自给自足经济之上的单位（即农民家庭）生活在并无自然联系的东亚大陆上。如果没有那些中央政府委派的、具有决定权并且等级分明的管理者，那么这些农民家庭将有可能陷入无可救药的、无政府的混乱境地。权力集中的中央政府领导着这些官员，它还可以随时随地任命或者罢免他们。而每次用分封式的地主或领主治理来取代官员治理都会导致地方主义，这种现象在中国和在其他地方都一样。但是中国的地方主义与西方多国式的地方主义不同，它不仅会导致统治权的分裂，而且会让各种保障社会秩序的制度陷入衰败。而这一社会秩序是公共安全、经济生产、贸易交换和有序生活必不可少的条件。离开了有效的、持续的、广泛的科举制度，这些制度也无法存在和维系。在此，我只能列举那些最为重要的制度：制定历法，这对于农业生产来说必不可少；调节水利、开通运河、修堤筑坝，这些都是抗旱防洪所必需的；储存公粮 20

以应对饥荒（众所周知，直到 20 世纪初，季节性的饥荒是所有社会都会面临的问题）；统一度量衡和货币，这是贸易交换
21 的必要条件；组织军事防御以应对游牧部落长期的侵犯；最后，还有培养精英的教育制度；等等。

我们可以发现，上述的各项事业有一个共同的特点，即就维持生产而言，其中任何一项都无法立竿见影，但又不可或缺。这些衙门的主要职责就是领导兴修大型工程，管理人数众多的劳动力。缺乏其中的任何一项都不利于整个社会基本活动的正常运转。这些事业另一个重要的共同特点是它们的“政治”色彩。它们并不要求特别专业的知识，而是需要礼仪和才干，需要掌握普通的文化知识，即在重视基础知识的前提下，具备高级的驭人之道。总而言之，这种通过经验获得的本领让官员能够协调、领导、管理和控制技术人员和专家。这一管理系统不需要它的精英专攻某项技术。正相反，掌握古代典籍、乐理和礼仪，学习书法和诗歌等，这些对于官员来说甚至更为重要。与古代西方相比，这是中国文明的优点，同时也是它的缺点。在这种文明里，“君子”的业余爱好也就被这些管理民众的精英们在各种生活状态中独享了。

当然，这一官僚制度也有弊端。有关于此的研究虽不甚有趣，但对于 20 世纪而言，却是非常重要的。这些弊端主要体

现为极权主义和腐败。

在贫穷和落后的社会里，或者更准确地说，在前工业世界中，腐败现象肆意猖獗。收入微薄的政府代理人只能自谋生路。因为最高的美德是服从上级，所以在无法对官员履行职责进行实时监管的情况下，他们就不可避免地会从社会中获取国家无法给予的东西。中国古代官员通过长年累月地学习，无数 22
次地赶考，耐心地等待职位空缺，结识权贵，甚至举债以获得任命。于是，一旦到达自己的衙门，他就开始从行政权力中连本带利地收回自己曾付出的辛苦。他的贪婪和敛财程度将取决于其所处的不稳定状态，还有他等待的时间、供养家庭成员的数量、需要打点的人际关系等。

因此，中国社会还有另一个重要的基本制度，即“大型家庭”，或者说氏族。地方保护和任人唯亲的现象非常普遍，但是古代中国给它们提供了最有利的生长环境。鼓吹家庭利益胜于国家利益的儒家学说滋生和纵容了这些官僚主义的负面因素。法家和儒家的争论几乎都是围绕这个问题展开的：国家和家庭，谁才是第一位的?

在这些条件下谈论儒家政权的极权倾向似乎有些矛盾。但是，这种矛盾是表面的。实际上，如果我们能看到朝廷及其各级衙门的极度操控权，我们就能理解中国古代社会的极权程度非常高。在此，儒家就代替了法家，并且替法家实践了中央集权的学说。统制经济和国家干涉主义在付诸文字之前就已经存在，所有的个人和公共生活都无法避开官方的规章制度。首先是朝廷的垄断游戏：大众消费日用品几乎是国家垄断，它们毫无疑问提供了税收，主要有盐、铁、酒、茶叶和对外贸易。还有小心翼翼地维持的教育垄断。这实质上是一种文字垄断（我本想说是媒体垄断）：如果没有朝廷的许可，任何非官方的文字都很难被公众看到。但是，这种摩洛克式政权（Etat moloch）的影响以及官僚主义的强势远不止于此。还有服饰、公私建筑等规章制度。服装的颜色、音乐和节庆都有相应的规
23 定，甚至连生死都有规定。朝廷仔细地监督臣民日常生活从摇篮到坟墓的每一步。规章制度就是一望无尽的文件和纷繁复杂的手续。

中国人聪慧的发明精神已经为人类带来了许多贡献，如丝绸、茶叶、瓷器、纸张、印刷术等。如果没有朝廷令人窒息的管控，这种发明精神本可以让中国更加富饶，甚至有可能把中国带进现代工业的门槛。但是，帝国的朝廷扼杀了中国的技术发明。这一层意义不仅指出朝廷粉碎了一切与它为敌，或者说企图与它为敌的事物，同样也阐明朝廷的理性必然会制造出一套习俗。循规蹈矩、因循守旧和墨守成规的气氛会质疑一切

先前没有的革新和创举。对于自由的研究精神而言，这非常不利。

有人也许还会认为连坐是中国古代帝国的另一个独有特征，也是家族制度的必然后果。事实上并非如此。我们惊讶地发现，在诸多极权制度下，无辜者要如何为他们亲戚真假难辨的罪行负责。而在这些国家，并不存在中国式的大型家庭。的确，这是那些残忍的国家控制鼓吹者违背儒家的意愿，采用连坐这种恫吓和恐怖之理论与实践。在中国完全实行儒家化之后，朝廷仍然使用这种恐怖武器来对抗内外潜在的敌人。

这些就是理解中国历史几个广义的重要主题。对于关注现代社会结构的学者来说，它们也同样具有重要的理论意义。有的读者也许将会注意到，当谈论不复存在的士大夫儒家国家之经济和社会问题时，我无意中已经涉及了极权主义和官僚制度之社会的诸多问题，尽管它目前尚不存在，或正形成于世界某个地方。

在此，我无意探讨中国的未来，只是提几点意见以做结 **24**
尾。我相信，无论是新中国政权的朋友或敌人，人们都会一致认为工业化是解决中国所有问题与贫穷的关键。然而，这是一项长期艰巨的任务。的确，像中国这样庞大的落后国家，如此古老的农业社会，缺乏专家、技术人员，没有人数众多的无产阶级，没有资本，还有一个注定要消亡的、被划为阶级残余的弱小资产阶级，在这样一个国家实现工业化无疑是一项超人的任务。而且，这一计划还背负着历时千年之官僚主义的沉重包袱。这种特殊情况还把中国和俄罗斯联结起来，后者的亚细亚和官僚制度特性比所有誓言和盟约都更加牢靠。然而，我们自问，这究竟是增加还是减少成功实现工业化的机会呢？谁将赢得这场赛跑？是工业及其新主人，即中国共产党的官员，还是农民与腐败的旧式官僚？官僚主义的顽疾贪污腐化、幕后交易、投机钻营、懈怠渎职等会不会复发？这些疑惑自然存在，即使只涉及中国，也很难马上给出答案。但是，中国的命运从此不可分离地与现代社会的命运连在一起。后者变得越来越一致和趋同，并且受困于走向官僚体制的强烈倾向。只有现代社会发展到极致，才能做出最终的回答。此时，这一切仍然是诸神的秘密。

第2章　中国官僚君主专制[①]

即使不考虑上古的封建时期，只考察所谓的帝国时代，25
中国的独裁体制也已经延续了两千多年（从公元前221年至1911年）。然而，这种官僚君主专制的结构及其紧张、含混和矛盾的运行特征[②]都是长期发展的结果。以下将分析这一官僚君主专制的主要发展阶段。

① 本文原本是为让·博丹协会编撰的文集而作，作者去世后一直未发表。在此特别感谢让·博丹协会秘书长约翰·基利森先生（John Gilissen）授权我们出版该文。

② 参见 J. R. Levenson, “The Suggestiveness of Vestiges: Confucianism and Monarchy at the Last”, in D. S. Nivison and A. F. Wright, *Confucianism in Action*, Stanford, 1959, 167-244。这篇精细的论文分析了传统权力的最后一个阶段，很好地指明了君主专制与士大夫之间长期存在的复杂关系，但是没有充分展现几千年来二者相互猜忌却彼此依存之关系的社会原因。

（一）分封时代末期的政治构想（公元前6世纪至公元前3世纪）

国家权力及其学说的构成因素形成于战国末年。当时，一
种新型社会正从分封制中国的母体中孕育而出。一方面，伴随
着周王家长式权力的日益衰退，各个独立公国之间为了霸权而
激烈地争斗；另一方面，诸子百家也在火热地争夺着统治者的
26 注意力，从而击败其他敌对的意识形态。尽管在活动区域、主
要观点和政治影响等方面各不相同，但是我们仍能发现一个共
同的特征：诸子及其弟子们都属于一个新兴的社会阶层，即
知识分子。即使他们的学说不同，但是他们深层的目标都是反
对分封，一致期待彻底改变现有世界，结束连年战乱，一统天
下，建立一个强大的政权。此外，他们还渴望获得一定的社会
地位，在公共生活中扮演越来越不可或缺的角色。

最重要的先秦思想主要有三家，在此简单概括一下三家的特征及其各自对政权理念的贡献。

1. **儒家**。他们是理性主义者和传统主义者，强调家庭和宗族（祖先崇拜）至上。他们希望重建理想的国家。在理想国家中，为了向古代先贤靠拢，圣王会遵守古代典籍规定的道德准则，而为圣王服务的文人（儒生）是这些古代典籍的捍卫者和阐释者。君王依靠内心的仁德、威望和劝诫来协调自然和社会。如果君王无法实施圣王仁政，上天就会收回天命，导致人

世间的混乱（严重的自然灾害和人民起义）。儒家注重权力为民，尤其强调文化、文治（“文”与代表军事的“武”相对）、礼仪、教育、长幼之序和俭让之德等理念。此外，儒家的权力观还具有一种轻度的神圣色彩。儒家认为，权力过渡最理想的方式是禅让给贤者（如同传说中的三皇五帝）。这在实际层面很难做到，因此，需要确立长幼有序的制度来确保继承的合法性。在儒家看来，社会得依靠礼治，而不是借助法律。

2. **法家**。他们是理性主义者、现实主义者、专制主义者和国家主义者。法家提出效率是确保君王威望所有举措的最高标准，认为人性本恶，继而提出维持社会长治久安的唯一方式就是建立赏罚制度，使用严刑峻法，提倡法律面前人人平等。法 27
家还坚信力量胜于劝诫，目标决定方法。在他们眼中，理想的政权是一个中央集权、群臣辅佐、绝对君主专制的强大国家，而且需要建立一套组织良好、等级分明、注重效率且不受个人意志左右的行政体系。法家并不相信道德、宗教和传统的作用。

3. **道家**。他们是反封建人士，既反对传统，也反对国家。他们的思想具有神秘主义和无政府主义的倾向，其学说的核心是强调自然和人世诸事上人的无为（尤其是国家的无为），要求顺应“道”的指引。在道家看来，理想的社会是百姓自治的小型社群（农业社群），而理想的君主（如果君主存在的话）则应该不与民争，顺应自然。

（二）秦帝国之后的国家权力学说

秦始皇帝依靠法家的学说建立了大一统的秦帝国，这在中国君主专制政体的持续发展中发挥了决定性作用。尽管秦帝国的统治时间很短（公元前 221—公元前 206 年），但它仍然是第一个大一统的王朝，为后世的中华帝国奠定了基础，即以中央集权和等级分明的官僚君主专制代替分封制。朝廷架构、郡县制度和司法体系最终都建立起来，汉朝及后世王朝仅仅只是对这些制度做了些小修小补，但是不久之后，这一官僚君主制的设计者就被自己的对手即儒家文人排挤和取代。为了矫正法家严酷体制的暴行，朝廷开始推行儒家化，同时也带来了决策犹豫、政策反复、瞻前顾后等弊病。这常常让统治者忧心忡忡，反复权衡某些问题。

以下是儒家化带来的根本性悖论。新的士大夫阶级由儒家文人组成，他们的利益是反对分封制的。但是这些儒生的意识形态传统又扎根于分封制的上古时代。伴随着儒家在朝堂之上的地位越来越重要，对于君主政体来说，这一悖论仿佛芒刺在背。于是，儒家的礼法代替了法家的刑法，成为官僚式中央集权国家的代理人，并且后世帝国无论是否情愿依然沿用了秦朝大部分的制度和举措（包括法律）。但是，崇尚礼法的大儒普遍传统中一些异质和矛盾的元素，让儒家学说更加柔和，从而让传统更好地适应新形势。从根本上看，这种形势与儒家创立者们如孔子、孟子和荀子等人所处的时代极为不同。

这种社会和意识形态的融合产生了以下令人印象深刻的结果。

统治者被称为“天子”，以彰显君权神授，并且高高地处于臣民之上。天子被视为人民利益的代表，像慈父和最高家长[①]一样统治万民。事实上，天子并没有分封时代君王的神权，而是在官僚制度的维护下待在自己的宫殿里。天子也就成为官僚制度的神圣象征，其权力或多或少地受到限制。天子高高在上，与此同时也服务于自己代表的利益。当天子犯下哪怕很小的错误，稍微偏离道德仪轨时，就会有复杂的监督制度和大臣的劝谏。因此，天子位于国家官僚制度的顶端，集儒家与法家于一身。

---

① 顺便提醒一点，儒家有关“民”的概念最为灵活也最是模糊。根据情况不同，这个概念既可以指严格意义上的人民（即庶民、农民大众），也可以包括大地主和官僚组成的统治阶级（即“百姓”，一百个家族）。关于帝国之初天子的特权，还可参见 Wang Yü-ch’üan, “An Outine of the Central Government of the former Han Dynasty”, in *Harvard Journal of Asiatic Studies*, 1949, 134-187。

在孟子（公元前372—前289年）看来①，上天有权从不称
29 职的天子手中收回天命，赋予民众起义反抗的权力。但是，空谈理论的哲学家很难恰当地阐释这种权力，于是，这种权力事实上掌握在官僚的手中。他们窃取了这种特殊的阐释权，甚至在必要的时候操纵民怨发生的苗头。

王朝的更替，在中世纪五胡入侵的时代即“六朝时期”（公元222—589年）尤其频繁。历次王朝更替都为儒家传统的某些传奇要素注入了必要的现实性。对于难以理解天命变化的史家而言，“昏君”的刻板形象不仅成为对王朝覆灭的合理解释，而且也成为觊觎天命之人手中的有效宣传工具②。对于篡权者而言，同样有用的还有“退位”的概念，它属于儒家关于君权天选的理念。这个概念将通过退位大典来赋予新王朝以合法性，并掩盖往往会掀起血雨腥风的夺位之乱。而且，因为统治天下之大权不可分割，继承皇位的尖锐问题将迫使史学家们为合法性寻找一个和历史事实相适应的解释，以避免帝国的

① 参见《孟子》。另外还可参看 J. Legge, The Works of Mencius, The Chinese Classics, Vol. II, Oxford, 1895, 167 et 354-361; Fung Yu-lan, A history of Chinese Philosophy, Princeton, 1952, I, 113, 115-117; W. T. de Bary, Sources of Chinese Tradition, New York, 1960, 109-111。有关“革命”（改变天命）的表达在 19 世纪成为翻译西方革命（révolution）的对应词汇。

② A. F. Wright, “Sui Yang-ti: Personality and Stereotype”, The Confucian Persuasion, Stanford, 1960, 47-76 et particulièrement p. 61 et suiv.

分裂[1]。

经过几代人的共同努力，儒家还建立了一些新的观念和制度，成为中国官僚君主专制的典型特征。年轻人对老者、晚辈对长辈所具有的“孝”的概念，在汉朝通过各种途径（教科书、图像和民间故事等）传播开来，成为效忠朝廷之准绳的黏合剂。然而，当皇帝没有直接继承人时，孝的概念就让位于合法的皇位继承问题。

与孝的概念紧密相连的是祖先崇拜，这是儒家思想最古老的元素之一。确切地说，这也是皇权的宗教体现，至少部分解
释了为什么在中国不存在教会和教士。每个家族只会祭祀本家 30
族的祖先，这种祭祀活动也只能由家族成员本人来完成[2]。国家权力是世俗性的，皇帝本人也是如此。在外来的名副其实的宗教（中世纪时期的佛教等）传入中国后，这一点毫无变化，而且变得更加明显。官僚制度会阻止信教皇帝表现出的任何宗教倾向，它无论如何都无法忍受僧侣介入国家事务，并把教会的存在视为严重的威胁。

---

① 日本学者宫川尚志曾用六朝史研究的整整一章来讨论退位的问题（*Rikuchôshi kenkyû*, Tokyo, 1959, 73-172）。关于继承皇位的合法性问题，参见注释 6 中 De Bary 的译文，第 190—198 页和第 503—507 页。

② D. Bodde, “Authority and Law in Ancient China”, dans *Authority and Law in the Ancient Orient, Supplément au Journal of the American Oriental Society*, XVII, 1954, 46-55.

天子的绝对权力受到整个朝廷机制的平衡、调节和约束。这一机制严格地规定了君王的行为。而且天子权力的实施也会受到某个监察机构的限制[1]。这个由御史组成的机构具有半司法、半治安的性质，它的最高长官既是国家的治安长官，也是最高检察官，从一开始就负责监察官吏。但是，御史的另一个主要任务是就近监督和批评皇帝的言行举止。对儒家来说，这种劝谏之权弥足珍贵，而且他们会毫不犹豫地行使它。那些个性强硬的皇帝很难忍受御史的劝谏，常常试图避开官僚制度的监督。因此，我们经常看到皇帝和御史之间爆发激烈的冲突，此时，君主制也就走向一种毫无节制的绝对专制，即相信能够用更加听话的宦官来代替官僚制度[2]，这种无节制的后果往往也非常严重。这一斗争贯穿了整个有明一代，但是双方都表现得
31 相当谨慎，担心彻底决裂后会造成严重的后果。而且，由于最后的输赢具有不确定性，在经过一番踌躇之后双方又回到旧体

① 关于对皇权的合法限制问题，参见 K. Bünger, *Quellen zur Rechtsgeschichte der T'ang-Zeit*, Pékin, 1946, 48-50, 66-72 et "Die Rechtsidee in der chinesischen Geschichte", *Sacculum* 3.2 (1952), 192-217。

② C. O. Hucker, "Confucianism and the Chinese Censorial System", *Confucianism in Action*, 182-208; 还可参见同一作者 *The Traditional Chinese State in Ming* Times (1368-1644), Tucson, 1961. Cf. W. Seuberlich, "Kaisertreue oder Auflehnung? Eine Episode aus der Ming-Zeit", *Zeitschrift der Deutschen Morgenländischen Gesellschaft*, CII, 1952, 304-314.

制上。把一个大帝国的方方面面治理得井井有条，这必然离不开士大夫的官僚制度（整体上来看，宦官基本都是文盲）。

为了更好地理解这个体制的平民特点，有必要强调任命官员的方式。在经过和察举制的长期斗争后，通过科举取士的办法最终成为唐朝（公元 618—907 年），尤其是宋朝（公元 960—1279 年）之后选拔官员的主要方式。科举制也为朝廷招揽了一批知识精英，他们都是官吏的后备人选，善于处理重大的政治问题，接受相同的普通教育，时刻准备承担行政任务，尤其让人欣赏的是他们被训练得整齐划一。

另一方面，科举制让儒家成为最好的教师，并垄断了对年轻人的教育，尤其是专门培养脑袋里装满古典文化价值的士大夫。这些士大夫都是传统主义者和文人，并且专注于民事，永远追求成为儒家理想之人即君子。而且，他们还把这一理想一成不变地传给后人，以此确保朝廷和官僚制度的长期稳定。即使科举制并不代表彻底的民主，因为它实际上把不识字的农民排除出去了，但是它的确公开地反对分封贵族的特权。我们可以批评科举制的诸多缺陷，而且也的确这么做了：如批判科举制没有选拔专家，没有技术人员，缺乏首创精神，因循守旧，循规蹈矩，到处是繁文缛节，等等。然而，我们却无法质疑科举制巨大的惯性和稳定性，以及它长期维持官僚统治的能力。

中国官僚君主专制的延续性、适应性和同化能力都是非常杰出的，因为它成功地抵御了胡人入侵的冲击和王朝更替的变
32 迁。只有在“技”高一筹的 19 世纪西方资本主义文明的冲击下，这个制度才开始分裂瓦解，最终在 20 世纪初分崩离析。

最后，中国的独特性就在于曾经创造了一种独裁政体。在其中，专注民事的士大夫官僚制度在朝堂上占据着统治地位，士大夫也成为一个社会群体。君主更多地只是一个象征、担保、掩护和合法权利的持有者，从根本上来说，君主反而是第二位的。因为众所周知，君主专制无法在真空中维系。这就是为什么把这一制度和其他相似的制度做比较会非常有意义，比如说和 18 世纪的开明君主专制或今天的国家官员体制相比较。

第 3 章　中国官僚社会的长期稳定性

（一）引言

中国的形象经常变化，而且未来还会发生变化。的确，观 33
察者眼中的中国形象介于表面形象和真实形象之间。就如两位陌生人初次见面一样，两种文明初次接触之时产生的第一印象也很少会出错。进一步熟悉后，对方脸部的特征会更加清楚明显，但有时也会变得更加模糊。无论如何，初次碰面时的总体印象仍然被长期保留下来。

如果我们略去 18 世纪西方哲学家赋予遥远中国之形象的理性主义特征，那么西方人眼中最早的中国印象是中国古代官员的形象。当时，中国社会由于缺少西方社会的诸多组成要素，如教堂和贵族，所以在西方人看来很陌生，甚至很奇怪。但是，在这个社会中，多亏了无所不在的“贤哲”，一切事情都井井有条，全能的国家机构运转得非常平稳。的确，对于西方早期的观察者而言，由全能的士大夫进行统治是这个独特世界的显著特征。

自初次接触之时起，人们就没有停止研究士大夫以及中
34 国古代官吏产生的条件、历史、现状和本质。坦白地说，汉学家自以为只是在研究中国的语言、文学、哲学和艺术，殊不知他们的研究对象完全被这个社会阶层控制，都是它不同的表现而已。

然而，我们只能理解自己已知的事物，而且我们只感兴趣那些真正打动我们的事物。于是，我们就不奇怪，1900 年法国社会经济正处于“美好时代”，而沙畹在这一社会背景下翻译司马迁的著作，自然会对司马迁的悲痛呼声无动于衷。在一封带有遗嘱性质的信[①]中，司马迁揭露了专制国家施加给臣民的凌辱，并且透彻地讨论了在专制制度下自杀和偷生的问题。如果 50 年后，再由沙畹翻译此信，那么它一定会打动这位伟大的汉学家。这是因为我们直到近期才对中国某些持久不变的特征感兴趣。在此，我所指的并非“停滞中国”这一空洞的陈

① 即司马迁的《报任安书》，写于公元前 91 年，收入《汉书》卷六十二《司马迁传》，《文选》卷四十一。沙畹的译文收入 *Les Mémoires historiques,* Vol. 1, Paris, 1895, p. CCXXVI-CCXXXVIII。

词滥调。

那么，这些特征是什么呢？我认为官僚式中国长久不衰的特征只是在近期才被学界理解，因为在20世纪的所有社会中，无论是在亚洲的前工业不发达社会，还是在西方工业化高度发达的社会，这些趋势是共同的。这种情况可以让我们更好地了解中国过去的历史，以及我们越来越步调一致的一体化世界之趋势。这些趋势深刻且令人不安，表现为极权主义、国家管控和官僚制度。

（二）理解中国历史的关键

人们经常说，黑格尔对亚洲社会发展的看法是错误的，而且在很大程度上是因为缺乏材料。的确，驳斥黑格尔关于中国停滞不前的观点非常容易，因为人们对中国历史的认识越深入，就越是能够清楚地知道中国人的世界充满了变化、转型和动荡。但是，黑格尔也有一定的道理，尤其是他正确地指出了中国社会结构的不变性。在这一有限的意义上，他和几乎所有中国史专家的看法非常一致，无论后者的国籍或所属的意识形态阵营有何不同。关于中国历史分期问题的讨论开始于20世纪30年代，这些持续很久的讨论常常并无意义。它们同某些毋庸置疑的长期现象总是格格不入。 35

我们可以用古代、中世纪早期或晚期甚至现代等词汇来命名，也可以把中国历史分成长短不一的时期，但是无论如何都无法改变中国古代帝国从公元前221年至20世纪初的总时长，无法否认帝国制度的连续性，无法忽视诸如儒家等现象的持久性，尽管它们不断地变化。解释可以各不相同，阐发也可以互相矛盾，但是深层事实无法改变，而且会像一座巍峨大山一样一直矗立。

然而，在我看来，想要弄清楚这晦涩难懂的沉重历史，唯一有效的方法是找到连续性的原动力，即中国社会结构的重要特性。准确地说，中国社会已经以帝国的方式存在了两千年。如果用更早的时期做比较，如早期王朝的古老社会或周朝的封建社会，可能非常有趣，也很有启发，但是这会远远超出本文的范围。

中国古代政体的特点是什么？哪些才是相当成熟的帝国社会的特点？我们只能指出那些最突出的特点，因为如果要全面地回答该问题得写上好几本书，而不是一篇论文。

第一，这是一个使用传统技术、高度发展的大型农业社会。它建立在缺乏明显地理分界的次大陆上。它的细胞散布在广袤的领土上，水系构成了它的主动脉。这些细胞生活在经济上自给自足、成员相互孤立的社会中。它们就是农民家庭，在人口数量中占据压倒性的地位。这些家庭自给自足，如果没有高层要求他们互相交易，强加给他们组织机构，他们就会四分五裂，如一盘散沙一般，陷入无政府的状态。这种状态不仅无法促进分配，就连生产和生命都无法保障（换言之，这就是一个前工业、非海洋性、立足农业自然经济之上的社会）。

第二，这是一个官僚主义的社会，而且社会金字塔建立在广大的农民群体之上。中间等级包括人数很少、地位低下、不受尊重且没有自主权的商人阶级和手工业者阶级。高高在上的官僚控制和决定着这个金字塔。

第三，士大夫阶层（或官吏）人数很少，但其权力、影响、地位和威望方面却是全能的，是唯一的掌权阶级，也是最大的地主阶级。它占有一切特权，尤其是自我再生产的特权，也就是说它垄断了教育。知识分子享有无比的威望并不是依靠他们的土地所有权，不是凭借经常中断的继承权，甚至也不是因为享有教育的特权。这些不参加劳动生产之人之所以拥有权力是因为他们的功能，即协调与监督他人的劳动生产，维系整个社会机制的运转，这对社会来说必不可少。士大夫承担起一切居中调节和行政管理的职务。他们制定历法，组织运输与贸易，监督修建道路、运河、水渠和堤坝。他们承担维护所有公共设施的任务，尤其是预防自然灾害的设施。此外，他们还负责储粮以防饥荒，鼓励各种灌溉方式。他们同时是社会的建筑师、工程师、教育者、行政人员和管理人员。然而，这些有实无名的“经理人”坚决反对任何专业划分。他们只承担一种职业，即统治。孟子有一段名言，讨论了劳心者与劳力者之间
37 的区别，充分表达了士大夫的理念：“有大人之事，有小人之事……或劳心，或劳力。劳心者治人，劳力者治于人。治于人者食人，治人者食于人。”

第四，作为掌控人事的专家和统治艺术的人才，士大夫就是国家的化身，这个国家也是按照他们的形象创立的，即集等级明确、独裁专制、父道至上和君主统治为一体的国家。这个国家同时还是一个不断扩张的福利国家，一个极权制的摩洛克式的国家。“极权”这一术语相当流行，但是如果把它理解为国家对社会生活各种活动的全面支配，对各个层面实施绝对控制的话，那么用它来形容士大夫国家的本质就非常适合。当时中国实施的是统制经济，奉行国家干预。因此，才会有道家一直在呼吁反对国家干预。一切都受到官方规章的控制，贸易、开矿、建筑、礼仪、音乐、学校等，官府控制了整个社会生活和大部分私人生活。

第五，之所以称它是极权国家，还有别的原因。首先，相互监督、互相猜忌的治安氛围笼罩着每一个人。地位最高的官

员身边也布满了告密者。其次是司法的专制性。在官府眼中，凡是被告都被假定有罪。连坐原则（事实上与信奉家族的儒家理想相违背）制造了极大的恐惧，让所有臣民不寒而栗，尤其是使士大夫战战兢兢。这是因为，尽管士大夫统治着国家，但他们也是国家的仆从。我想补充一点，上述观点只是表面上自相矛盾。其实，一切极权社会的基本原则都在于公共利益高于私人利益，国家的利益高于个人权力。它的必然结果是，作为国家代表的官僚神圣不可侵犯，而作为个人却什么也不是。

最后，极权也是国家反对任何形式之个人创举的趋势（从长远来看，这不仅扼杀了首创精神，而且连最小的革新意图都被扼杀）。或者，如果无法及时取缔个人的创举，国家就把它 38
掌控于手心，使之国有化。士大夫尽管反对发明，却也独占别人的创造成果。在中国历史上，类似的现象层出不穷。在此，我仅仅列举三个例子：造纸术是由一位太监发明的，印刷术最初是僧侣为了宣传宗教而发明的，交子是私商想出来的应急之法。

着眼于现实，此处补充官僚式国家的另一个特征也许有益，即非常害怕承担责任。“尤其不要引火烧身”就是中国古代官僚永恒的座右铭。他们总是想尽办法把责任推到充当替罪羊的下属身上。

第六，士大夫及其政权在儒家学说中找到了最适合的意识形态。起初，儒家学说曾是失势贵族和知识分子革新派的喉舌。自汉代（公元前206—公元220年）以来，尤其是帝国建立后不久，它摇身一变为国家学说。儒家宣扬的美德完全适合新的等级制度，如恭敬、谦卑、顺良以及服从上属和长者。祖先和家族崇拜只不过是受欢迎的补充罢了。而且，加以发展的儒家非宗教理性主义和传统守旧主义，也非常适合政治精英，后者最关心的便是永久延续其利益。面对所有的神秘主义，他们得小心警惕，清醒地保持现实主义，因为神秘主义总是含有颠覆性的威胁。另一方面，抵挡其他社会群体压力最可靠的防御，就是严守正统学说。如此，儒家政治学说的两极如理性主义和传统主义之间的张力、声称的民主和实际的寡头政治之间的矛盾，就只能通过官僚现实利益的冲突来得以解决，尽管这种声称的民主就士大夫集团内部惯例来说的确真实。

但是，我的计划不是展开讨论儒学，这个问题非常复杂，绝非三言两语能够说清。我只想说，在整个中国历史中，儒学之所以能延续，完全有赖于士大夫中央集权与官僚等级制国家
39 的存续。当国家态势不妙，士大夫们就不得不暂时把舞台让给其他角色（但持续时间从未长久）。此时，儒家信徒们就暂时退隐林下，伺机东山再起。

于是，以上就决定了为什么必须找到中国社会结构的特征[①]，以解释中国官僚制度的持久性问题。不过，在给出答案之前，我们必须首先扼要地谈谈已有的解释。

首先是术语的问题。最近，“士绅”（gentry）这个词在西方颇受关注，因为有些汉学家[②]在著作中用它来翻译中国汉字的“绅士”。换言之，他们试图以此命名士大夫统治阶级。如果仅仅是字眼之争，用 gentry 一词来翻译也无可厚非。但是，这个词汇来自英文，它强调土地所有权，由此也就违背了中文原意。因此，我认为必须要放弃这个英文单词。

另一个同样广泛流传的概念[③]则眼界狭窄。它只看到复杂整体的某一方面，只强调官僚诸多职务中的一条，即兴修水利。官僚制度兴修水利的活动固然重要，但是它的政治行政功能更是重中之重。

最后，我们的问题是在官僚前面加上形容词“封建的”

---

① 参见《中国社会的几个重要特征》《中国的传统与革命》，载《国外政治》第 19 卷第 3 期，1954 年 7 月，第 291—308 页；《对列文森一文的评析》，载《亚洲研究学报》（远东季刊）第 16 卷第 2 期，1957 年 2 月，第 329—332 页。

② 例如，（美）爱伯哈德（W. Eberhard），《征服者与统治者：中世纪中国的社会力量》，莱顿：博睿出版社，1952 年；张仲礼，《中国绅士》，西雅图：华盛顿大学出版社，1955 年。

③ 参见（美）魏特夫，《东方的君主专制》（法译本），巴黎，1964 年。

是否合适。该问题显然已经超出了语词的范畴。中国共产党没有完全采用马克思最初的分法（即把社会发展分为四个连续的阶段：古代奴隶社会、亚洲的亚细亚社会、中世纪的封40 建社会和现代的资本主义社会），而是采用了马克思主义的通俗分法，习惯上把假定的奴隶社会（起始时间差异很大）和公元 1949 年之间发生的一切都称为“封建的”。无须追究这种术语特殊用法的原因，我们只需要指明，过度讨论这一术语会激起诸多无用的争论。例如，在近期的许多历史研究中，如果把“封建主义者”分为士大夫和真正的大地主，许多问题就会迎刃而解。我并不是说中国的官僚社会没有任何封建的东西，而是说，找出什么因素是封建的，这才是困难但又必要之处。把所有的猫都说成灰猫，这种做法无疑会让上述问题陷入混乱。

因此，让我们回到连续性问题的关键部分。研究中国官僚社会令人惊讶的持续性，这可能需要深入的研究。在继续生存的能力、丰富的经验和政治成就方面，没有任何统治阶级能和中国的官僚阶级相提并论。当然，中国人民也为此付出了沉重的代价。士大夫强行套在中国无定形身体上的紧身衣非常不舒服，它让中国承受了数不清的挫折与苦难。然而，这代价不菲的架构不仅有用，而且必要，它确保了中国文明的同质性、持久性和生命力。正如中国历史的无数篇章所证实的那样，如果不是士大夫掌控那些封建主（这里是“封建”一词真实的意义），以铁腕来维护帝国的统一，那么地方分裂主义就会席卷中国，统治权将土崩瓦解，中国文明也可能崩塌。官僚的动机带有自己的利益并不影响最后的结果。有一个毫无例外的法则，在农民中国，取代官僚统治时期的就一定是混乱时期。

（三）西方现代之镜

中国官僚社会历史提供的经验教训足以回报为它付出的辛 41
苦研究。对于比较社会学家，它还有一个重要的好处，即对它的研究可以反观西方历史的独特之处。我想说的是，以中国为镜，现代西方社会的发展（1500—1914）刚好与中国的情形相反。某些对称的特点在一方有，但在另一方却没有。这个事实能加深我们对这些元素及其构成之整体的理解。

在概览这个广阔的领域时，我所能做的只是指出几处路标，揭示变化之路径。当西方世界完全成熟时（在 19 世纪），大部分人会同意把它定义为竞争性的资本主义世界，我们也在其中看到了一个自由民主的工业化社会。它的某些组成要素得追溯到地中海沿岸的古代城邦，还有一些来源于欧陆大国的开明专制时期。其社会结构的基本特征，基于自由劳动和工业技术之上。后者是自然科学发展力学、数学和实验方法的结果。另外，它造就的文明可以说具有理性主义、个人主义和民族主义的特点。

在此，我也只能挑选那些最突出的要素。如果我们同意把这些要素作为考察的出发点，那么，只需略略关注官僚制中国的社会结构，就能发现一种奇特的相关性。所有事物，一面凸出，另一面必然凹陷。因此，我们几乎可以说，欧洲之“阳”对应着中国之“阴”。

42 的确，这个帝国自视为宇宙，即“天下”，并把它设想为由无数的同心圆组成，认为离中心越远就越野蛮，共同围绕着中国之核。在这样的帝国中，不可能存在民族，也不可能产生民族主义。除了在道家和少数古怪的叛逆者中偶尔出现的异端邪说外，个人主义也不存在。儒家的理性主义也淡薄有限，而且被强硬的传统主义迅速扼杀。除此之外，中国就没有西方那种重视逻辑、推理和修辞的理性主义。

无须赘述中国缺少自然科学的问题。由于缺少系统的、以数学术语表达并经过实验检验的科学假说，中国科学从来都没能越过原始科学阶段，尽管该初期阶段充满希望，并表现出丰富的科学才智[1]。在此，我们无法详细分析抑制中国科学诞生的原因。其主要因素也许是儒家正统观念的思想氛围，它不利于任何形式的尝试和试验，也不利于任何创新和自由思想。官僚制度对传统技术非常满意。因为这些技术能够满足它的实际需要，所以它缺乏足够的动力去推动超过实际和当下需要的企图。

至于劳动力，只有满足国家需要时才有空余的劳动力。农民的劳动力被小心翼翼地保护起来，绝对禁止任何私人事业剥削他们。也许可以毫不夸张地说，中国农民宁愿受国家的盘剥，也不愿受个别领主或企业主的剥削。他们觉得公共的剥削比私人的剥削更易接受。然而，他们也只是两害相权取其轻而已。官吏的保护是沉重的负担，但是没有其他社会群体能有足够强大的力量保护他们，以对抗官吏。这与欧洲的历史相反。在欧洲，农奴可以在自治的资产阶级保护下在自由市场里找到容身之处。我们找到了问题的关键。中国的城市并非自由的堡 43
垒，而是官吏的驻地，国家行政的中心。

我们注意到发展方式与西方社会不同的所有其他文明区

① 参见李约瑟（J. Needham），《中国的科学与文明》第二卷《科学思想史》（剑桥：剑桥大学出版社，1956 年）；又见李约瑟，《中国和西方的数学与科学》，载《科学与社会》第 20 期（1956 年），第 320—343 页。

域。把西方社会与中国的官僚社会进行比较就足以让我们认识16至17世纪在欧洲发生的“奇迹”。催生资本主义并推动整个世界工业化的一系列事件看上去是偶然的巧合，恰逢历史的机遇。而这些机缘巧合唯独被授予位于亚洲另一端狭小海角上的欧洲。可悲的是，当欧洲的统治已经过去之时，它才感到这个成就值得骄傲。

以商业资本主义之形式确切存在于中国的资本主义萌芽为什么没有开花结果？这个问题值得深入研究。我们这里无法给出确切的回答。不过，可以提前用一些推测来尝试回答它。士大夫的国家过于强大，以致商人阶级从来不敢为了豁免权、法律和自治权而与之斗争。中国商人几乎总是宁愿达成妥协也不愿斗争，宁愿模仿而不愿创业，宁愿把钱稳妥地用于购置土地而不愿投入工业冒险。他们的理想一直都是让自己被同化，让自己或者子孙变成士大夫，成为国家的组成部分。

为了让我们上述的历史之镜发挥作用，首先必须把它擦得锃亮。因为中国的正史是为一个特殊社会阶级的光荣而树立起来的最大丰碑，它是由士大夫为士大夫而写的，所以这意味着所有其他的社会阶级都被忽略了，或者被降到彻底附属的地位。必须使用那些少数残存的非官方文献，让它们的声音被人听见，如此通过复原官吏与非官吏之间的对话，以校正中国人民被歪曲的形象。

（四）20 世纪社会从官吏身上所吸取的教训

在东西方的发展中存在着一条平行线，尤其是在官吏首次 44
出现在欧洲视域之时。这就是欧洲的开明专制时期，国家在新生的资产阶级和封建贵族之间的斗争中扮演着仲裁者的角色。除了重要的机械化特征外，这一时期与中国历史上的宋朝时期有着许多类似之处。我们今天意识到这一点，这是因为现在至少从西方的角度看一切都发生了变化，我们对所有涉及专制主义、国家干预、国家控制和独裁方法等的事物都有了更好的理解。

今天，我们正目睹一个前所未有的、遍及世界的发展趋同现象。经济不发达和前工业化国家多少都受到西方殖民的影响，无论它们是原始的还是拥有发达的文明，都和殖民的、高度发达的西方工业国家一样拥有相同的趋势。这些趋势也许可以被称为“极权主义”，并且可以被视为通往一种官僚制的、符合专家治国论的国家主义。

这个趋势发轫于第一次世界大战和 1917 年俄国革命，在第二次世界大战中发展迅速。它的特别之处在于无论各地社会经济水平多么不同，最终都走向类似的终点。无论是不发达国家还是超工业化国家，最终获胜都是有组织的国家资本主义。这让所有的社会不断趋同，因为它引起了相同的趋势。集体优先于个人，无可争议的最高权力属于国家。组织战胜了竞争，人们更喜欢服从而不是自由。效率的价值明显高于权利和法制。最后，“目的让手段合法”的公理被普遍接受。这些就是20世纪众所周知的特征。

上文并非是妄图对一切事物提供一个放之四海而皆准的解
45 释。我的意图要小得多，不过是想把古代中国与现代中国稍稍联系起来，把它们与我们时代的决定性因素联系起来。的确，这是最引人注目的文化接触之一，其意义不可估量。

旧制度下的俄国是一个不发达国家，具有殖民地和亚洲国家发展不平衡的特点。而且，它的确是亚洲的一部分，蒙古征服者曾在这里留下了不可磨灭的痕迹，现在要跃进到史无前例的社会主义当中。事实上，它正竭尽全力实施工业化，以赶上西方。在拥有至高权力的国家里，如果没有组织严密的领导阶层的推动，就无法完成这项非凡的任务。新的官僚制度不自觉地抄袭，或者说重建了中国古代士大夫的许多思想和组织形式：首先是排斥异己和一党制度，继而垄断舆论、教育和外贸，直至推行连带责任、上级首脑推卸责任、神化纪律、褒贬之术（把死者身后的名声抹黑或描红），把自杀当作恩典等。

与此同时，西方出于不同原因，也无可奈何地越来越倾向于国家控制。为了拯救资本主义，它放弃了放任自由的政策，开始越来越有组织。这么做起初是为了战争（纳粹曾在德国实施了极权的方式），为了生存，后来是为了保持和平，免受过时制度的干扰。现在是职业经理、专家治国论和计划经济的时代。计划经济已经完胜面向市场开放的经济，并带来了一系列随之而来的东西，名目繁多，闻名遐迩，这里就不一一赘述。

那么，现代中国呢？它该如何才能摆脱自己的过去，避免重蹈伟大邻国的覆辙，或不步可恨又可羡之西方的后尘呢？尤其是，它该如何才能逃避工业化、现代化和大跃进追赶西方等使命带来的不可抗拒的需要呢？对于没有偏见的思考者，提出这些问题本身就足以找到答案，因为答案是形势内在的需要所决定的，而它比最强大的政体更具有决定性。

没必要成为大学者，无须读完所有部长们的讲话，也能明 46
白古代官僚社会阴魂不散，对新中国的影响无所不在。官方对官僚制度余孽的抨击证明了这一点。混乱浪费、贪污腐败、“封建”思想、机会主义、墨守成规、卖弄学问、形式主义等只是问题清单上的一部分，官僚制度的坏影响迅速表现在各种形式上。

也不用强调工业化大师苏联人的影响。贷款、工业设备、工厂设施、专家技工，谁会把这些交给年轻的中国政府支配呢？哪怕中国是它的苏维埃盟友。连续不断的交往带来了密切的接触，这没有什么奇怪的。

总结上述关于中国的这些挂一漏万的看法，我想说，没有任何事物能阻挡它沿着自己的道路走向一个伟大的工业国。当然，代价是巨大的。但是，拥有大量资本，原本可以轻易帮助中国承担一部分代价的西方仍在愠怒。中国必须接受毫不犹豫地实现工业化，既不用依靠西方，也用不着理睬西方。

做任何进一步的推测都是轻率的。我想指明的是，无论现代世界如何变化，历经两千年之帝国的官僚社会依然活跃。

第 4 章 “以史为鉴”的官僚制度实践（专志、全书与会典）[1]

（一）引言

如果从整体上比较中西史书，我们会发现中国史书最显著 47
的特点是什么呢？深思熟虑、力排偏见后，西方历史学家认为是陈词套话。表面上，这一特点又分为自相矛盾的两点：一方面，它是指缺乏个人特色。个体被群体吸纳和掩盖，只是作为个案出现。另一方面，它又缺少抽象概括。史书中充斥大量的细节，但是由于过于重复，反而阻碍了总体性的概况。这种双重不足有待进一步解释，然而值得一提的是，只有西方视角才会认为这是一种缺陷。

① 本文原载于 W. G. Beasley 和 E. G. Pulleyblank 主编的《中国和日本的史学家》（*Historians of China and Japan*, London, 1961 年）。

我认为，中国无法产生类似于西方的历史编纂，主要有以下三个因素：首先，历史是按照朝代来撰写的；其次，历史编纂都是官修史，而史家依附朝廷，并且从朝廷领取俸禄；最后，受汉语写作特性的影响，历史撰写偏爱引经据典。

引用的传统至今仍然流行，具体做法就是轻文献概述而重直接引用。而且，直接全文引用的做法既无趣味，亦无可能，
48 因此只能节选一些关键词。史家们所要做的是呈现一部文献的基本内容，而不是转述成自己的语言。于是，他们总是试图在文献中筛选重要的词句，然后抄录其中少量突出且能说明问题的字词。这种真实节选但有断章取义之嫌的做法，能用集约的方式表达意义，既依靠原文，又会损害原文。而且，这门引用的艺术离不开汉语的文字特性（表意文字、无足轻重的语法和天然简洁的书面语言等）[1]。尽管这种汉语式的引用非常精妙，但是它仍然会带来一种可怕的束缚。而且，它会把思想诱骗于前人的说法当中，扼杀一切创新，导致以词害意，把传统文本和文本传统放大为无穷的纸山墨海，掩盖了一切自发性。抄写，灵巧精妙地抄写，一以贯之地抄写，久而久之就僵化了人

---

① 关于这种引用方法的诸多案例，可参考 A. Fang, *The Chronicle of Three Kingdoms* (Cambridge, Mass., 1952)；关于原文和其节选的对照，可参见 *Mitteilungen des Seminars für Orientalische Sprachen*, 36(1933). 2 et suiv。

们的头脑。

即使说语言是引用艺术不可或缺的载体，但它并非唯一的原因。当然，汉语语言的特性在其中发挥了重要作用，每个书写出来的汉字都体现了独立的指称功能和艺术。然而，人们面对书写文本时表现出来的虔诚和敬意，毫无疑问也助长了这种禁止擅改被视为神圣之文本的习惯。每个人都在背诵诗文中接受教育，因此也就下意识本能地害怕改变已有的漂亮词句，尤其是涉及经典之时更是如此。而且，这也非常方便。人们用伟大作家的威望来自我夸耀，这样既不用思考，也非常简便。

这种不厌其烦地重复的传统不可避免地导致累赘。任何史家都会陷入引经据典的汹涌潮流之中，难以企及古代经典所拥有的简明扼要。由于习惯于死记硬背和反复引用，他就不可避免地走向那种逸事讲述者所特有的冗长之弊。例如，他不会写“三次农民起义同时在该省的南部爆发了”，而是“某个年号的第几年，某月某日，张三之子张四谋反，囚禁知府李四……”，之后又用同样的方式描述另外两次起义。没有人否认这些信息的价值。但是，的确，大量堆砌的人名和头衔让作者付出了代 49
价，并因此让他在大多数时候抛弃了意味深长的具体细节。即使作者掌握的原始文献详细记录了农民和知府各自拥有的田地数量，但是我们可以打赌，这两个具体数据一定会被放弃，或者说，用“很少”等词汇来描绘农民的田地数，用“一望无际”等陈词滥调来描绘知府的田地数。简言之，引经据典之法抓住的是过分简单的细节，而牺牲了意义重大的内容。

我们毫不迟疑地提出以下重要的问题，即抄写之癖在何种程度上推动了陈词滥调，或者至少说中国史家作为抄书匠的特点与其朝廷史官的功能是紧密相连的。这种特点的表现就是在文献中堆砌一系列不加改动的引用。

的确，朝廷权力所需的史官之职首先就是记录皇帝的言行举止和朝廷的行动，日复一日地记录公共生活，收集和保存奏章文案，整理档案[①]。无论史官是否成功地逐步汇集有关统治历史的资料，这种专注保存资料的使命优先于撰写前朝历史的任务。评判前朝和以史为鉴只有在掌握文献、有根有据的条件下才能实现（而且，在中国史家看来，如果不能为行动带来指导意义，那么历史就毫无意义）。因此，在担负裁判的角色之前，历史必须要为今天的事件提供指导，并为后世提供当时的文献（这些文献力图完整，并且多少会受到引用法的修缮）。如孔子本人所言：“述而不作。”[②]这一名言支配了历史撰写：理论上

---

① 参见 *Historians of China and Japan* 一书中杨联升的论文“The organization of Chinese official historiography”。还可参见 W. Franke, “The Veritable Records of the Ming Dynasty (1368-1644)”。

② 《论语·述而第七》。

看，每份文献都有其内在价值，都是永恒的证据；留名青史、流芳百世与祖先崇拜一样都是为了确保圣贤永世长存，因此记录事件就有一种类似宗教的使命。

即使过于依恋文本本身有积极的一面，但是也难以否认堆 50
砌纯粹的事件和改动的出处既无法提供对历史事件的分析，也无法推进对历史进程的综合。但是史官和架阁官工作最大的缺陷是他们狭隘的断代史视角。尽管存在着少数相反的修史原则和例外的史官，但是大部分史官领薪俸就是为了颂扬自己的君主，诋毁前朝。涉及统治时间较久远的王朝时，以“褒贬”的教诲方法来撰写历史相对容易。因为开国君主和重要权臣很久以前就去世了，所以也就可以无拘束地颂扬或批判他们的事迹。另一方面，末代君主亡国之史也很明显，因为他们失去天命已是公论，于是无论是通过退位还是起义，改朝换代都是天意所在。根据争夺皇权的成功或失败，皇室成员是否拥有继位的合法性，以及家族或人物的影响力，评判往往也有双重标准，这也是朝廷史官的一大缺陷。由此导致的纠结不清的矛盾也总是需要一些危险的智力游戏来解释，尽管大家都心照不宣地接受“成王败寇”的基本程式。

然而，最大的困难并非史官对当朝政权的依附，也不是他们缺乏客观性（而且，实际上他们往往会尽自己所能地表现出显著的客观性），而是无法摆脱自身职责中的朝代局限。他们必须从朝代的角度思考历史，把一系列的事件切分成完全分开的不同阶段，这导致了中国史家的历史局限，即把他们限制在狭小的时间隔断之中。此外，循环和缺乏连续性的历史假说也明显让中国史家倾向于支离破碎地收集一些割裂的小事件，阻止他们研究事件之间的关系、关联和规律。因此，要想有一种整体的视角无疑需要更多的努力。

尽管上文刚刚分析了中国治史艺术发展的制约因素，但
51 是中国史家们却很难看到这一点。而且，他们也几乎不可能解决这些障碍。总之，这些障碍属于中国史家所处社会本身的特性，属于统治阶层的特性。中国史家所代言的这个阶层已经在中国统治两千多年。

值得一提的是，中国史家很早就已经感受到断代史的局限性[①]。尤其是自司马光（公元 1019—1086 年）大胆突破之后，这个问题经常被拿来讨论。司马光的著作《资治通鉴》是自司马迁《史记》之后的第一部中国通史。但是，无论是司马光还是后来的袁枢（公元 1131—1205 年）都没能成功地颠覆编年史的传统形式。他们两位都取得了自己的成就。司马光开创了

---

① 至少，从刘知幾（公元 661—721 年）及其撰写的《史通》（公元 710 年）起就是如此。关于刘知幾和司马光，可参考 E. G. Pulleyblank 的著作。

史学批评[1]，而袁枢则创建了围绕主题、问题或一系列关联事件展开的纪事本末体。这种混合型的纪事本末体很有特点，已经非常接近西方的史学类型。总的来说，纪事本末体写成的历史著作是根据历史事件内容来安排编年史，并在历史事件内部严格遵守年代顺序。很有意思的是，上述领域的诸多进步都是在宋朝发生的，而且也只是昙花一现。

还有另一种打破断代史枷锁的可能，即把历史放在不受个人影响的客观视角下进行研究，如事件、结构和组织等。这些原本就是正史中的部分内容，只不过重新进行组合以展现其中的逻辑推理而已。保持清醒头脑的史学家马端临（公元1254—1323年）就发现了这个问题。在《文献通考》序言部分，马端临指出："然自班孟坚[2]而后，断代为史，无会通因仍之道，读者病之。"之后，作者承认了司马光著作的功绩，"至司马温公作《通鉴》，取千三百余年之事迹，十七史之纪述，萃为一书"。接下来，马端临继续指出："然公之书详于理乱兴衰，而略于典章经制……窃尝以为理乱兴衰，不相因者也……典章经制，实相因者也。"[3] 52

① 尤其是指司马光的《资治通鉴》的《考异》部分。
② 班固，《前汉书》的作者。
③ 马端临：《文献通考》序言。

换言之，编年史中充满了偶然事件，没有什么重要意义。而真正名副其实的历史应该能够确定演化或发展的因果性和连续性，这也只能依靠制度史才能完成。上述阐释并未过度夸大马端临的思想。在该篇序言中，他引用了江淹（公元 444—505 年）的话，“昔江淹有言，修史之难，无出于志。诚以志者，宪章之所系，非老于典故者不能为也。”[1]

有人会问，马端临是如何拥有这种相当现代的史学概念的呢？为了回答这个问题，必须要进行一个长长的回溯，因为很明显，这一概念的诞生经历了很长的历史时期，是几代史家付出巨大努力后的结果。

（二）专志

面对汗牛充栋的中国历史著作，有人首先会问这个适用任何历史著作的问题，即这是谁撰写的，又是为了谁而撰写的？谁是作者，而谁又会是读者？答案非常明确，即历史是由官吏撰写，也是为了官吏而撰写。直至现代，这个普遍规则几乎毫无例外。那些自由作家也是退休的官吏，或者是即将进入官场
53 的未来官吏。另一方面，所有的历史作品（包括逸闻故事、家

① 马端临：《文献通考》序言。

谱、历史演义、方志和通典）都是写给同一公众群体，即由官吏或未来官吏组成的文人群体。因此，在作者和读者之间存在着共同的兴趣点。这一点很明显，但是值得强调它的重要影响。这些文人接受的教育几乎相同，参阅的文献相同，兴趣、职责、关注点也相同，而且拥有同一个世界观。写史和读史的人之间沟通毫无困难。然而，这一事实对于所有的历史门类来说非常重要，成为政治、经济和社会制度方面的重要问题，也与政体息息相关。不仅对某些主题的特别关注与之有关，而且史家研究的对象也由此而来。某些主题很明显是官吏必须知道的，而另一些则是禁忌，必须被排除在外。选择主题既要看时代的关注点，又与统治阶级任务的持续性相关。前者允许研究主题在一定的范围内变化[①]，后者则要求史家处理相同的问题，甚至通常都沿用相同的传统标题。

在中国历史文献的独特门类中，我们可以发现四种不同的体裁。按照它们出现的顺序排列的话，分别是专志、全书、会典和方志。事实上，方志形成了一种独特的类型，因此我在此并不打算论述它。但是，必须指出的是，在地理框架（地区

① 事实上，这个范围非常有限。从独特性来看，最有意义的例子是关于佛教和道教的文章（《魏书》卷一百一十四:《释老志》）。出于这个原因，这个例子没有出现在我们后文的表格中。还有一例是《辽史》中关于部落组织的论述。

或府县）下，方志沿用某些传统的主题，复制了专志的撰写方式。当然，如果有必要的话，方志也创造了一些新的类别，代表着传统历史文献的终结、否定和演变。

司马迁是中国历史编纂之父，也是第一位把历史分成四个部分的史家，即本纪、列传、表和书（我们可以把它译为书
54 写、书本、文献、专论和论文等）。自班固（公元 32—92 年）的《前汉书》起，“书”这一部分内容的名称改成了“志”。最终敲定的“志”这个词汇的历史非常悠久。它的词义首先是记录、记述；其次在更广泛的层面，它也可以指称“历史”。只是从班固开始，这个词汇成为一种体裁的名称。

这些最早的历史评论主要涉及什么内容呢？其中，我们发现了处于萌芽状态或刚刚形成的后世所有专志的题目。在此，我们无法仔细地分析所有类型的起源，也无法找出每位史家的创新性贡献。这个问题非常复杂，也有待于进一步的研究。但是，在本文中，我们只能简单评论一下它们产生的顺序，以绘制一个所涉主题的图示，并提供一个传统意义上受关注问题优先级别的数字表格。

我们可以很肯定地说，那些古代的礼仪书（大部分保存在古代经典中）为早期专志提供了范本。因此，关于礼和乐的专论是排在最前面的。其中的原因不仅是因为礼仪的确存在，而

且更多的是因为汉朝儒家不断增长的影响力。这些问题是最基本的，行为准则（即礼节与习俗）和等级规定被视为维持社会秩序的基础。每当涉及“仪式”这个名词时，都必须要注意“礼”这个汉字的三个方面（即宗教性、习俗性和社会性）。宗教方面主要体现在国家的重要典礼和献祭上（郊祀和祭祀），而习俗则越来越多地出现在一些专论宫廷礼节（礼仪）、车马仪仗冠服规矩（舆服或车服）的专志当中。

排在第二位（后来，这个传统顺序颠倒过来了[1]）的是那些我们称之为自然“科学”方面的主题，即对天地现象的观察以及从中得出的规律，这些对于农业来说是必不可少的。这些篇章主要涉及的是律历和天文。这一领域的先行者毫无疑问是司马迁。他既是史官，又是朝廷负责天文的官员，按照长期以来的传统负责记录天文（他把关于天文的论文专门取名为“天官书”）。班固也自然受到自己所处时代宇宙观的影响，开创了记录奇异自然现象的传统（《五行志》），如洪水、干旱以及其他的征兆。 55

至于第二类专论，要等到宋朝时才会有史家来扩大科学的

① 把科学排在第一位的史书主要有《魏书》《晋书》《旧五代史》《宋史》《金史》《元史》《明史》和《清史稿》。

范围。但是，这也是一个例外，传统的限制依然很强烈[①]。因此，这里的“科学”一词必须要打上引号，以体现它们仍然停留在完全经验的、严重受迷信思想影响的前科学阶段。

因为所有的专志（甚至也许可以说是所有的历史文献）都是被视为官府实践指南[②]，所以准确地说，行政问题一定会占据中心地位。了解国家机器的各个部分对于它的仆人来说是必不可少的。了解民事和军事部门如何运作；分辨官员的各种职衔、权限和等级（《百官志》或东汉之后改名为《职官志》，从唐朝开始增加了介绍军事系统的专志《兵志》）；了解培养、选拔和提拔官员的条件和方法（《选举志》），研究教育体系，自唐朝起还会介绍科举的奥秘。读者在不同的专论[③]中可以找
56
到知识精英最感兴趣的所有问题的答案。同样，为了帮助官员准备好履行自己的职责，有必要让官员了解帝国整体的地理和各个具体的地方行政单位（《地理志》），让他熟悉水利系统、

① 郑樵（公元 1104—1162 年）专门用一篇“略”（郑樵用“略”代替“志”，因为他把“志”这个术语用在了他撰写的全书当中，即《通志》）来研究植物和动物。此外，他还研究了专名学、语言学、地图学和考古学。这并不意味着这一时期不存在自然科学，而是说传统的专论没有记载自然科学的发展。

② 我们可以思考司马光将其著作最后定名为“资治通鉴”。最初的书名也是极有意义的，象征着另一个层面，即“通志”。后来，郑樵在他撰写的全书中使用了这个名称。

③ 参看 1782 年《四库全书总目提要》“职官类”序言。

交通和运河问题（《河渠志》）。同样，还必须教授官员一些政治经济学概念（《食货志》）和法律制度（《刑法志》），从而让官员能够履行自己在税收和司法方面的职责。可见，上述这些都是涉及国家制度的第三类专志。伴随着国家治理实践越来越丰富，这一类专志也变得越来越多，并在其官员读者中巩固自己的地位。

最后，为了提高文人的知识（我们应当强调的事实是每一个官员从根本上来看都是文人），有必要给他们提供一份书目指南。这些书目提要（《艺文志》或《经籍志》）仅仅只是皇家图书馆的藏书目录。长期以来，皇家图书馆是帝国唯一也是最大的图书馆。书目提要可以让读者快速了解各类文字著作。辑录书目则要看情况是否适宜。当编者既是史官又是秘书监时，辑录工作就十分方便。此外，经过一段不适合收集的低潮后，书写或印刷的书籍堆积得越来越多，于是就会着手新的辑录工作。

尽管专志的排列顺序在每部正史中不尽相同，但是将它们进行分类却并非无迹可寻。正相反，这一分门别类完全适合史书不同内容原本就存在的分类基础。可以简单地将其分成四类，这将让我们可以通过一个表格来反映所有正史中的专志，从而看清它们各自不同的重要性。以卷数为基础计算的百分比只是一个近似值（如果要更精确的话，可以以页数为基础进行计算）。尽管如此，数字还是足以说明某些趋势。

因此，在表 4-1 中，我们首先可以了解正史的书名、编纂
57 日期和总卷数；此外，还有专志的绝对数目和百分比（以总卷数为分母计算）；最后，还标注了专志内不同类别的百分比。

栏目设计如下：

1. **仪式、习俗**（主要包括仪式、礼节，音乐和祭礼，祭祀，仪仗服饰）。

2. **“科学”**（天文—星相学，历法，异象，灾难）。

3. **官府（国家）制度**。

（1）民事和军事管理，选拔官员（科举），教育。

（2）行政地理。

（3）经济（税收管理）。

（4）法律（司法管理）。

4. **书目提要**。

表 4–1　正史专志表

		卷数			不同类别专志的分布情况						
					第 1 类	第 2 类	第 3 类				第 4 类
书名	编纂日期	总卷数	专志卷数	专志占比（%）			（1）	（2）	（3）	（4）	
《史记》	公元前 90 年	130	8	6.5	49.5	30		4.5	17		
《汉书》	公元 90 年	120	18	15	16.5	44		16.5	11	5.5	5.5
《后汉书》[①]	公元 300 年	130	30	23	26.6	40	16.6	16.6			
《宋书》	公元 488 年	100	30	30	49.9	36.5	6.6	13.3			
《南齐书》	公元 537 年	59	11	19.1	36.4	36.4	9	18.2			
《魏书》	公元 554 年	136	20	14.7	25	40	5	15	5	5	
《晋书》	公元 644 年	130	20	15.4	30	45	5	10	5	5	
《隋书》	公元 644 年	85	30	35.3	33.3	26.6	10	10	3.3	3.3	13.3
《旧唐书》	公元 945 年	200	30	15	40	20	10	13.3	6.7	3.3	6.7
《旧五代史》	公元 974 年	150	12	8	33.3	25	16.6	8.3	8.3	8.3	
《唐书》	公元 1060 年	225	56	25	27	26.6	14.5	14	9	2	7
《宋史》	公元 1345 年	496	162	32.7	35.2	22.8	18.5	8	8.6	1.9	5
《辽史》	公元 1345 年	115	32	27.8	31.2	9.6	31.2	15.6	6.2	6.2	
《金史》	公元 1345 年	135	39	29	41	10.3	23	10.3	12.8	2.6	
《元史》	公元 1370 年	210	58	27.6	24.3	17.2	27.6	15.5	8.6	6.8	
《明史》	公元 1736 年	332	75	22.6	29.4	20	16	17.3	8	4	5.3
《清史稿》	公元 1927 年	536	142	26.4	16.9	24.7	18.3	28.2	7	2.1	2.8

① 该书专志类的编纂时间为公元 300 年前后。

从上述统计中，我们能够得出什么结论呢？首先得指出可能会让表格产生错误的几个因素：采用的是卷数而不是页数；专志可变的数量明显改变了不同类别之间的关系；我们刻意将礼节和仪仗服饰放在“仪式”的类别中过度放大了礼仪的类别，而减小了制度的类别。尽管这个简单的方法拥有种种弊端，但是我们仍能明显地发现以下几个趋势：仪式和“科学”所占的地位逐渐减少（仪式从一半减少至三分之一左右，而“科学”从五分之二减少至五分之一）；与制度有关的整体内容的重要性上升（翻了一番），与官员尤其是与地理有关的内容也在上升（翻了两番）。另外，我们还能发现重心从非理性到理性、从仪式性到功能性、从思辨性到实际性的转变。简而言之，就是世俗化、理性化和官僚化。这些趋势也是在全书与会典的构成中得到体现[①]。

专志的价值何在？不同时代的观念体系也会给出不同的回答，因此专志就是观念体系的体现。而且，从现代的角度看，回答也会有所差异。但是，对于所有的专志而言，它们在撰写之初就非常重视给读者提供实际用途，这一点是毫无疑问的。它们向普通的士大夫们提供了所有必备知识的纲要。其中，每

---

① 参见谢和耐（J. Gernet），“Economie et action humaine en Chine”，Critique (Paris), n. 103 (déc. 1955), p. 1099。

一种知识对于君子的职业训练来说都非常有用。这种职业训练并非是某项特定的知识，也不是专门的技能，而是治理之术。专志中的文章提供了一种通识性的教育，其目的并非是造就博学之士，而是培养能够承担各种政府事务的治国政客，培养统治阶级的有用成员[1]。

专志中所有的文章背后蕴含了一种文化修养和政治教育的理想。这种理想也能解释文章的风格和技巧。与详细地研究 59
问题相比，引言部分更加喜欢提供一个浸透正统思想、充满圣贤名言的概论。主体部分像一个方法纲要，并用历史案例来阐述。涉及的主题越是与技术有关，作者就越喜欢引经据典，在自己的文章中大段地引用原文。作者也就把自己局限于编者的角色，依据中国编纂者最看重的引用艺术，如上文所述的引言部分一样，这里截一句，那里加一段，有时也会稍微美化一下。也就是说，这些专论就像一个不同文本和片段组成的马赛克：其中有历法片段、天文和数学计算、仪式、祭文、法律、人口统计，以及数不清的陈情、奏章、请愿。最后这一点非常重要，不仅因为这些文本数量很多，而且因为它们的数量决定了专志在过去和现在的价值。的确，罗列如此多的陈情和奏章

① 有点像欧洲上流社会家庭给年轻女孩提供的钢琴课和演唱课，其目的不在于培养艺术家，而是培养完美的妻子和贵妇。

证明了以下事实，即官方文件既是官僚社会文献的主要出处，也是文人社会文笔练习的重要范本。

然而，对于现代历史学家而言，这种兼官僚与文人风格为一体的引用原文的方式决定了专志的价值。文章引用的古代文献越多，而且这些原始文献今天越是难以找到，这些素材的价值对我们来说就越大。有时，专志成为我们了解古代制度的唯一渠道。然而，只有不断地在其他同时代的文本（如本纪和列传）对照这些引文，尤其是和通过其他方式保存下来的原始文献（如考古遗迹、铭文、法规、会典、作者文集等）对照，我们才能充分挖掘它们的全部财富。这种方法在汉朝和六朝时期就已经展现其价值。自唐朝以后，伴随着独立资源和平行文本越来越多，这种方法也就具有强制性。需要补充的是，有时候，专志中的文章会包含一些更加全面的编者（如《实录》或《会要》）忽略的信息与文献。

60 最后，对于现代历史学家而言，了解专志及其历史研究的前景一直非常有用。但是，除了这一点，对于我们而言，有关专志的研究还是最有待填补的领域，可以被视为未来严肃史学的骨架。因此，最好能够充分地利用这些专志，用于研究、评论和索引，并将其全部或部分翻译出来，而不是迷失在一些想入非非或完全无用的计划中，如全译《二十四史》。要知道，

“二十四史”在汉语中的体量就已经够大的了。

（三）全书

中国古代的全书数量巨大，类型丰富，因此有必要对它们进行整体的分析。根据这些全书的用途，我们可以发现有以下几类：对知识进行盘点或通识性的全书；文学创作词汇汇编；政治科学手册；最后一类是文章汇编，相当于博学的收藏馆。当然，所有这些类型互有相似之处，都有共同点，即喜爱引经据典和分门别类。中国的思想家喜欢通过分类来思考（全书因此完全可以被称为“类书”），也喜欢通过引用来辑录文献。这一点也说明了文字创作中这一大类[①]的共同方法。自唐朝开始，全书编纂迎来繁荣期，这有其特定的历史原因。

科举选官催生了为考试而编撰各种有用知识指南的供求。参照传统经典撰写诗文的要求激发了按范例、主题、文体和作诗法编辑文选的需要。学习经典和历史，尤其是学习其中有关各种治国内容，撰写长篇大论以回答涉及政治和行政的问题，这些紧要的需求激发了文人编写主题多样、分类明确的历史纲要和简明指南。

---

① 参看 Teng-Biggerstaff, *An Annotated Bibliography of Selected Chinese Reference Works* (Cambridge, Mass., 1950), 106 et suiv。

如果我们说兼具文学和选官两种性质的科举推动了全书的编撰，那么这就等于说，士大夫一系列的努力让史书最终走向了编纂诸多政治经济学纲要。科举和指南只不过是中国社会官僚化衍生的表现而已。

人文主义、文学和政治学的文化修养理想支配了士大夫的教育，而且也解释了或普通、或专门的全书与专志的共同视野。如果想要具体了解这种视野，只需一览全书的目录即可[①]。如果非要找出其中的时代特点，那就是对政治科学、经济问题和制度历史与日俱增的兴趣。的确，公元 8 世纪中叶的危机与此类著作的萌生之间的关系显而易见。

今天已经散佚的最早一部政治经济学全书是《政典》（约公元 750 年，共 35 卷）。该书的编者是中国最著名史家之一刘知幾（公元 661—721 年）的儿子刘秩[②]。这部著作的演变关系和它的成书年代一样有着特殊的意义。的确，几乎在同一时

---

① 参看 Teng-Biggerstaff, *An Annotated Bibliography of Selected Chinese Reference Works* (Cambridge, Mass., 1950), 106 et suiv.，第 110 页。“以下是后期全书大致的目录：天文、地理、皇帝与皇后、人类本性与行为、官府、仪式、音乐、法律、官僚、爵位、军事、国内经济、田产、服饰、车马、工具、食物、器物、技艺、棋术、道学、佛学、神灵、医学和文化史。”

② 关于刘秩，可以参看 Mitteilungen des *Seminars für orientalische Sprachen* 34(1931), pp. 64-65。此外，还可参看《四库全书总目提要》中关于《通典》的简介。

代成书的作品还有《大唐开元礼》(公元732年，共150卷)和《唐六典》(公元739年，共30卷)。在《政典》的启发下，同时还大量引用了另两部行政汇编的内容，杜佑(公元735—812年)撰写了第一部制度通史，即著名的《通典》(公元801年，共200卷)。该书也成为后世所有政治学全书的范本①。 62

然而，这个著作的特点就是特别强调政治学。全书依序分为九典，即食货、选举、职官、礼、乐、兵、刑、州郡、边防等。换言之，杜佑并没有涉及"科学"和书目提要(即表4-1"正史专志表"中的第2类和第4类)，而是优先关注官府制度，然后把礼仪和习俗放在第二位。和正史中的专志相比，这可是名副其实的革新。

每一部分之前都有一段简短的摘要，体现出这位作者历史思想的重心在于制度演变。然而，方法上并没有变化，在各部分内依然是按照年代顺序大量引用。因此，几乎无须赘言这种

① 关于这些著作，可参看 R. des Rotours, *Le Traité des Examens* (Paris, 1932), 84, 99 et 149。对政治学全书进行分类的工作让中国目录学家非常头疼。《四库全书总目提要》的分类已经非常有逻辑。所有的通识性全书被归入"类书"栏目下(《四库全书总目提要》第135—139卷)，所有如《通典》一样的政治学全书、"会要"和"会典"被另外归入"政书"的栏目下(第81—84卷)。然而，《唐六典》则被放入第三类，即关于行政制度方面的"职官"类(第79—80卷)。即使不计较诸多细微的矛盾之处，把指南和文献汇编混在一起的做法很明显并不合理。

政治学全书的形式出自时任朝廷大员之学者的构思（杜佑曾任宰相）。

《通典》创造了一个前例，模仿杜佑的后世学者不计其数。其中有三四位作者值得一提。前文注释中，我们已经介绍了郑樵。他在长达 30 年的时间里被奉为圭臬。作为史家，郑樵非常有创新精神。但是在其作品中，他的创见销声匿迹在一堆引用的观点当中。李心传（公元 1166—1243 年）可被划入宋朝那些谨小慎微但头脑清醒的批评史学家一派，曾撰写了一部
63 关于南宋初年文献非常丰富的编年史[1]。然而，该编年史的姐妹篇也用了一个很长的标题，即《建炎以来朝野杂记》，也对制度进行了生动的描绘。王应麟（公元 1223—1296 年）则是一位题材多样的作家，曾创作了一部更好的全书，即《玉海》（共 200 卷）。王应麟也许是编纂学者中最具百科全书精神的一位，因此在此值得一提。他的全书虽然是那些参加更高级别科举士人的精神食粮，但是仍很好地反映了时代的忧虑（参见表 4-2）。

---

① 《建炎以来系年要录》一书的时间跨度为 36 年（公元 1127—1162 年），共 200 卷。这部伟大的编年史承接北宋的《续资治通鉴长编》。《续资治通鉴长编》成书于公元 1174 年，原作共有 1063 卷，由李焘（公元 1115—1184 年）所作。李焘是司马光的继承者。我相信，李焘和李心传的声望将会有所提高。

上文中已经谈到马端临，他是杜佑事业最名副其实的继承者，也是一位见解独特的史家。这里需要补充说明一点。《文献通考》（约成书于公元1317年，共348卷）这部全书完全是马端临一个人长期辛劳的成果。该书不仅仅是一本制度通史，而且是一部文献考证。书中，既有古代文人和当代作者之间的自由交锋，也有他人观点和作者清晰有力的语言对话，这些让马端临成为一位罕见的作家。在作品的序言和评论部分，处处浸透着作者的敏锐眼光和冷静评论[①]。

把《通典》《通志》《文献通考》以及其他全书之后出版的作品一一罗列将是一件枯燥乏味的事情，因为它们的框架、目的和方法并无任何改变。但是，必须指出宋朝以后出现的一些新趋势，它们推动了纲要类书籍的编纂。印刷术的发明推动了在那之前很少见的知识传播，让家境并不富裕之人都能购买书籍。后来，藏书楼越来越多，为书本教育提供了基础，确定了科举考试的文科特性，帮助新儒家灌输传统主义的保守知识， 64
同时也传播了人们对古代的尊重和对历史的兴趣。如此多的原因扩大了人们对概述和盘点知识的需求。因此，书目提要所占据的比重也越来越大（《玉海》和《文献通考》就是很好的

① 令人惊讶的是，至今尚未发现有关马端临著作的翻译和研究。

例证）。

另一个需要指出的事实是个人创造性的衰退。对于单一作者来说，掌握所有门类的知识越来越困难。于是，大型全书的辑录工作也就交到朝廷专门负责此项工作的匿名编辑团队手中，个人著作被官方集体的事业所替代。然而，这些全书的价值却并未随之提高。

对于官方规章和文献的汇编而言就更是如此，因为编辑工作需要进入国家的档案机构。在讨论这些汇编之前，我想再用一个表格（见表 4-2）来反映上述几部全书和一部文献汇编的

表 4–2　全书内容分布表(按百分比计算)

	《通典》（公元 801 年）	《文献通考》（公元 1317 年）	《玉海》（公元 1290 年）	《宋会要》（公元 1044—1242 年）
1. 仪式、习俗	50.2	25.6	21.5	22.5
2. “科学”		9.7	9.5	1
3. 制度				
（1）行政管理	22.8	17	36.5	41
（2）地理	16.8	9.7	6	6.5
（3）经济	5.9	8.5	5.5	21.5
（4）法律	4.1	3.5	2	4
（5）政治		8.7		3
4. 书目提要		17.3	19	

不同主题。表格依然参照前一个表格的原则来分类，只是增加了一个政治制度的栏目（诸如封建制度和皇室谱系），因为这些很难纳入其他的栏目。对于《玉海》和《宋会要》来说，百 65
分比计算得出的依然是近似值（按照卷数计算），而对于《通典》和《文献通考》而言，计算得出的百分比更加精确（依照“十通”合集中的页数计算）。我们注意到，内容的分布依然充分地证明了上文对专志研究后得出的趋势。

（四）会要与会典

对会要的研究其实已经离开所谓的史书领域。因此，有必要做一个清晰的辨析。全书虽然也已经偏离了历史，但是呈现内容的方式依然按照史家视角。而会要则原封不动地把文献原文汇聚在一起，文本之间除了按栏目分门别类外再无关联。很容易就能明白为什么人们有时会把它们混淆，因为二者都源自相同的引用和分类方法（即专志中的方法）。的确，很少有作品能在不得已的情况下兼有全书和会要两种体裁（例如，我会把《册府元龟》放在会要的类型当中）。

这些文献汇编具有以下特点：（1）它们都是官方机构编纂的非个人性的著作，通常都是官方史馆的成果。（2）它们辑录的都是一些源自官方档案的正式文件，如圣旨、法律、规章、规定，尤其是奏章（虽然收入了各级官员的奏章，但是大多数情况下都是高级官员的奏章）。（3）它们按原样呈现这些文件，没有进行任何改动，全文收录。这就是这些著作虽然内容与历史无关，但却是中国现代历史学家最好的资源的原因。现在已经无须再强调它们的文献价值了。

66 最早的“重要文件合集”是《唐会要》（共 100 卷）。它是由三位辑录者分别于公元 804 年、852 年和 961 年收录完成。最后一位编者同样也把五代的相关文件汇聚在一起，编成了《五代会要》（公元 961 年，共 30 卷）。总的来看，其中的文件是按照政治、经济和社会制度的不同栏目分类编成。仅举一例说明它的实用性，如果要想研究唐朝的高利贷情况，只需要在《唐会要》中找到相应的卷号就能获得所有的文件。

尽管使用起来很方便，但是也无法在两部会要之间进行比较，后世的辑录者都是模仿前朝的会要而作，只是内容上如正史一样选用当时仍然存世的出处[①]。对于《宋会要》来说是一个例外。它收录的原文极多，价值最大，然而原书久佚，直

---

① 《西汉会要》（公元 1211 年，共 70 卷）和《东汉会要》（公元 1226 年，共 40 卷）都是宋朝同一位编者辑录而成。同样，三国和明朝的会要在 19 世纪末才完成。参看 Teng-Biggerstaff, *op. cit.*, 158 ss。

至 1936 年才得以一见。宋朝的官方史馆常常收录那些预定的、无论是否使用的文件。据说,《宋会要》先后修纂十次，或者说有十稿，后一稿有时会重新改写前文。编纂工作最早上溯至公元 1044 年至 1242 年间，总卷数多达 2442 卷。现在存世的只有 460 卷，时间跨度覆盖公元 960 年至 1224 年[①]。

看到制度在会要中所占的地位后，我们就明白《宋会要》是资料的宝库，它收录的大部分原文在别的书中都被大肆删减过，有些甚至完全找不到。

最后，我们来谈谈最末两个王朝浩如烟海的会典，即《大明会典》和《大清会典》[②]。无论是对于研究特定行政制度的专家还是对于一般的历史学家而言，这些都是研究古代中国这一官僚国家的重要文献。这两部会典都经过了多次修订，每一次都增补了不少内容，更加细致入微。因此，这就更加塑造了巨大行政机器无比繁重的惊人形象，诸如那些多如牛毛的 67

---

① Ibid., 162. 另外可参看汤中，宋会要研究，上海：商务印书馆，1932 年。另外，魏应麒还制作了一个非常方便的关于前后稿的表格，参见魏应麒，中国史学史，上海：商务印书馆，1947 年，第 176—177 页。关于经济部分的目录可参见 Konuma Tadashi, *Shigaku Zasshi* 48 (1937), 886-901。

② 关于这些著作，可参看 W. Franke, *Preliminary Notes on the Important Chinese Literary Sources for the History of the Ming Dynasty* (Chengtu, 1948), p. 42。还可参看 J. K. Fairbank, *Ch'ing Documents* (Cambridge, Mass., 1952), vol. I, pp. 59-60, 66-71。

文件、激烈的冲突矛盾和不可阻挡的运转。尽管这台压路机的轮毂下有无数的牺牲者，但是这不是这些典籍的主旨。在这些会典中，人们只会听到一台精确无比和完善运行之机器的轰鸣声，这台机器就是垄断中国历史书写之士大夫们的目标和完美化身。

第二部分

汉末危机

第 5 章　汉朝末年的社会危机与政治哲学[①]

我将在本文中研究三位哲学家，他们都具有双重的意义。71 首先，作为所处时代的观察者，他们的见闻和书写或证实或补充了现存史料中相当贫乏的记录。其次，作为思想家，他们从先秦哲学的宝库中汲取了最适合的思想，进行社会斗争。如此，他们不仅复兴了公元前 3 世纪中国思想的百家争鸣，而且开启了公元 3 世纪中国文人的活跃风气。因为公元 200 年至公元 600 年间的这 4 个世纪彻底地改变了中国，所以研究这些哲学家必然有助于理解此次中世纪的精神复兴。东汉末年与三国时期已经孕育着新时代的特点——社会的贫困与再度封建化、胡人的突然入侵、前所未见的浓厚的宗教情感、抒情诗的繁荣和宏伟雕刻艺术的兴起。就我们已知的情况来判断，我可以断

① 原文刊载于《通报》，第 39 卷，1950 年。

言，从公元 150 年至公元 250 年这一百年间对中国后世发展所产生的影响仅次于公元前 3 世纪战国时期的百家争鸣。

72 这两个时期都是一个时代行将就木的时期，后者是汉朝的穷途末路。在这两个时期中，哲学都为后来的政治演变奠定了基础。因此，我们有必要快速简要地回顾该时期汉朝解体缓慢进程中的重要事件和典型人物。

公元 2 世纪中期，汉朝经历了长期的太平岁月。与公元初汉光武帝光复汉室时相比，人口几乎增加了一倍。从自然经济到交换经济的过渡，不仅积累了财富，而且促进了职业分工。这反而造成更严重的财富分配不均，促使传统社会关系的改变。皇权的削弱就是社会失去平衡的明显征兆。此时，刘氏衰落的后裔只能靠代理人来维持统治。等级金字塔的塔尖已经开始崩塌，围绕实际权力的激烈斗争拉开帷幕。

参与的力量有哪些呢？旧贵族曾经实际掌控着重要的政府职位，现在他们的角色变得越来越无足轻重。这些大领主依靠自己的土地获得收益。但是，他们更喜欢过豪华的宫廷生活，不愿亲自打理自己的土地，便把土地交给佃农耕种。他们把时间花在打猎和娱乐上。哪怕只是担任闲职，也让他们感到厌烦不已。他们既没教养，又傲气十足，懒散奢侈的生活和与生俱来的特权让他们沉沦堕落。

他们不怀好意地看着一个他们鄙视的竞争阶层迅速崛起，后者带着暴发户的贪婪，攫取他们所能垄断的一切。这个新的阶层就是外戚，他们是皇后的亲属。长期的经验让这些人深感自己地位不稳，因此也更加欲壑难填。他们冒着成为后宫变动牺牲品的危险，努力获得皇帝的宠信，生活在皇帝反复无常的阴影之下。他们知道必须充分利用转瞬即逝的好机会，于是，这些贪婪的、肆无忌惮的新贵在很短的时间里就聚集了大量的财富，也会在一夜之间失去所有。在我们讨论的时期内，最得意的是梁氏集团，他们是梁太后的亲属。这个家族的首领是大
将军梁冀。他掌控帝国朝政长达 20 余年。在此期间，他通过 73
控制所有可能的职位，聚集财富高达 30 亿，扶植了两位傀儡皇帝，把自己的亲戚安插在各个有利可图的职位。这个家族可以夸耀家门出了两位大将军、3 位皇后、6 位妃嫔、7 位侯爷和 57 位高级官员。他在京都洛阳附近的游园里遍布假山流水、珍禽异兽，奢华之盛在史书上留下了重要记载[1]。但是，梁冀的命运是新贵集团地位不稳的典型写照：公元 159 年，他被宦官刺死，宗族上下全部被诛，党羽尽毁。

第三个争夺权力的社会群体是宦官。他们出身微贱，但因

① 参见《后汉书》（王先谦注，1915 年），卷 64；卷 110A（商务印书馆，1917 年）；卷 54。

侍奉御前而显得重要。同时，天子也越来越依靠这些忠实的奴仆来同贵族、外戚和士人斗争。作为皇帝的亲信，宦官也可以得到职位和爵位，并凭此通过正当或非正当的手段，为自己和亲属敛财。袭击梁冀家族的五位宦官皆获封赏，每人都得到了76000户的采邑，还有5600万赏钱。自然，宦官的胃口与品德也是与他们可以利用的机会成正比。在这一点上，他们不输给外戚。由于职务的关系，他们与外戚经常来往。在宦官的门客中，我们很自然地发现了许多商人和实业家，他们供应着满足宫廷奢侈生活的用品，并从中渔利。但是，也必须看到，宦官虽然文化水平不高，只是充当绝对君权的普通工具，但是却
74 试图获得教育。他们对技术问题很感兴趣，许多发明都与他们有关，例如公元105年，一位宦官改进了造纸术。他们甚至打算建立自己独立的教育机构，引起了士人的激烈抗议，因为这破坏了后者的教育垄断。

这样，此时尚未最终形成的士人阶级发现自己在逐渐失去对事务的管理。正是他们，或者更确切地说，他们当中那些更不幸的人带来了危机。因为被排除在权力之外，面临失去登堂为官的古老特权，所以他们在该时期组建联盟，形成一种类似政党的知识分子团体。在京城，该党领袖大都是名士和高官，他们不停地抨击政府的缺点，咒骂对手的恶行，无数次地进

谏、上书和请愿。他们得到地方小官、胥吏和学生的支持。太学生人数多达 3 万，他们往往生活穷困，不得不靠做工、务农或充当低级文书为生。身处民间，他们得以亲身经历人民的贫穷和苦难，积极地在全国活动。他们通过舆论进行批评的最有效武器是张贴七言讽刺诗，诋毁政敌，揭发当权者的腐败，或赞美自己的领袖。这就是“清议”。只需衡量识文断字者和接受教育者在遍地文盲之国的威望，便可以判断清议的影响力。尽管士人阶级出自统治阶级，但是其内部差异巨大，成员中甚至有大地主。然而，他们全体都反对大贵族和暴发户的穷奢极侈，也反对宦官及其党羽的勒索、贪污和捐纳。

士林批评的尖锐程度、为数众多的士人以及知识阶层事业具有的传统威望，让他们成为可怕的敌人。宦官是士人最厉害 75 的对手，他们已经迫不及待，率先动手。这是一场你死我活的权力斗争。在这个过程中，统治阶级的三方互相掐住对方的脖子。斗争一步步展开，运气时而在这一方，时而在另一方，引发了内战、苦难以及这些竞争者自身的消亡，最终导致汉帝国土崩瓦解。

公元 166 年，宦官开始攻击、逮捕和禁锢党人。第二年，宣布大赦。党人被送回原籍，终身禁止出仕。一年后，新帝登基，为党人提供了复仇的机会。但是，消灭阉宦的努力失败了，后者反而除掉了最显要的名士。当一位宦官被害而大兴新的党锢时，对士人的禁锢变得更加严厉，国家混乱也达到了顶峰。从此，士党的旧成员和五服之内的亲属都不得担任官职。

但是，宦官的胜利并不长久。因为，当统治阶级热衷内斗，巧取豪夺，对哲学家的警告充耳不闻时，农民正在准备起来反抗无法忍受的地主剥削和永不休止的官僚勒索。农业人口，也就是说几乎整个国家的人口都生活在难以描绘的苦难之中。自耕农正在渐渐消失，因为他们仅有一小块土地，经常面对饥荒和无法承受的税赋和徭役。俸禄微薄的官僚试图从他们身上榨取钱财，地主则试图兼并他们的土地。这些自耕农迟早要沦为农民无产者，成为大地主的佃农，即便债务、洪水和旱
76
灾没有榨干他们最后的家当。否则，他们就离开土地去过逃荒的生活，或当小贩、工匠、仆人、士兵或土匪。至于他们的孩子，唯一的出路就是去当奴仆或娼妓。他们被迫卖掉儿女，大量涌入城里贵族的府邸，充当奴仆、歌女、优伶或太监。

数量巨大的饥民和流离失所者生活在一种愤懑不安的状态中。十多年来，他们一直受到“太平道”这一新信仰传播者的蛊惑。这个教派信奉的经书是《太平经》，书中充满了道家的信条和神奇符咒。该教的祖师并不满足于向信徒们宣布新的太

平盛世即将来临，尽管“太平”一词的真实含义就是如此，也不仅限于给人治病，他们还把信徒组织成名副其实的法伦斯泰尔。这是一种农村共同体，在其中信徒要公开忏悔罪过，共同在义舍中免费进食。他们还建立了令人震惊的军事组织，把信徒分成36方。他们在公元184年，即中平元年起事，迅速席卷全国。起义领袖张氏三兄弟分别自称天公将军、地公将军、人公将军。由于头戴代表土地的黄色头巾，所以起义军被称为“黄巾军”。很快，黄巾军让整个中国北方都陷入刀光剑影当中。起义以黄河下游和四川人口最密集的地区为中心，像野火燎原一般，席卷了中国所有人口聚居之地，在当时主要是黄河与长江之间的区域。这场半社会性、半宗教性的大规模农民起义最先干的事，就是攻打州府，杀死或驱赶地方官员，然后任命自己的官员，收租敛税，修桥铺路。

朝廷被打了一个措手不及，完全不知所措。然而，尽管他 77
们在这场意料之外的灾祸中相互指责，表里不一，但是仍然恢复清醒，组织讨伐。镇压非常冷酷无情，仅仅在公元184年，就屠杀了50万人。村民既无法抵御叛乱者的进攻，又无法避免讨伐军的镇压。黄巾军在一个地方失败后，就会在另一个地方掀起规模更大的起义。他们与官军四处作战，让全国陷入战乱之中。富人和士人都纷纷逃往安全之所，流民和难民也都四处逃散，他们组成了向各个方向迁移的人群。

然而，就在仿佛与外界隔绝的京城中发生了一件决定性的事情。作为贵族的代表和反宦官派别的代言人，袁绍坚决推动皇后的兄弟（也是一个新贵）彻底消灭宦官。后者死于宦官的缓兵之计，但袁绍在关键时刻挺身而出，坚决地杀掉宫中所有的宦官。贵族与士人联合起来对付共同的对手，但是此次胜利来得太晚了。军阀混战的时刻已经到来。在董卓弄权的短暂时期，想当皇帝的人纷纷登场，内战频频，争夺皇位者互相争斗，血腥屠杀。这场争斗整整持续了一代人的时间，把中国从一个强大帝国变成巨型墓地。这给冒险家、胆大妄为者、投机分子和军事将领们打开了道路。一队队雇佣兵、流民、罪犯、失地农民、失业士人等各色人等不遵法度，亦无信仰，他们主宰了30年的历史舞台。他们的经历非常相似。在镇压黄巾军的战争中崭露头角后，他们便率领自己的队伍四处迁移，到处掠夺。如果有幸拿下某个据点或城池，有了根据地，就把它当作跳板，一步步走向胜利。这种新型的、胆大包天的典型人物就是曹操。他既是出色的战略家，也是杰出的诗人、聪明的政治家。同时代的一位相士曾完美地对曹操进行了一番描述：

78

"清平之奸贼，乱世之英雄。"[①]

以上就是我们即将探讨的哲学家所处时代之概况。他们具有这个时代的不确定性和矛盾，并以自己的方式为该时代的思想做出贡献，给后世留下了深刻的影响。

这些思想是什么呢？首先应当注意的是，士人那时还不是一个确定的阶级，尚未形成正统的学说。一些最杰出的人意识到某种动荡，感到混乱和困惑，于是希望找到一个坐标，以此在充满风暴的大海上找到方向。危机日益加剧，寻找救世之道也更加迫切。所有的中国哲学首先是社会哲学，哪怕是宣扬出世的纯粹玄学思想也不例外。因为它总是基于人的关系（不是个体之间的关系，而是作为社会群体组成部分之间的关系），所以我甚至可以说，中国哲学基本上是政治哲学。这说明了各家哲学有着共同的基础，也说明了一个奇怪的现象，即既定的形势总是催生出相同的思想。这同样也说明，同样的原因必定产生同样的结果。

在汉朝长期相对稳定的时期，并不需要任何古代激进的思想体系。儒家实用主义思想就能满足所有的好奇心。经学之争

---

① 《后汉书》，卷 98，7b. 关于曹操，还可参看我的文章（刊载于 *Monumenta Serica 2*，1937 年，410 sq）和 D. von den Steinen，《曹操诗选》，ibdi., 4，1939-1940 年，125-181。

也不过是争夺优势地位。但是，从公元2世纪开始，王充一系列的质疑让官学名誉扫地，后者一直没有解决经典文本中不可
79 调和的矛盾。最固执的经学家也在注释中表达了自己的担忧。人们开始寻找更加严密的学说。针对当前的迫切问题，长期被遗忘的道家和法学，甚至是诡辩家和名家的学说也似乎恢复了意义。我们可以在历史和观念的层面发现中国思想的三种主要倾向。如果简要概括它们的内容以及它们与现实的关系，那么可以说，它们都尝试对已经出现的危机提及解决之道。大家都承认的首要事实是危机已经到来，事情正朝坏的方向发展，应当阻止事态的恶化。但是该做什么呢？如何才能解释危机？救世之道又在哪里？对这些问题的回答产生了分歧。总结一下，主要有以下三种不同的立场。

儒家认为，无法忍受的现状之所以发生，是因为人们不再遵循古代的圣贤之道。要想让混乱的世道恢复正常，只有让社会关系回到传统模式，让人人都遵守礼教规定的社会等级。因此，儒家主要依靠的仍然是礼义：礼的含义是规则、习俗、惯例和旧规；义的含义是无私、上层人士要平等待人、下层人士要忠于义务。所有这些都是用一种温和甜蜜的口吻公开表达的。

与儒家一样，法家也热衷于维护秩序。但是，法家认为

方法应随时代的变化而变化。他们要求抛弃旧方法，放弃依靠道德治理的传统观念，因为这种观念已经显得荒谬。法家呼吁一种对每个人都公平适用的绝对法律。对于法家而言，只有清晰、公正和平等地实施惩罚和奖赏才能救世。只有开明的绝对君主手中的正义之剑才能解决当前的问题，而且君主本人也受这个无情法规的约束。

道家则反对上述两家的看法。它否认世界有改善的可能性。这不仅仅因为现实形势非常糟糕，而且因为人类社会本身就不纯净。道家试图把自己固有的悲观主义淹没在对超自然力量的神秘冥想中，认为在所有政府徒劳无益的躁动中只能看见人的卑劣，人已经远离了无政府社群那种原初的质朴。对于这 80
个根本的罪恶，唯一有效的药方是回归既无法律亦无礼教的本初自然。

上文概要式的阐述已经展现这些极端思想之间有重合之处。我将尽我所思，谈谈这种交集为什么会发生。如果将现代政治术语用于这三种派别，可以有助于阐明它们之间的异同。儒家相当于中间派，他们是传统主义者和改良主义者。只要地位不受威胁，他们随时都准备妥协，相信经受考验的方法才是最好的方法。这样的话，信奉集权主义的激进分子相当于右派，而崇尚自发主义的激进分子相当于左派。我们已经可以发现，法家学说与今天的极权主义运动何其相似。道家的无政府主义倾向也非常明显。而且，我们还可以进一步发现，法家和道家都认为法律适用于每个人，因为道就是宇宙之法。上述观点早已有之。但是，我认为还可以再深入一步。道家和法家都厌恶传统主义，而且他们都要求革命。此外，法家和儒家思想都有积极入世的倾向，这让他们难以理解道家的崇高，并为此感到害怕，认为道家是潜在的危险，可能产生很大的影响。他们都不愿意看到道家的社会乌托邦变成现实。这种担心以及相信严刑峻法适合当时的形势（这种看法的一致性比想象中的要大），经常让儒家和法家形成暂时的联盟。他们的基本分歧在于以下问题：法律是用来对付谁的？

学派之间的界限经常变动，在我们所涉及的这个时期尤其如此。有些儒家学者倾向于法家学说，有些法家学者具有道家色彩，另外，还有些玄学家也承认在当时推行德育的必要性，等等。我想，归根结底，导致这种变动是因为所有这些思想体
81 系都拥有相同的社会基础，即士人阶层。我甚至认为可以粗略地确定不同派别代表的社会群体。总体上看，儒家是官僚的意识形态，尤其是当权高级官员的意识形态。道家的信徒通常来自退隐的小官，或者来自由于贫穷而从重要职位上被赶下台的官员，抑或来自急切等待的候补官员。这些人的出身几乎都是

农民。具有实证主义和现实主义观点的激进分子也来自相同的社会环境，但是他们与从事实际事务的人，如军人、商人和技工等联系紧密，并经常接触行政管理、公共工程和边疆防务等问题。本文无法完全展开这一论题，而且这也并非本文的主旨。我以下将讨论三种政治学说的各自代表人物，这会提供一些证据，并足以阐明上述论题。

（一）王符：一位隐士的社会批评

隐士王符是这三位哲学家中的第一位，大约生活在公元 90 年至 165 年间。他的家乡在今天的甘肃省，当时是汉帝国西边的边境，经常受到氐羌的侵袭。庶出的身份让他受到国人的轻视，因而无法升迁，尽管他与当时几个最著名的人物交好，其中有大贵族马融和数学家兼诗人张衡，前者是第一位为儒家所有主要经典做注释的学者。被排除在官场之外加重了他的社会自卑感，由此也不难理解其激烈的文风与愤怒的笔调。王符正是怀着这种情绪在研究当时的社会。他对怀才不遇的旧题阐发了一些新意，愤懑之情溢于言表，这使他的文章独具特色。在文章里，他多次提及奸臣、嫉贤妒能的无能宠臣、奴颜婢膝的谄媚者与贵胄重臣的门客。这些人包围在统治者的身边，堵塞了优秀人才的道路，让他们在荒山僻野的隐居之处沉 82

默无为。

王符本人就是如此，他被隔绝在政治生活之外，如其传记所言：

> 自和安之后，世务游宦，当涂者更相荐引，而符独耿介，不同于俗，以此遂不得升进。志意蕴愤，乃隐居著书三十余篇，以议当时失得，不欲章显其名，故号曰：《潜夫论》。①

王符是他所处时代第一位见证人。如果没有他，我们就无法很好地了解那个时代。此外，从儒家的角度来看，他的作品糅合了当时主要的思想倾向，有许多新思想。例如，他认为，要实现太平（这个重要的概念在《潜夫论》中出现了十余次），

① 《后汉书》卷七十九。《潜夫论》今分十卷，共 36 篇，有多个版本。本书引自《四部丛刊》的版本。之后，北平中法汉学研究所出版了一部索引，即《潜夫论通检》（1945 年，第 95 页）。公元 111 年至公元 141 年，羌人入侵至今天的甘肃一带，王符的家乡也受到波及。安定与北地二郡的政府更迭，大量居民涌入内地。王符因此抨击朝廷在对抗蛮夷入侵时表现得软弱无力，尽管他的写作时间是在汉桓帝时期，此时朝廷的对外政策已经表现得更为强力。从这个意义上看，我们必须要修正 A. Forke 在 *Geschichte der mittelalterlichen chinesischen Philosophie*（汉堡，1934 年）一书中的观点。本文关于王符的部分很好地指出了该著作的根本性错误，以传统玄学和老生常谈的浅薄外表为基础来阐释、评论和分类一些作家，但是却忽视不同作家的独特性。这就像我们想通过地理学来理解康德或者通过戏剧来理解伏尔泰一样都是不可取的。

就必须务本抑末。在经济社会层面，“本”就是农业、必要的工程和财富交易；“末”就是一些不稳定的职业（即游业）、奇技淫巧和奢侈品贸易。因此，王符心中组成社会的基本范畴包括依附土地的农民、诚实的手工业者和从事自然经济产品交易的商人。但是，如今的情况恰好相反，聚积财富已经出现。“虽于私家有富，然公计愈贫矣。”[①]必须要制定法律，以反对制造无实际用途的物品与劣质产品，反对售卖奢侈物品，避免手工业者和商人牟取非法利润。文艺也同样陷入腐败。学者讨论的都是一些无用的问题，写的文章矫揉造作，作的诗歌充满奇怪的藻饰，以表现自己与众不同，博取名气。

王符不遗余力地批判徇私偏袒，毫不间断地抨击达官重臣的推诿责任、唯利是图、贪婪成性与冷酷无情。他说道：“国家存亡之本，治乱之机，在于明选而已矣。”[②]因此，王符认为，选贤任能应该根据人才固有的品质和优点，而不是依据亲属关系、家庭出身、物质财富，甚至民族身份，因为蛮夷也可能和周公一样聪明，而在汉人中也可能有最无耻的坏人。但是，当时的事实却是“以钱多为贤，以刚强为上”[③]。而且，他描述，

---

① 《潜夫论·务本第二》。
② 《潜夫论·本政第九》。
③ 《潜夫论·考绩第七》。

上天是如何让那些亲信、篡臣、阿谀奉承之徒和一切小集团、小圈子之人瞎了双眼。

84 贫贱之时，虽有鉴明之资，仁义之志，一旦富贵，则背亲捐旧，丧其本心。疏骨肉而亲便辟，薄知友而厚狗马，财货满于仆妾，禄赐尽于猾奴，宁见朽贯千万，而不忍赐人一钱，宁积粟腐仓，而不忍贷人一斗。[①]

《潜夫论》中最有意思的一篇，名为《浮侈》。这篇文献最重要。凭借它，我们才能了解公元 2 世纪时中国的社会与道德状况。该文写道：

今举世舍农桑，趋商贾。牛马车舆，填塞道路。游手为功，充盈都邑。务本者少，浮食者众……今察洛阳，浮末业者，什于农夫；虚伪游手者，什于浮末。是则一夫耕，百人食之；一妇桑，百人衣之。以一奉百，孰能供之？天下百郡千县，市邑万数，类皆如此。[②]

---

① 《潜夫论·忠贵第十一》。
② 《潜夫论·浮侈第十二》。

通过上文，我们仿佛看到美国中西部的农民骂纽约是现代巴比伦，或者是法国南部的农夫谈论政治经济学。农业与末业之间无法维持平衡，就一定会带来饥荒、犯罪、压迫、反抗，最终是帝国的覆灭。这让王符悟出一个道理，即这是一种辩证的运动，当事物被推向极端，就会产生它的对立面："夫贫生于富，弱生于强，乱生于化，危生于安。" 85

以前，人们非常重视节制和节约。"今人奢衣服，侈饮食，事口舌而习调欺。"[1] 一些人成为职业骗子，另一些人好赌成性。连农民也扔下犁锄，张弓搭箭，浪迹山野，或者制作弹丸卖给猎人。他们既无时间防范盗贼，也无时间驱逐鸟兽，保护庄稼。有时，他们制作各种吸引孩童的玩具，如泥车、瓦狗、骑士和歌舞泥人。妇女也不管家务，不事纺线，而去学习巫术，装神弄鬼，诱惑百姓。病人冒着雨雪寻找他们。病情越重，人们就越是相信巫师。病人拒绝请医生治病，而去寻求鬼神的帮助，即使病死，也没有人指出他们是巫师的牺牲品，反而责备他们去得太晚。人们把上好的丝绸剪成带子，在上面画符涂咒。这根本不会带来好运，实际上这些做法仍然是在抢劫人民的财富。王符认为，这些人"坐食嘉谷，浪费白日，毁败

① 《潜夫论·浮侈第十二》。

成功……皆宜禁者也”。[1]

京城贵族的奢侈毫无节制。连奴婢穿的衣服都是从前难以
86 想象的。富贵人家举办婚礼时，竞相夸耀奢华：车水马龙，奴仆无数。最糟糕的是“富者竞欲相过，贫者耻不逮及。是故一飨之所费，破终身之本业”。[2]

丧礼也是如此。为了从南方寻找和运输专门给贵族做棺材的珍贵木料，从乐浪至敦煌的民夫都被动员起来，能工巧匠们的聪明才智被耗费殆尽，人力就这样不计成本地被浪费掉。“今京师贵戚，郡县豪家，生不极养，死乃崇丧。”[3]

王符论述的另一个重要主题是不公正，或者更确切地说，是司法中的拖延与狡辩，繁杂的手续消耗掉民众的时间。劳动时间的浪费导致了国家的贫困。各级官员都在妨碍下属审理案件，或者都在盘算上级的意图，于是就把案件从春天拖延到秋天，甚至拖延到来年春天。如此这般，百姓既负担不起诉讼的费用，也耽搁不起断案的时间，而有钱人则可以雇用代理人。另外，朝廷经常大赦，这只能鼓励恶徒。在洛阳，罪犯与官府勾结，甚至杀害十几条人命都从来不受惩罚。

---

① 《潜夫论·浮侈第十二》。

② 同上。

③ 同上。值得注意的是，王符提及的两座边境城市都已经成为重要的考古发现地。而且在洛阳，人们也发掘了大量的殉葬品。

联系司法程序，王符发展了自己关于劳动价值的理论，这也是他著作中的独到之处。相关的论述如下：

国之所以为国者，以有民也。民之所以为民者，以有谷也。谷之所以丰殖者，以有人功也。功之所以能建者，以日力也（作者注，“日力”一词的字面意思是工作时间加上花费的精力）。治国之日舒以长，故其民闲暇而力有余。乱国之日促以短，故其民困务而力不足。[①] 87

王符立即解释道，这并非是说日子可以随人意延长或缩短，而是说在治理得好的国家里，人民生活太平，日子就显得长；而在治理混乱的国家里，人民得承受不公、压迫、徭役和捐税的压力，日子就显得短。他的结论概括为下列箴言：“礼义生于富足，盗窃起于贫穷，富贵生于宽暇，贫穷起于无日。”[②]

最后，我想陈述几个段落，它们预示了法家学说的新生，并支配着下一代人的思想。在一篇探讨功绩的文章里，王符又一次斥责特权：“当今列侯，率皆袭先人之爵，因祖考之位。

① 《潜夫论·爱日第十八》。
② 同上。

其身无功于汉，无德于民，专国南面，卧食重禄；下殚百姓，富有国家。此素餐之甚者也！”为了救治这一诟病，必须采用激进之法。王符大声疾呼：“法令赏罚者，诚治乱之枢机也。”①另外，他进一步解释，只有统治者个人有正义感是远远不够
88 的。每个人，无论贫富智愚，都必须遵守法律。“夫法令者，人君之衔辔箠策也。而民者，君之舆马也。”②这一比喻（出自《韩非子》）表明王符已经在思想上孕育着一种大公无私的法律制度，它应该不分贵贱，无论社会差别地适用于每个人。但是，有意思的是，王符发现必须要为自己辩护，于是补充道：“议者必将以为刑杀当不用，而德化可独任。此非变通之论也，非淑世者之言也。”③

（二）崔寔：追求铁腕的法家

我们要研究的第二位哲学家是崔寔。他出生于破落世家，家乡在今天的河北省④。崔寔大致出生于公元 110 年，是王符的晚辈，王符是他父亲的好友之一。公元 151 年，他以“至

---

①《潜夫论·三式第十七》。

②《潜夫论·衰制第二十》。

③ 同上。

④ 保定南边的安平县。参见 F. Kuhn, *Das Dschong lun des Tsui Schi. Eine konfuzianishce Rechtfertigung der Diktatur aus der Han-Zeit* (2, Jahrh. N. Chr.), Pr. Akad. Abh., Berlin, 1914, pp.27。这篇博士论文中错误甚多，本文不一一列举。

孝独行之士”举仕，不幸隶属大将军梁冀统辖的部门。如上文所述，梁冀是当时最有权势、最为富有，同时也是最受憎恨之人。虽然崔寔只不过是东观[1]记录档案的小官，但是由于曾是梁冀的门客，所以官职被免，并被禁止出仕。被撤职之前，崔寔就非常熟悉边境发生的棘手问题，那里经常受到蛮夷入侵的威胁。他曾告诉黄河上游即今天绥远附近的居民如何用麻制作衣服，并自己出资给他们购买了纺车和织机。此外，为了军事防御，他还组织了烽火报警系统。这些细节表明，法家的信徒都具有实践的经验。这些人生活在偏远地区，这让他们更具现实主义的特点，而且由于他们了解日常生活，精通军事与行政问题，所以肯定会觉得儒家的说教令人生厌，特别憎恨城里贪婪的闲职官吏。因为他们在中国文明的前沿履行军民职责，所以也必定具有强烈的民族主义情感，从而痛恨那些毫无民族意识、对民族漠不关心的朝廷高官。无论是出自下层阶级还是士族，这些学者和技术人员都与劳动阶级紧密联系。而且，由于他们重视效率，他们也就感到不为世人理解。因此，他们诅咒昏聩腐败，尽力与之斗争。

公元 160 年左右，由于鲜卑人的屡次入侵，朝廷不得不任

---

① 自公元 151 年起，东观开始编撰汉朝的官史，即《东观汉记》，部分已散佚。

命一位经验丰富的官员，于是，崔寔官拜辽东太守。不久，由于敏锐地感受到党锢之祸迫在眉睫，崔寔拒绝了尚书之职。早年，父亲离世，崔寔变卖家产，按照当时奢侈的习俗举办丧
90 事。家财耗尽后，他便以酿酒贩卖为生，受到同辈的嘲笑。然而，他的传记告诉我们，他只是赚取维持生活之资，当退出不干时依然清贫如初。公元 170 年左右，崔寔去世时，家里竟然拿不出钱来举办一场体面的丧事。

崔寔有一篇名为《政论》的文章，大约写于公元 150 年之后不久。今天，该文只存世一些片段，保留在他的本传和唐初编纂的一部类书之中。该书在中国已经失传，幸而在日本得以保存下来[①]。《后汉书》的作者告诉我们，当时的人们对他这篇文章评价很高，并且引用仲长统的评语："凡为人主，宜写一通，置之坐侧。"[②]

也许，把《政论》的标题翻译为"论政府"更加准确。但是，崔寔是真的打算为所处时代的诸多问题，寻求一种纯粹的政治解决办法。这些曾经让王符感到震惊的问题变得更加紧迫，也需要更激进的办法去解决。只是发发牢骚的时代已经过

① 本传见《后汉书》卷八十二。类书是指《群书治要》。《隋书》在涉及法家的部分收录了《政论》六篇。此外，《隋书》抄录崔寔作品三篇，梁朝后遗失。

② 《后汉书》卷八十二。

去，现在需要能付诸行动、更加精确的思想。可以说，崔寔既是王符的学生，又是我们将要讨论的第三位哲学家仲长统的老师。他的贡献在于毫不犹豫地重提古老的法家学说。他坚定地站在法家这一边，以现实主义的观点看待所有问题。

崔寔问道，目前造成这个时代苦难的原因是什么？长时间的太平助长了懒散、冷漠和懦弱。风俗败坏，狡诈盛行，正直之士被迫缄默。但是，最糟糕的是因循守旧。

俗人拘文牵古，不达权制，奇伟所闻，简忽所见。乌可与论国家之大事哉？……何者，其顽士暗于时权，安习所见。殆不知乐成，况可虑始。苟云率由旧章而已。[1] 91

相反，“圣人执权，遭时定制”[2]。这句论断具有现实主义的特点，也是借助古人为自己的思想助阵。为此，他们不惜把孔子装扮成一位改革者，甚至革命家。中国所有的革新者，如王安石、康有为等人都有这个偏好。把令人敬仰的传统作反传统主义的诠释包含两个方面。直到现代为止，它既说明历史前例的功效有一种魔力，也说明革新者需要给自己的思想贴上“古

---

① 《后汉书》卷八十二。
② 同上。

已有之”的标签，否则就没有人会听从他们。中国的改革者即使用传统本身来证明它的无用，仍然不由自主地受到传统的影响。这说明投机性的实用主义有其自身的局限。

因此，没有必要过于关注崔寔用来论证的历史案例，现在让我们关注他从中得出的政治结论。

今既不能纯法八世（三皇五帝的传奇时代。——作者注），故宜参以霸政（中国古代的暴政统治。——作者注）。则宜重赏深罚以御之，明著法术以检之。自非上德，严之则理，宽之则乱，何以明其然也。[1]

92 崔寔的观点已经很清楚了，然而他还进一步阐明了自己的思想，为严刑峻法辩护。

从历史层面，崔寔竭力证明，汉文帝（儒家开明君主的典范）废除肉刑反而导致死刑数量的增长，因为鞭笞 300 或 500 比割鼻削足更易让受罚者死亡。因此，人们不要再赞赏汉文帝统治之仁慈了。另外，为了达到威慑罪犯的目的，崔寔认为有

① 《后汉书》卷八十二。“法术”指的是“立法的艺术”，或者是“立法者的秘诀”。在东汉时期，该词被用来指代商鞅和韩非子的学说，参见《后汉书》卷五十八、《三国志》卷一。

必要恢复酷刑。著名经学家郑玄也持相同意见。《晋书·刑法志》告诉我们，公元163年前后，天下即将陷入大乱，郑玄与崔寔一道，建议恢复肉刑，尽管该建议最终并未被采纳。后来，我们还会看到，这个问题有它的重要性。现在，我将引用杰出的儒学家、宋代著名历史学家和保守派政治家司马光对《政论》一文的评价：

汉家之法已严矣，而崔寔犹病其宽，何哉？盖衰世之君，率多柔懦，凡愚之佐，唯知姑息，是以权幸之臣有罪不坐，豪猾之民犯法不诛；仁恩所施，止于目前；奸宄得志，纪纲不立。故崔寔之论，以矫一时之枉，非百世之通义也。孔子曰： 93
“政宽则民慢，慢则纠之以猛；猛则民残，残则施之以宽。宽以济猛，猛以济宽，政是以和。”斯不易之常道矣。[1]

在思想观念领域，崔寔也是一个百分百的法家学者。他反对道家的空想，并用非常有意思的方式解释自己的立场。道家除了公开宣传无为而治的无政府主义理想外，还有崇尚自然的清心寡欲、呼吸吐纳、节制养生之道。在崔寔创作《政论》的

① 《资治通鉴》卷五十三。

时候，这些做法吸引着民间的许多信徒。无论如何，崔寔已经敏锐地知道这些事情，并意识到自己的行动理念与道家的清静无为思想之间根本无法调和。这可以在下面一段话中得到证明。这段话提到了各种养生之法，并运用了《庄子》中的一些术语。

夫熊经鸟伸，虽延历之术，非伤寒之理；呼吸吐纳，虽度纪之道，非续骨之膏。盖为国之道，有似理身，平则致养，疾则攻焉。夫刑罚者，治乱之药石也；德教者，兴平之粱肉也。夫以德教除残，是以粱肉理疾；以刑罚理平，是以药石供养也。[1]

作为时代的见证者，崔寔与王符一样，提供了非常有价值
94 的材料，尽管不如王符丰富。在崔寔的笔下，有些段落完全证实了“潜夫”所说的一些话。崔寔概括了三点“有识之士”的担忧。人人都喜欢财富。当时，这种倾向不仅未受法律制约，反而被稀奇奢侈的货物刺激起来。奢侈的习俗让那些无用之物涨价，却让农产品跌价。这就会导致农民放弃耕作，转向更有

① 《后汉书》卷八十二。

利可图的职业，“是以仓廪空而囹圄实”[1]。奢侈办理丧事的习俗导致了破产。人们为了超过邻居，甚至不惜倾家荡产，从而为穷困所迫，落草为寇。这种坏习俗让官吏和百姓一样陷入可悲的境地。前者勒索百姓，后者沦为匪徒。在这种形势下，如果还墨守成规，拒绝采用激进的改革措施，后果不堪设想。唯一的药方，就是运用子产（法家的创始人，与孔子同时代）的方法：深其刑而重其罚！

崔寔还写了一页揭露官员专横的话。他们购买东西或雇用匠人，并不付钱，或者说不按价付钱，甚至拖欠费用多年。这些人往往没有付钱就已经把东西用旧，如马车、帽子等，然后再退还给匠人。但是，这些东西已经无法拿出来再出售了。民众知道这些人无良的手段后，“咸以官为忌讳，遁逃鼠窜，莫肯应募。因乃捕之，劫以威势。心苟不乐，则器械行沽，虚费财用，不周于事”[2]。他最后指出，这就是导致案件如此之多的原因。

另一方面，还有许多不法商人。例如，武器商人供应的武器无法使用。这些骗子与贪婪的匠人、官吏相互勾结，瓜分赃款。事情进一步发展的后果是，边民为了抵御蛮夷入侵，就

① 《群书治要》卷四十五。
② 同上。

不得不自己亲自打造武器。即使规定必须在制品上刻上工匠的姓名，也于事无补，不能保证制品的质量，因为频繁的大赦和赎罪允许坏人犯法。因此，只有一条救治之法，即“重其治罚”[①]。

微薄的俸禄、频繁的官员调动以及由此产生的贪污，这也是改革者重视的问题。崔寔也试图讨论导致这种现象的原因。他令人敬佩的现实主义精神和王安石不谋而合，“人非食不活，衣食足然后可教以礼义，威以刑罚”[②]。当官吏看见家人陷入饥寒，他什么事情都干得出，何况财富就在手边。崔寔引用了一句我们在仲长统的著作中也能见到的谚语：“渴马守水，饿犬护肉。”[③]以前，官吏不与百姓争利是因为自己的俸禄优厚。而现在的情况是，辖地大小相当于诸侯封地的高级官员，拿的俸禄却和守门人一样少，只有粟二十斛，钱二千。即使他没有奴役，至少也得雇个家仆，每个月就得花费一千钱。剩下的一千钱，一半花在干草、油和肉上，另一半用来买柴、炭、盐和菜。主仆二人每月食粟六斛，剩下的粮食刚好够喂马。如此，他如何支付冬夏衣被和四时祠祀呢？如何招待亲友、养活家人呢？

---

① 《群书治要》卷四十五。

② 同上。

③ 同上。

在这种情况下，官吏贪污腐败就在所难免。崔寔建议，官员的俸禄应该至少增加50%[①]。 96

有人也许会问，这些道德家所描绘的社会景象是否会有夸张？我本人不相信夸张会给他们带来任何好处。我甚至认为，他们的描述还不够真实。如果我们研究一下仲长统的《昌言》，就会明白。

（三）仲长统：一位狂生的《昌言》

本研究的三位道德家中，仲长统也许是最有吸引力的一位，他把我们引向公元3世纪的门槛。公元180年，党锢之祸后不久，黄巾起义前夕，仲长统出生于今山东省的南部[②]，离孔子的故乡不远。20岁时，他便游历了处于混乱状态的整个中国北方。和当时大多数富家子弟一样，他在游历中完成了自己的学业。而且，他也像公元前3世纪的“游士”那样，寻找入仕之道。在游学中，他经常收到地方太守的邀请，这些人和以前战国四公子一样好客，以接纳杰出的青年知识分子为荣。有一次，仲长统路过太原，拜访了袁绍的外甥。此人名叫高干，时任并州刺史。和舅舅袁绍一样，他的身边也围绕着一

① 《群书治要》卷四十五。

② 即山阳郡高平县。

批来自全国的青年学者。这位刺史向仲长统询问当时的政治形97 势。尽管后者受到款待，但是他的回答即使不算傲慢，但也相当直率：“君有雄志而无雄才，好士而不能择人，所以为君深戒也。”这番言辞后来让仲长统名声大噪，因为后来的历史证明了他的先见之明。公元 206 年，高干背叛袁氏家族的死敌曹操，兵败被杀[1]。

公元 210 年左右，大学者、尚书令、时为曹操心腹谋士的荀彧举荐仲长统担任尚书郎，加入曹操的“智囊团”。曹操这位大冒险家聪明地把知识分子集合在自己身边。这样的话，年仅 30 岁的仲长统尽管无论如何都算不上是野心家，但是已经实现了所有同龄且水平相当的知识分子的梦想，即在当时的政治事件中扮演积极的角色。或者，至少是在最重要的一位政治家身旁仔细观察时事的发展。在持续一代人的斗争中，这位政治家可是风云人物。

仲长统性格自由、无拘无束、直言不讳。同时代的人常常称呼他“狂生”，这一称呼在当时非常流行。对他本人来说，这是个好绰号。“狂”字原是指狂犬，后来是指狂热的疯子、容易激动的人、极端分子和幻想家（该意出自《论语·阳

① 《后汉书》卷七十九。

货》)。也许，最好把它翻译成“不顺从传统规范的人”。的确，我们在其传记中读道：“每州郡命召，辄称疾不就。常以为凡游帝王者，欲以立身扬名耳。而名不常存，人生易灭。优游偃仰，可以自娱。欲卜居清旷，以乐其志。”他对“乐志”的看法，见于《乐志论》。该文保存在他的本传中，我现在将 98
它完整翻译如下。

使居有良田广宅，背山临流，沟池环匝，竹木周布，场圃筑前，果园树后。舟车足以代步涉之艰，使令足以息四体之役。养亲有兼珍之膳，妻孥无苦身之劳。

良朋萃止，则陈酒肴以娱之；嘉时吉日，则烹羔豚以奉之。蹰躇畦苑，游戏平林。濯清水，追凉风。钓游鲤，弋高鸿。讽于舞雩之下，咏归高堂之上。

安神闺房，思老氏之玄虚；呼吸精和，求至人之仿佛。与达者数子，论道讲书，俯仰二仪，错综人物。弹南风之雅操，发清商之妙曲。消遥一世之上，睥睨天地之间。不受当时之责，永保性命之期。如是，则可以陵霄汉，出宇宙之外矣！

岂羡夫入帝王之门哉！[1]

---

① 《后汉书》卷七十九。

99 我们发现这与王符或崔寔散文中质朴的风格截然不同。这首散文诗，是一篇富有道家哲理的忏悔录。文中满是《老子》和《易经》中的术语，特别是《系辞传》中的术语，后者被道家哲学的信徒奉为圭臬。《后汉书》仲长统传记中收录的诗也是如此。在这些诗作中，我们发现一种神游的冲动，这和当时许多诗人是相同的。我们也许可以用保尔·瓦雷里的一句诗来做一个很好的归纳，“宇宙只是纯粹虚无中的一个缺陷”。

现在，我把这些四言诗翻译成法文，译得不好，完全没有传递出原文的诗韵。但重要的是，我们会发现在政论文章的背后，还有梦想和情感。接下来，就让我们了解这一点。

一

飞鸟遗迹，蝉蜕亡壳。腾蛇弃鳞，神龙丧角。至人能变，达士拔俗。

乘云无辔，骋风无足。垂露成帏，张霄成幄。沆瀣当餐，九阳代烛。

100 恒星艳珠，朝霞润玉。六合之内，恣心所欲。人事可遗，何为局促？

二

大道虽夷，见几者寡。任意无非，适物无可。

古来绕绕，委曲如琐。百虑何为，至要在我。

寄愁天上，埋忧地下。叛散五经，灭弃风雅。

百家杂碎，请用从火。抗志山西，游心海左。

元气为舟，微风为柁。敖翔太清，纵意容冶。

文如其人。下面我们就来分析一下他的著作。

“昌言”可以译成“诚实之言”或“直率之言”。如此标题，其传记解释道，“每论说古今及时俗行事，恒发愤叹息”。全书原有十万余字，共三十四篇，唐朝尚存，之后失传。今天，我们能看到的，只有作者本传中抄录的三篇和《群书治 101
要》以及其他类书中保存的残篇。

第一篇名为《理乱篇》，这是一份对历史的总结。文章开头用暗示的方式颂扬了曹操。它说，其他觊觎皇位者都消失了。不久前那些为了个人发迹而把我们关入牢狱或制造阻碍的上司或同僚都失败了。现在，他们俯首帖耳，心甘情愿地为我们所用。整个帝国的人都对我们抱有希望，所有的权力也集中在一人手中。这是唯一的机会，形势也如此有利，哪怕是傻子也会成功地利用它。衡量他所处的独特时局，即便是周公和孔子这样的人物也不会比他更聪明睿智。这个“他”，自然指的就是曹操。

然而，仲长统随后就预言新王朝的覆灭，这是权力堕落带来的永恒恶果：挥霍、奢侈、淫乐、打猎以及皇帝成为女人和谄媚者的猎物。贪婪的鹰犬驱使受剥削的民众起来反抗。最终，蛮夷入侵让国家陷入无政府的混乱状态，“土崩瓦解，一朝而去”。仲长统认为这就是永恒的规律。他完全是以经验主义的方式，从中国历史中总结出周期性动荡的理论，提出这是王朝缓慢衰退的结果。必须要承认，在当时很难找出更加令人信服的解释了。无论如何，这个预言实际上是对几位汉朝末代之君的控诉，是对长达半个世纪之苦难的总结。的确，在对中国历史兴衰往事的反思中，我们还发现了从社会学角度看最可贵的片段。在重申法家的论点“日不如古，弥以远甚”之后，
102 他观察到许多新贵凭借财富获得了重要的地位，而知识分子即士人却在最穷苦的状况中挣扎。于是，他继续论述：

> 豪人之室，连栋数百，膏田满野，奴婢千群，徒附万计。船车贾贩，周于四方；废居积贮，满于都城。琦赂宝贷，巨室不能容；马牛羊豕，山谷不能受。妖童美妾，填乎绮室；倡讴伎乐，列乎深堂。宾客待见而不敢去，车骑交错而不敢进。三

牲之肉，臭而不可食；清醇之酎，败而不可饮。睇盼则人从其目之所视，喜怒则人随其心之所虑。此皆公侯之广乐，君长之厚实也。苟能运智诈者，则得之焉；苟能得之者，人不以为罪焉。源发而横流，路开而四通矣。求士之舍荣乐而居穷苦，弃放逸而赴束缚，夫谁肯为之者邪！[1]

该篇最后以怀疑论者的忧伤语气结束：年老者已不能再见从前的太平日子，而年轻人将会陷入比以前更加堕落的时代。现在，城市变成废墟，千里不见人烟。这比两个世纪以前赤眉起义带来的混乱更糟糕。“不知天若穷此之数，欲何至邪”——仲长统此番论述到此结束，的确是相当悲观的总结。

第二篇文章的标题是《损益篇》。仲长统在该文中拟定了八条政治纲领，归纳如下。 103

1. 纲领伊始就明确提出了所有改革者的重要主题：人们不能保留那些不合时宜的旧制度，必须要改革任何与时代相矛盾的事物。在仲长统笔下，什么是不合时宜的呢？首当其冲的是贵族的权力，尤其是外戚掌控的政治权力。他不遗余力地斥责那些“坐食俸禄”之寄生虫的罪行，因此要废弃贵族统治。和

① 《后汉书》卷七十九。

余下的纲领一样，这一条也是旗帜鲜明地指向当权者的。

2. 仲长统指控贵族的犀利程度和王符、崔寔的批评相似。但仲长统得出一个明确的结论，即整个苦难的真正原因是“分田无限”。若要重建太平，必须要恢复井田制。至于著名的井田制度是否真的存在，这并不重要。在当时，“井田”一词的意义是“平均分配土地”。因此，我们可以把这个呼吁理解为“土地改革”。

3. 必须恢复旧时更加严峻的肉刑。某个反对者会说肉刑一旦错罚无辜则无法补救。仲长统回应道：“若前政以来，未曾枉害善人者，则有罪不死也，是为忍于杀人，而不忍于刑人也。”[①]同时，他也建议死刑只能用来惩戒最严重的三条罪行：杀人、谋反和乱伦。他更关心的是公正，即如何保证履行法律的有效性，怎样协调规则与条文以及调节不再一致的名与实。这些观念与法家名家一致，我们已经非常熟悉。

104 4. 这一条是针对政府实际举措而拟定的计划。《系辞传》是对《易经》的评论。根据该文的段落，仲长统首先肯定了一个原理：“寡者为人上者也，众者为人下者也……愚役于智，独枝之附干，此理天下之常法也。”[②]他也强调开垦荒地的必要

① 《后汉书》卷七十九。
② 同上。

性，然后提出下列十六点建议：

（1）调整行政区的边界，让行政区中心与边界的距离最远不超过两百里。

（2）认真编造户册。

（3）以什、伍为基础，改组军队。

（4）"限失田以断并兼"，也就是说，禁止大地主兼并农民的土地。

（5）确定五刑。

（6）增加行政官员人数。

（7）鼓励农桑，以保证物资积蓄（言下之意是为了军事目的）。

（8）优先发展"本业"，而不是商业和手工业。

（9）急需发展教育。

（10）表扬德行，以提高道德水平。

（11）选拔优秀人才来担任民政官。

（12）选拔精悍人才来担任将领。

（13）检修武器以备战事。

（14）严格禁令，以防止弊病和失职；重视赏罚，以实现惩罚和鼓励的目的。

（15）制裁流氓。

（16）调查勒索。

这份规划非常强硬，甚至无须多余的评论。

105 5. 第五条细化了选拔人才的想法，对士人来说非常有利。仲长统建议的选拔制度非常简单，我甚至可以称它为十进制。他提出，在1000万户人口中，至少可以选100万人当什伍之长。再从中选取十分之一，则可以选出10万人充当佐史。按照上述比例再选一次，会有1万人出仕。令人惊讶的是，这么微不足道的算术游戏得出的结果，与实际数字非常接近。根据我的计算，如果把每一位与正式官员有远近关系的人都计算在内，中国政府人员的数量在10万至15万。在这一条纲领中，有一段话涉及社会范畴的概念。因为它很有意思，所以将它抄录于此："以筋力用者谓之人，人求丁壮。以才智用者谓之士，士贵耆老。"[1]

6. 第六条纲领非常简短，主要是为独裁统治辩护。面对那些主张统治者应当无为而治的人，仲长统的答复是这要取决于何人执政，确切地说，就是不能让豺狼去放羊，让盗跖去任税官。

7. 读到这一条论述时，我们仿佛听见了宋代王安石的建

---

①《后汉书》卷七十九。

议。防止贪污的唯一办法就是增加官员俸禄，因为“君子非自农桑以求衣食者也……奉禄诚厚，则割剥贸易之罪，乃可绝也”。今天，把贫穷视为诚实的外在特征，这与事情的本质并不相符。“善士富者少而贫者多。禄不足以供养，安能不少营 106
私门乎？”[1]最后一句话很有中国的味道。

8. 在最后一条纲领中，仲长统建议增加税收。他计算每亩田可以生产 3 斛粮食，这显然高于其他渠道提供的传统数值。就当时的生产力水平来看，这一数字略有夸张。他建议，租税应是粮食收成的十分之一。而且，他估计全国的总收入足够满足那些最奢侈君主们的花销了。他认为，过去的租税很重，而现在则太轻。因此，哪怕一场洪灾或旱灾都会打乱预算，引起饥荒。而且，二十分之一或现在三十分之一的税率是蛮夷之风。因此，仲长统建议按什一来征税，保留以金钱代替兵役的制度，在地广人稀和耕地偏少的地方要限制私产，并将荒地尽归国家所有，由官府来分给能者耕种。否则，如果允许后者自己随意占领空地，奸诈的行为就必然会发生。

《昌言》的第三篇，也是最后一篇非常出名。尽管它并没有提出新思想，却巩固了仲长统作为独裁者曹操幕僚的地位。

---

① 《后汉书》卷七十九。

在该文中，仲长统建议政府应当实施独裁政治，因为这是通往太平的唯一之路。责任分散导致互相推诿，最终带来混乱。文章再一次攻击外戚势力，认为他们是一系列动荡的罪魁祸首。最后，仲长统建议任命一位大臣，充分赋予他权力，并让他负责一切事务，而且无须担心权力集中于一人手中。

最后一点给我们提出了一个问题：仲长统纲领实施的可行性是什么？曹操已经在中国北方军事行动的舞台上独掌大权，
107 并在公元 208 年自封为丞相。也许正是因为这一点，司马光猜测公元 206 年前后为《昌言》的创作时期。在实施改革层面，曹操无须任何建议。他广泛推行的规划是把废弃的土地收归国有，并将其分配给自己的老兵们，这就是著名的“屯田”。这不仅让曹操无须采纳仲长统增加赋税的建议（因为国家土地上的农夫需缴纳收成 50%—60% 的租税），而且奠定了魏国的经济基础，并克服了供应军需的困难。总而言之，这是他战胜对手，取得最后胜利的关键。不过，的确，仲长统不是唯一提倡该措施之人，这个想法在当时非常流行[①]。

---

① 参看《三国志》卷九和卷十六、《晋书》卷二十六、《资治通鉴》卷六十二。此外，还可参考 Yang Lien-sheng（杨联升）, *Notes on the economic History of the jin dynasty*, HJOS, 9（1946）, 128 et 172; Chi ch'ao-ting（冀朝鼎）, *Key Economic areas in Chinese history*, London, 1936, 100 et suivantes。关于王符、崔寔和仲长统的内容，感兴趣的读者不妨一读 Rong Chaozu（容肇祖）,《东汉几个政治家的思想》，载《国立第一中山大学语言历史学研究所周刊》，I, 2（nov. 1927）I, 9。

愤世嫉俗的独裁主义、道家的诗歌与反抗传统混合在一起，这就是仲长统的特色，完美地预示了公元3世纪知识分子的主要趋势。[1]

① 参看下文《在“虚无主义的反抗”和“神秘主义的逃亡”之间》。

第6章　在“虚无主义的反抗”和“神秘主义的逃亡”之间：公元3世纪中国文人思潮[①]

108 我修补、重绘、润色古老的诗句。这项工作既复杂难懂，又微不足道，但是古已有之：在人类历史每个可怕的时期，人们总能看见某个人坐在角落里，锤炼文笔，妙词连珠……

保尔·瓦雷里，《致艾伯特·科斯特》（1915）

善良之人有一种内在的忧伤和长期的失望，这完全是源自对人类状况的觉悟……在聪明的意大利人当中，这种忧伤曾非常普遍。但是，他们当中大多数人为了避免自杀或疯癫，寻找各种已知的逃避之法，诸如假装快乐、任意妄为、沉溺情爱、

---

① 本文系1948年3月17日，白乐日在巴黎高等中国研究院（索邦大学）所做的讲座发言稿，最初发表于《亚洲研究》（伯尔尼，1948年）。

迷恋美食、热爱家乡，尤其喜欢豪言壮语。他们由于机会不同，成为警察、修士、暴徒、战斗英雄……为了避免被邪恶污染，敏感的灵魂除了在贫穷和遁世中藏身之外，别无他选；他们必须逃离凡世俗规，有时甚至逃离生命……

伊尼亚齐奥·西洛内，《雪下的种子》

（一）

在探讨公元 3 世纪政治和思想发展之前，也许应该指出阐明其中始于汉末的某些特征。疯狂的权力斗争起初发生在旧贵与外戚（即围绕皇后亲属组成的小集团）之间，后来发生在宦官与士人之间。宦官是绝对君权的普通工具，而士人则组成了类似政党的团体，后者发明了一种很有效的宣传方法。但是，公元 184 年黄巾起义及其被镇压和随后引发的群雄混战改变了论战的武器，并让它掉转枪头对准了它的发明者，即知识分子。在这个变化过程中，士人不断地失去指挥权，后来委身于形势的新主人，即军阀。[①] 109

我们有一本少见的书，内容是关于旧世族和新兴军人冒险家阶层的代表人物的，二者分别是袁绍和曹操。前者消灭了宦

① 参见前文《汉朝末年的社会危机与政治哲学》。

官，后者建立了新王朝。该书中记载了一段曹操的一位谋士所说的话。起兵之初，曹操只是群雄之一而已。他收到了对手袁绍的一封信，看完后非常气愤，于是寻求亲信的建议。下面这一通精彩的演说从各方面来看都非常有意义，哪怕它是纯粹虚构出来的。无论如何，它描绘了同时代人眼中所见的、最重要的两位政治家形象。[1]

110 刘、项之不敌，公所知也。汉祖唯智胜；项羽虽强，终为所擒。嘉窃料之，绍有十败，公有十胜，虽兵强，无能为也。绍繁礼多仪，公体任自然，此道胜一也；绍以逆动，公奉顺以率下，此义胜二也；汉末政失于宽，绍以宽济宽，故不摄，公纠之以猛而上下知制，此治胜三也；绍外宽内忌，用人而疑之，所任唯亲戚子弟，公外易简而内机明，用人无疑，唯才所宜，不问远近，此度胜四也；绍多谋少决，失在后事，公得策辄行，应变无穷，此谋胜五也；绍高议揖让以收名誉，士之好言饰外者多归之，公以至心待人，不为虚美，士之忠正远见而有实者皆愿为用，此德胜六也；绍见人饥寒，恤念之，形于颜
111 色，其所不见，虑或不及，公于目前小事，时有所忽，至于大

① 发言者是郭嘉，故事出自傅玄（公元 217—278 年）失传著作《傅子》，其中一部分保存在《三国志》《后汉书》和《资治通鉴》当中。

> 事，与四海接，恩之所加，皆过其望，虽所不见，虑无不周，此仁胜七也；绍大臣争权，谗言惑乱，公御下以道，浸润不行，此明胜八也；绍是非不可知，公所是进之以礼，所不是正之以法，此文胜九也；绍好为虚势，不知兵要，公以少克众，用兵如神，军人恃之，敌人畏之，此武胜十也。

除了描述两位内战主角之外，这段言辞的意义何在？它向我们展示了那个时代对相人之术的偏爱。在此番言论之前，曹操曾亲耳听到关于自己的妙言："君清平之奸贼，乱世之英雄。"这是当时最有名的相术家许劭（公元150—195年）替他算的。曹操想方设法地结识许劭，以求后者帮他算命。许劭属于以党人领袖为中心的社会圈，最著名的成员还有"清谈"的创始人郭泰（公元128—169年，时人多称其"郭林宗"）。据说郭泰身高近两米，相貌魁梧，但家境贫寒，不得不用头巾缝补裤子上的破洞，吃饭也只能两天一顿。他是大音乐家和大旅行家，并以口才受到京城知识圈的赏识。他善于妙语评人，并以此来锻炼自己灵活的思维。他的评语结合了星相、人伦和清 112
议，广为传诵。

公元3世纪道德和理智的发展主要体现在从"清议"到"清谈"的演变过程中，清谈后来又变成了空谈。因此，有必要进一步研究这些术语。首先举两则清议的例子。第一则是评论党人领袖陈蕃的警句，“不畏强御，陈仲举”；第二则是抨击一个玩忽职守的官员，“南阳太守岑公孝，弘农成瑨但坐啸”[①]。不难想象催生这些妙语的政治形势，它表现了时人对郭林宗的追捧，并让他成为三万太学生的领袖，座下弟子九百。他本人常常感到幻灭。尽管善于言谈，乐于人伦，并将相人之术用于政治，他的性格还是具有隐士的气质。这是该时代的阴暗面引起的，它迫使伟大的和高尚的人物躲藏起来，保持缄默，拒绝参加任何社会事务。

现在来讨论一下清谈。人们虔诚地记录了当时的清谈，流传至 5 世纪初后，被收录整理在《世说新语》一书中。这些清谈是在特定情况下说出的妙语，前面附有一则轶事，以作说
113 明。但是，如果仅仅把清谈看成深奥微妙的俏皮话，看成是口舌之快，这是错误的。后来，到了公元 3 世纪中叶，清谈发展到顶点，甚至成为一种时髦之时，才成为一种错误。起初，清谈就是一些无职位的青年知识分子聚在一起讨论玄学。由于幻想破灭，他们渴望以此来摆脱世间的俗事，逃离危险动荡的生活，进入大自然的怀抱。那里的一切都天然未损，无拘无束。

---

① 《资治通鉴》卷五十五。

遁世以避险恶，最初只是一种政治态度。如果我们注意到清议的演变，就能清楚地看到这一点，因为清议与清谈是平行发展起来的。作为狂热分子，党人以道德为准绳，将社会人物加以分类的宣传之法，在内战之后有了全新的用法。贵族把它当作有效的武器来反对知识分子。这就是九品中正制，即由中正官执行官吏选拔的制度。表面上看，中正官是社会道德的维护者。实际上，他们既不公，也不正，只会推荐自己的亲戚、贵族和富家子弟做官。凭借这种办法，他们在长达四个世纪的时间里成功地阻止穷苦的士人担任高官，开创了一种官吏保护制度。直至唐朝，比较民主的科举制才取而代之。

如此，我们明白清议和清谈都是同一政治局势的产物。它们原本是一体的，后来沿着不同的路线发展。尽管如此，它们之间仍然相互影响。排外的特权阶级越是控制一切政治活动，
知识分子就越是拒绝一切传统价值观以作回应。倘若如儒家的 114
道德鼓吹者那样，对汉朝灭亡后中国社会各阶级表现出来的虚无主义不加区分，这将是严重的错误。两种道家思想之间的界限很清楚：一种是混杂着农民起义者迷信的道家思想，另一种是某些知识分子圈子里讨论的道家思想。农民起义者的神秘主义隐含着建立没有地主和官僚之社会的理想；而知识分子的神秘主义通常只是社会动荡奇怪的信号，或者是它遥远的回音而

已。在知识分子中也有两种不同的群体，有些知识分子用这种态度来表示对暴政的毫不妥协和坚决反抗。然而，另一些知识分子只是赶赶时髦，装装样子。他们只是通过酒足饭饱后的闲聊来抱怨罪恶世界的空虚，打发时间而已。

但在讨论虚无主义之反抗和神秘主义之遁世，即自由意志论者和浪子中的两种代表之前，我应该简略介绍一下公元3世纪时中国人的境遇。

（二）

这是中国历史的荒凉时期之一。一切都被摧毁了：城市沦为废墟，乡村满目疮痍，民众遭受掠夺屠杀，房屋也被付之一炬。在强盗和士卒、受难者和逃亡者形成的大混乱中，笼罩着一种惶惶不可终日的气氛。人人都在担惊受怕，不知明天会发生什么。尽管如此，也存在少数相对安定的绿洲。在这些地方，更幸运的地主克服困难，让自己的土地重新恢复耕种。让农业人口安定下来的必要代价是大幅度地回归农奴制。地主住在设防的寨子里指挥农业生产，欠债的农民变成了佃农，流亡
115 的难民也变成了雇农。地主的家里住满了穷亲戚，他们宁愿做衣食无忧的仆人，也不愿四处流浪。旁支别系的子弟则成为地主的门客、打手和奴才。当主人出门时，这些人就组成一支仪

仗队以壮声势。他们都希望通过主人的保护和推荐，利用主人的社会关系，建功立业。

由于三分天下，统一的中央政府不复存在，三国各有其独立的军事首领。军事首领各自心怀称帝之心，三个首都也成了无数阴谋的中心。人们互相猜忌，互相指责，并在这种氛围中策划政变。曹操建立魏国，刚刚在疆域缩小的情况下树立起权力，司马氏即以周密的军事政变将其颠覆。在陆续征服南方和西方的敌人后，司马氏建立起一个统治全国的合法政府。可是，好景不长，他们内部又互相残杀起来。20 年间（公元 291—311 年），政变迭起，全都按照同样的模式进行，如同跳方阵舞一般。当晋朝陷入疯狂的“八王之乱”时，中国的统一就结束了。不仅司马氏建立的晋朝分崩离析，而且整个长江以北的地区都被更加强大的异族所统治，直至公元 6 世纪末为止。在当时，长江以北才是中国的核心区域，而其他地方只相当于殖民地。

如何忍受这种状况呢？对于想要忘记困境、从绝望的局面中逃离的知识分子来说，除了梦境、美酒和肉体的享乐，还能做些什么？如果此时追求长生不老让人感到惊讶，那么我们应当记得，当时有许多人每夜都会害怕被砍头。长寿之药不过是被砍之头的补充罢了。为了躲避命运带来的灾难，他们求助于梦境、诗歌和音乐来麻醉自己，一边喝酒一边闲扯人世的罪恶以消磨时日，在道家“远游”的恍惚中寻找片刻安宁，这种“远游”就是庄子曾生动地描写过的冥想时的精神遨游。他们的神就是“自然”，这个术语具有未被人类破坏的自然、内心
116 的自由和绝对的纯粹等概念。他们的思想逐渐渗透进社会各阶层，从而为佛教的传入做好准备。佛教普度众生，要么通往极乐世界，要么熄灭于涅槃之中。知识分子在两个极端中来回摇摆。作为个体，他们肯定个性；作为社会成员，他们又否定个人。但是，他们毫不迟缓地彻底反对儒家基本的家庭范畴，以及其中包含的社会义务、道德信条和礼貌举止，这让他们遭到所有正派人士的憎恨和正直官员的迫害。他们的特立独行并不让我们感到惊讶。然而，奇怪的是，史家们也没有屏蔽他们。

（三）

内战后席卷中国的虚无主义浪潮侵袭了社会各界。或者说，其余波延续了好几代人。第一代人属于曹操身边的团体，他们聚集在何晏周围，形成具有虚无主义倾向的政治中心。何晏是曹操侍妾之子，被曹操收养后同曹氏子女一起接受教育，但他们把何晏视为闯入者。他是一个神秘人物，其本传说他有女人气，喜欢顾影自怜，又贪婪腐化，是一个道德败坏的酒色

之徒。但是，这个材料来源十分可疑，因为它是晋朝的史家撰写的。而晋朝的开创者是大将军司马懿，他是何晏的死敌。司马懿诡计多端，不守信义，老奸巨猾，想要篡权夺位。魏国第三位皇帝任命他为摄政大臣后，他就朝这个目标前进。但是，皇帝同时任命了一位有影响力的皇室宗亲曹爽来分掌权力。何晏说服曹爽解除了司马懿的实权，把自己的老友们安排到所有的重要职位上。因此，晋朝的史家自然会为司马懿大唱颂歌，称这些人都是何晏一党，把他们形容成放荡堕落之徒，个个顽
劣无比。这一点毫不意外。何晏拥有选拔官员的权力，在吏部 **117**
任职 10 年，即从公元 240 年至 249 年。在这 10 年中（年号“正始”），虚无主义运动达到顶峰。最终，司马懿发动政变，何晏和他的朋友以及他们三代以内的家族都被处决，这一时期也宣告结束。可见，何晏的确有可能是被他的政敌故意抹黑的，因为何晏阻止他们篡夺政权。我们很难了解何晏这么做的动机何在，因为他的思想指导原则是“无为”，或者更确切地说，是“无”。道家将其视为宇宙的本体、自然与社会的基本法则。何晏和他的年轻朋友王弼被看成是哲学思想，特别是虚无主义道家思想复兴的功臣。王弼是一位少年天才，得到何晏赏识，但在 23 岁时死于疠疾。他们两人都曾为《易经》和《老子》做注。根据近来的研究，王弼似乎不像他的保护人何晏那

样带有浓厚的道家思想，虚无主义的色彩也要淡薄一些。实际上，王弼的态度更加积极，关切当时的重要问题，即恢复社会秩序。他认为，秩序就包含在《易经》八卦所体现的宇宙秩序当中。

在虚无主义的第二代学者当中，有文人、作家、诗人、音乐家和几位政治家。著名的“竹林七贤”成为虚无主义思潮的精神中心，也是催生新“玄学”的摇篮。在公元3世纪中期，这七位放荡不羁的浪子一个比一个古怪，都是一些豪饮者。他们常常聚集在嵇康家的竹林里，一起饮酒、闲聊、作诗和冥想。让我们停下来看看这些奇特之人，了解他们在那个时代特有的人生态度。

118

在我看来，他们当中最让人钦佩的是阮籍（公元210—263年）。他是一位诗人。曹操去世时，他只有11岁。他的父亲也是一位知名学者，曾任曹操的记室。尽管其父曾居高位，但是阮籍却属于家族中较贫穷的一支。他和他的侄子阮咸一起居住。阮咸也是竹林七贤之一。阮籍的本传记载：

容貌瑰杰，志气宏放，傲然独得，任性不羁，而喜怒不形于色。或闭户时书，累月不出，或登临山水，经日忘归。博览群籍，尤好庄老。嗜酒能啸，善弹琴。当其得意，忽忘形骸。

时人多谓之痴。[1]

“痴”这个字常常被用来形容头脑简单之人、白痴，如陀思妥耶夫斯基笔下的梅斯金公爵。在中国历史中的艰难时期，“痴人”并不少见。这其实是贤明之人装疯卖傻，以避开时人的憎恨与嫉妒、帝王的暴政以及权势者犯下的诸多恶行。除了隐士，还有小丑等古怪之人也会在时局不好时出现。他们受到君王们的追捧，但是不被理解。阮籍的本传中，有一段文字证实了这一点，说阮籍“本有济世之志，属魏晋之际，天下
多故，名士少有全者。籍由是不与世事，逐酣饮为常”[2]。事实 119
上，阮籍拒绝了提供给自己的一切重要职位。甚至为了躲避大将军司马懿之子、后来的独裁者司马昭提出的联姻请求，阮籍大醉了 60 天。他唯一接受的职位是步兵校尉，这是因为步兵营中有一个装满美酒的酒窖，可以让他忘却俗世。本传中有几则轶事，很好地表现了阮籍自由的思想与脱俗的道德观是如何震惊传统观念笼罩下的同时代人，同时还描绘了“礼法之士”是何等痛恨他的激烈言辞。他有一句经常被引用的、具有煽动效应的名言，是当他护送嫂子被人议论时说道，“礼岂为我辈

① 《晋书》卷四十九。
② 同上。

设邪？”在此，我们无法面面俱到地描绘阮籍或者他朋友们的性格。总之，我们可以认为，他们都具有伟大正直的内在品格和严肃深刻的思想观念，但是他们的外在却故意让人觉得他们不符合传统规范。他们几乎都奇怪地倾向于一种黑色幽默，喜欢让守旧市侩大吃一惊。我至少可以引用他在《大人先生传》中写下的最精彩片段，这是自庄子以来对儒家讽刺得最辛辣的一篇。

世人所谓君子，惟法是修，惟礼是克。手执圭璧，足履绳墨。行欲为目前检，言欲为无穷则。少称乡党，长闻邻国。上欲图三公，下不失九州牧。

120 独不见群虱之处裈中，逃乎深缝，匿乎坏絮，自以为吉宅也。行不敢离缝际，动不敢出裈裆，自以为得绳墨也。然炎丘火流，焦邑灭都，群虱处于裈中而不能出也。

君子之处域内，何异夫虱之处裈中乎！[1]

同样的形象也出现在刘伶（约公元 221—约 300 年）的笔下。刘伶也是“竹林七贤”之一，酷爱说笑，饮酒成癖。他的

① 《晋书》卷四十九。

《酒德颂》是唯一公开发表的诗歌，也因为被收入《文选》而广为人知。该诗主要讲述酒的力量让人超离狭小的现实世界，以及在醉酒时体验到一种感觉混乱状态。有一次，客人来访，走进室内时吃惊地发现刘伶赤身裸体。他的解释表达了自己和好友的共同看法，即觉得自己被困在牢笼之中，渴望逃到自由的天地中去。他说："我以天地为栋宇，屋室为裈衣。诸君何为入我裈中？"[1]

第三个活跃的酒友是向秀（约公元227—272年），《庄子》的第一位大注释家。按照传统的说法，他是现存郭象《庄子注》真正的作者。向秀最亲密的朋友是嵇康（公元223—262年）。嵇康还有深厚的宗教情感，是一位狂热的道家信徒、杰出的作家，还是无与伦比的琴师。嵇康的性格孤傲自大、特立独行，蔑视一切繁文缛节，因此，对于向秀来说，这是一个要
求甚高、极为难得的朋友。嵇康的业余爱好是打铁，铁炉就放 121
置在自家花园的一棵大树下。当他打铁时，向秀常常在旁边帮忙。打铁既是为了消遣放松，也是为了模仿"道"的活动。嵇康把自己最好的时光都用来寻求不死之术了。他是养生方面的

① 《世说新语 · 任诞》。

好手，不仅写出相关的文章，而且热情地付诸实践，例如上山采药以炼仙丹，寻找隐士洞穴以求长生之术。

但是，我想谈论的并非是宗教徒嵇康或者艺术家嵇康，而是他作品的政治影响和悲惨离世。可以说嵇康是一位“自觉的反对者”，他在一次又一次地拒绝官职时说出了自己内心深处的思想。在他的《君子无私论》中，我找到了以下文字。

夫称君子者，心无措乎是非，而行不违乎道者也。何以言之？夫气静神虚者，心不存乎矜尚；体亮心达者，情不系于所欲。矜尚不存乎心，故能越名教而任自然；情不系于所欲，故能审贵贱而通物情。物情顺通，故大道无违。越名任心，故是
122 非无措也……是以大道言及吾身，吾又何患？无以生为贵者，是贤于贵生也。由斯而言，夫至人之用心固不存有措矣。[①]

嵇康在去世前不久写给山涛（公元 205—283 年）的绝交信中，说得更加直白。山涛也是“竹林七贤”之一，只是他没有遵守不妥协的誓言，拿到高官厚禄后竟然想让嵇康随他出仕。嵇康断然回绝了他的建议，指出平生所愿并非为官，而且

① 《晋书》卷四十九。

义正词严地做了说明。嵇康陈述了七条理由，指出官员的生活是何等的乏味和难以忍受，解释了自己为什么喜欢音乐、漫步乡间、享受自然的乐趣，而不愿忍受朝堂上礼仪规矩和道德法则的约束。嵇康厌恶丧礼的虚伪、和俗人谈话、繁文缛节、喧闹、流言蜚语和社交生活中的装模作样等。此外，他还蔑视所有最受尊敬的儒家圣贤，厌恶外交辞令，喜欢公开表达自我坚不可摧的信念。这一切都与官员的处世规则相抵触。为了表明自己反抗一切被驯服的企图，嵇康把自己比喻成一头鹿，或者是庄子隐喻中的凤凰。“今但愿守陋巷，教养子孙，时与亲旧叙离别，陈说平生，浊酒一杯，弹琴一曲，志愿毕矣。”[1] 以上是该信结尾部分的言辞，而这封信也决定了嵇康的命运。因为当时司马昭已经大权独揽，这位独裁者认为信中的内容影射了自己。另外，司马昭对嵇康也早有偏见，因为司马昭的亲信钟
会一直记恨嵇康当众对他的羞辱。有一次，钟会拜访嵇康，而 123
正在打铁的嵇康完全无视这位在场的高官，直至钟会即将离开时才和他说话。很快，钟会就找到了复仇的机会。一位朋友被诬告行为不孝，嵇康挺身而出为这位无辜者辩护。结果，嵇康和他的朋友都以谋逆罪被捕入狱。公元 262 年，嵇康被杀害。

---

① 《与山巨源绝交书》，载《文选》卷二十三。

在监狱里，时年39岁的嵇康写下了《幽愤诗》，向人世告别，并表达了自己对生命的强烈渴望和对卑劣行为的愤慨。当时，三千太学生上书为嵇康求情，被司马昭驳回。夕阳下，在前往刑场的途中，当着众多悲伤的朋友和追随者的面，嵇康要来一张琴，演奏了一曲美妙绝伦的《广陵散》。

我在此详细地讲述嵇康悲惨的结局，是为了说明政治网络中的人会面临多少危险。像嵇康这样无害的梦想者尚不能逃脱悲惨的命运，那么，那些怀有乌托邦理想，试图建立一个不受约束、没有主子和奴才之分的社会的人，他们的处境就更加危险。

（四）

史书几乎屏蔽了这类怀有乌托邦理想的人。幸好有一篇重要文献留存了下来，成文年代大约在公元3世纪末至4世纪初。其中，它把乌托邦的理想表述成一个政治术语。该文作者是道家炼丹师葛洪（约公元281—341年），他在自己的著作中以
124 附录的形式保留了一篇论文。葛洪的原意是为了驳斥这篇论文，于是就想出了转载原文的办法。该文的作者名为鲍敬言[1]。

---

① 《外篇》，卷48，载《四部丛刊》。参见 A. Forke, *Geschichte der mittelalterlichen chinesischen Philosophie*, Hamburg, 1934, pp. 224-226。

关于这个人，我们只能从葛洪的简介中了解一二：“好老庄之书，治剧辩之言。”这篇论文表明了鲍敬言是中国第一个政治上的无政府主义者。他大胆的思想已经超越了普通道家模糊的乌托邦理想，把论证提高到政治的高度，并且以实际的态度，反对残暴的专制主义。从作者所处的时代来看，这种思想非常大胆，尽管他也和其他中国思想家一样，喜欢追溯过往。鲍敬言不可能像西方学者那样，把有关黄金年代的设想放在将来，而是将其放在遥远的过去，让这一设想具有令人肃然起敬的传统色彩，从而被各家所接受。很明显，他深受道家的影响，尤其是他多次引用庄子。即使他的某些思想来自道家，然而他对这些思想做出的社会学阐释则完全是他自己的。这一点让他和他的道家前辈有很大的区别。现在，人们常常引用他的格言“无君无臣”。我觉得鲍敬言的哲学很有趣，因此在下文把这篇朗朗上口、铿锵有力的短论翻译了出来。

儒者曰：“天生烝民而树之君。”岂其皇天谆谆言亦将欲之者为哉？夫强者凌弱则弱者服之矣。智者诈愚则愚者事之矣。服之故君臣之道起焉。事之故力寡之民制焉。然则隶属由乎强弱而校智愚，彼苍天果无事也。

夫混茫以无名为贵，群生以得意为欢。故剥桂刻漆，非木之愿；拔鹖裂翠，非鸟所欲；促辔衔镳，非马之性；荷车几运重，非牛之乐。诈巧之萌，任力违真，伐生之根，以饰无用，捕飞禽以供华玩，穿本完之鼻，绊天放之脚，盖非万物并生之意。夫役彼黎烝，养此在官，贵者禄厚而民亦困矣。

夫死而得生，欣喜无量，则不如向无死也。让爵辞禄，以钓虚名，则不如本无让也。天下逆乱焉而忠义显矣，六亲不和焉而孝慈彰矣。

曩古之世，无君无臣，穿井而饮，耕田而食，日出而作，日入而息，泛然不系，恢尔自得，不竞不营，无荣无辱，山无蹊径，泽无舟梁。川谷不通，则不相并兼；士众不聚，则不相攻伐。是高巢不探，深渊不漉，凤鸾栖息于庭宇，龙鳞群游于园池，饥虎可履，虺蛇可执，涉泽而鸥鸟不入飞，入林而狐兔不惊。势利不萌，祸乱不作，干戈不用，城池不设，万物玄同，相忘于道，疫疠不流，民获考终，纯白在胸，机心不生，

含食甫而熙，鼓腹而游。其言不华，其行不饰，安得聚敛以夺民财，安得严刑以为坑阱！

降及杪季，智用巧生，道德既衰，尊卑有序；繁升降损益之礼，饰绂冕玄黄之服，起土木于凌霄，构丹绿于棼撩。倾峻搜宝，泳渊辨珠。聚玉如林，不足以极其变；积金成山，不足以赡其费。澶漫于淫荒之域，而叛其大始之本。去宗日远，背

朴弥增。尚贤则民争名，贵货则盗贼起，见可欲则真正之心乱，势利陈则劫夺之途开。造剡锐之器，长侵割之患，弩恐不劲，甲恐不坚，矛恐不利，盾恐不厚。若无凌暴，此皆可弃也。

故曰：白玉不毁，孰为珪璋？道德不废，安取仁义？使夫桀纣之徒，得燔人辜谏者，脯诸侯，菹方伯，剖人心，破人胫，穷骄淫之恶，用炮烙之虐。若令斯人并为匹夫，性虽凶奢，安得施之！使彼肆酷恣欲，屠割天下，由于为君，故得纵意也。君臣既立，众慝日滋，而欲攘臂乎桎梏之间，愁劳于涂炭之中。人主忧栗於庙堂之上，百姓煎扰乎困苦之中，闲之以礼度，整之以刑罚，是犹辟滔天之源，激不测之流，塞之以撮壤，障之以指掌也。[1]

（五）

值得一提的是，鲍敬言的思想是一种具有自由意志论色彩的无政府主义。它和整体的虚无主义思潮是背道而驰的，所以只是个别现象。第三代虚无主义者诞生于公元 3 世纪中叶。他们开始朝着放荡不羁的方向前进，到公元 3 世纪末，知识界的

① 《抱朴子·诘鲍》，外篇卷四十八。

氛围就彻底改变了。此时，他们的主要目标不是重在寻求精神解放，而是试图逃避责任和义务。“清谈”也走到了最后的阶段。虚无主义哲学的接受者都是花花公子，即中国史家所说的“贵游子弟”。他们让清谈变成一种时髦。于是，第一代政治家和第二代竹林艺术家所做的超越社会旧俗的尝试，自此退化成道德的崩溃。阮籍、嵇康等人高度紧张的状态曾推动他们尝试超越人世之局限，而此时则变成抛弃人生应有的礼貌和规矩。以疯癫求得解脱的意图，堕落成任性轻浮。反抗的呼声变成玩世不恭的妥协，自由变成放荡。

在此，我稍稍偏离主题，谈谈中国的自由。我不知道人
128 们是否注意到，从根本上来说，“自由”的概念对中国人来说一直比较少见。在中国的传统语言中也找不到适合表达它的字词。当时中国作家在表达“自由”概念时所使用的所有字词都具有懈怠、放纵甚至堕落的意味。当他们言及自由时，他们想表达的意思都具有消极的色彩，如放任、漠不关心或不受约束[1]。这是很明确的，因为在一个等级森严的专制社会中，各种礼义规矩专横地控制着帝国的日常生活。人们倘若要脱离它们而自由，必然会被视为离经叛道，也必然会受到辱骂，激起公

① 经常出现的字眼及其各种搭配主要有：放、纵、任、放任、放纵、不拘、不羁、达、通等。

愤。任何人都可以站出来指责这些行为，因为他不仅自认为有这个权力，而且在事实上也有这个权力。

放荡浪子们的本传全部都能证实这一点。无论是尚书令王戎、王戎的堂弟太子尉王衍、显贵王澄，还是他们的朋友如喜欢赤身喝酒的胡毋辅之、谢鲲和毕卓，抑或是其他任何人，他们全都身居高位，但是玩忽职守，并且以此为荣，表达对礼教的蔑视。然而，他们不守传统规矩的行为并没有超过酗酒和放荡的范围。当他们没有醉酒的时候，就热衷于深奥的交谈和漂亮的辞藻。京师时髦圈子里的贵公子凭借在酒馆里自信地说出的几句俏皮话就能打开自己的仕途之门。

王戎（公元 234—305 年）年轻时曾参加过“竹林七贤”的辩论，他是当时最大的地主之一。在卖李子之前，他甚至会把李子的核挖去，以避免别人种植出相同的品种，他的吝啬由 129
此可见一斑。尽管他家财万贯，但在饮食上却特别节省。时人曾说，对王戎而言，吝啬就像麻醉药一样，无法自拔。这种说法也许不假。当然，这一品质让他和集团中的其他人不同，这些人认为表现出对金钱的蔑视才是正途。而且，由于干了许多丑事，王戎并不受虔诚的虚无主义者待见。他的堂弟王衍（公元 256—311 年）是纨绔子弟公认的领袖。他为人健谈，年轻时曾一度热衷于纵横之术，但是很快就对公共事务失去兴趣，转向玄虚之学。他经常说出一些预言般的神秘话语，被视为“清谈”的极致。说话的同时，他苍白的手上还拿着一把玉柄的拂尘，象征性地用它扫去俗世的尘埃。这种行为很快就流行起来。如果要了解王衍，也许得谈谈他一生中两次装疯卖傻。第一次是为了逃避迎娶杨骏之女，要知道杨骏是外戚之首，当时正权倾天下。第二次是为了逃脱残忍八王之一的积怨。据说，当他被入侵中原的胡人首领石勒俘虏后，他花了几天时间向这位不识字的胡人阐述他的超然思想以及对人生的厌恶。石勒非常生气，在杀他之前答复道：“君名盖四海，身居重任，少壮登朝，至于白首。何得言不豫世事邪？破坏天下，正是君罪！”这很
130 可能是儒家史官借蛮王之口对王衍进行裁判。同样，王衍的临终遗言大概也是这位热心的史官替他编的，“呜呼！吾曹虽不如古人，向若不祖尚浮虚，勠力以匡天下，犹可不至今日！”[①]

许多人认为，王衍之弟王澄（公元 269—312 年）在清谈上还要胜过其兄。据传，王澄是被他的亲戚王敦所杀。王敦也是该时代的显赫人物之一。和其他人相比，王澄更加放荡不羁，他积极参加赤身饮酒的狂欢宴会以及其他荒淫活动，并且称之为“达”。我想用乐广的一句名言来概括浪子们的群像。乐广（公元 250？—304 年？）也是一位大清谈家，在“八王

① 《晋书》卷四十三。

之乱”中忧虑而亡。当时任河南尹的乐广听说王澄及其年轻朋友们的放荡行径时，并不吃惊，反而笑着说：“名教内自有乐地，何必乃尔？”[1]

（六）

依据浪子或自由意志者这两种实践者的不同，这种力量也有弱小和强大之分。无论如何，儒家都必然会采取某种行动，因为浪子和自由意志者都冒犯了礼教，践踏了儒家最神圣的信条。而且，这是时代发生深刻变化的一个标志。那些至少在思想方面的最有力抨击者，并非来自老派的经学家，他们要么已经去世，要么失去影响，而是来自清谈者内部。有几位表现得特别积极，尤其是几个法家学者，他们学习过辩证法，把逻辑武器运用得炉火纯青。他们带着年轻人的热情，反对虚无主义。他们的代言人就是裴頠（公元267—300年）。

裴頠出生于高官和法学家的家庭。30岁时，裴頠出任尚书左仆射，后来被卷进该世纪末的政治危机当中。因为与贾后有亲属关系，裴頠死于八王之乱。他是王戎之婿、王衍之友，所以和这群崇尚清谈的轻浮公子们很熟悉，也曾积极地参与他们的辩论，甚至是其中的领袖人物。这位厉害的逻辑学家思维 131

① 《晋书》卷四十三。

缜密，论据充足，被时人称为“言谈之林薮”。裴頠十分厌恶盛行一时的空虚的虚无主义思潮，于是撰写两篇驳斥之文，批判这种与社会无益的哲学思想。文章以“崇有”为名，目的就是针对虚无主义者的“贵无”。这两篇文章成文于公元297年，在当时引起了激烈的争论。后人将它们合成一篇，保存于《晋书》之中。我们不能因为裴頠深奥微妙的玄学而忽视他文章中的实用和功利价值。他撰写此文是出于政治的目的。只需引用裴頠本传中关于该文的介绍，我们就能明白这一点。

頠深患时俗放荡，不尊儒术。何晏、阮籍素有高名于世，口谈浮虚，不遵礼法，尸禄耽宠，仕不事事；至王衍之徒，声誉太盛，位高势重，不以物务自婴，遂相放效，风教陵迟，乃著崇有之论以释其蔽。[①]

132 为了概述裴頠的玄学思想，我想引用他论文开头的一些主要定义：

夫总混群本，宗极之道也。方以族异，庶类之品也。形象

① 《晋书》卷三十五。

著分，有生之体也。化感错综，理迹之原也。夫品而为族，则所禀者偏。偏无自足，故凭乎外资。是以生而可寻，所谓理也。理之所体，所谓有也。有之所须，所谓资也……[①]

如此以现实存在为基础给社会分类找到了玄学论据后，裴頠首先赞扬了一些优秀的公民品德，如个人努力、节制、尊重、俭朴、忠信等，然后矛头指向浪子的放纵、浪荡、纵欲和堕落。他说这种行为“可谓以厚生而失生者也”。接下来，我想全文引用其中关键的论证部分。

悠悠之徒，骇乎若兹之衅，而寻艰争所缘。察夫偏质有弊，而睹简损之善，遂阐贵无之议，而建贱有之论。贱有则必外形，外形则必遗制，遗制则必忽防，忽防则必忘礼。礼制弗存，则无以为政矣。[②]

君主之责就在于让每个人各归其位，赋予每个人足以谋生的不同工作，并使之从事四种职业[③]中的一项。这样，每个人 133

① 《晋书》卷三十五。
② 同上。
③ 即士、农、工、商。——译者注

就能安度一生，彼此不会互相妨碍和干涉。裴頠继而指出：

夫盈欲可损而未可绝有也，过用可节而未可谓无贵也。盖有讲言之具者，深列有形之故，盛称空无之美。形器之故有征，空无之义难检，辩巧之文可悦，似象之言足惑，众听眩焉，溺其成说。虽颇有异此心者，辞不获济，屈于所狎，因谓虚无之理，诚不可盖。唱而有和，多往弗反，遂薄综世之务，贱功烈之用，高浮游之业，埤经实之贤。人情所殉，笃夫名利。于是文者衍其辞，讷者赞其旨，染其众也。是以立言藉于虚无，谓之玄妙；处官不亲所司，谓之雅远；奉身散其廉操，谓之旷达。故砥砺之风，弥以陵迟。放者因斯，或悖吉凶之礼，而忽容止之表，渎弃长幼之序，混漫贵贱之级。其甚者至于裸裎，言笑忘宜，以不惜为弘，士行又亏矣。[1]

134

如此，裴頠就尽可能充分地阐明了儒家的立场。其中，我们又发现了前文所说的中国哲学之长期趋势，即所有的玄学都建立在社会动荡之上。但是，儒家的反应仅仅是抨击公元 3 世纪社会动荡的征兆而已，因此只能决定个人的祸福。另一些人

① 《晋书》卷三十五。

面临深渊试图恢复冷静，积极应对，但这又来得太晚，也没有什么结果。法家们企图重立汉魏的刑法来阻止帝国的崩溃，希望以法律基础来夯实等级制度，也终究是枉费心思。这些法家学者殚精竭虑，于公元 268 年年初颁布了一部巨型法典，其中含法律条文 2926 条，126300 字，共计 60 卷，比之前的法典要多出一倍[①]。但是，当法家为他们事无巨细的杰作而沾沾自喜，坚信自己已经预见到每一件事，并为此定下详细律令之时，他们靠立法维护的统治阶级却公开展现出无可救药的软弱。尤其是诸多边境部落正虎视眈眈地觊觎中原富庶的土地，这让事情变得更为严重。即使裴颀依靠手术刀般精明的逻辑学技巧，解剖了虚无主义思想，但是胡人的粗野且更加有效的拳头已经锤开了帝国的大门。

儒家最终还是在公元 3 世纪的思想演变中获益，尽管这些好处来得很晚。清谈的流行激发了哲学辩论和学派内部的讨论，从而为正统学说的革新和古代经典的研读做出了巨大贡献。在随之而来的分裂政局中，佛教获益最大。在这个遭受无穷苦难、陷入长期混乱的国家里，它是出现的新曙光。这个救 135
苦救难的宗教在信仰领域统治了 300 年。

① 《晋书》卷三十五。参看《晋书》卷四十九："时帝既用申韩以救世，而孚之徒未能弃也。"阮孚是阮籍的侄孙，也是著名浪子。

第三部分

经济史

第7章　中国土地问题

本文概要： 139

（一）中国的历史就是土地制度史：1. 先秦及其方形土地制度的理论与现实；2.“井田制”土地改革；3. 哲学家与土地问题——儒家的立场。

（二）汉朝士大夫的犹豫——解决财政问题是通过限制还是开放私人田产呢？迟来的改革引发的农民起义。

（三）南北朝时期的土地制度——公元485年颁布的“均田制”：1. 改革的动机与效果；2. 唐朝理想化土地政策的原理与实践；3. 逃税与“庇护”；4. 公元8世纪末的农民生活。

（四）“别墅”制——宋代庄田土地制度：1. 佃农与自由农的生活；2. 王安石变法；3. 外来征服者的土地政策；4. 公共庄田与私人土地。

（五）明朝鲜有变化的土地制度、税收政策与经济收益。

（六）尚有瑕疵的研究：1. 统计数据的缺乏；2. 共产党领导下的土地政策；3. 1950 年的土地改革——改革第一阶段；4. 集体化与国有化；5. 中央权力集中制下的探索——土地问题和工业化问题。

（一）

自远古时代至今，土地的开垦和分配一直都是中国的主要问题。作为绝大部分人口的主要收入来源，很明显，大型农

140

业社会的全部生活最终都取决于土地。毫无疑问，这个社会的制度必然与土地制度紧密相连，土地问题的解决也与政府命运息息相关。土地制度与政治制度休戚相关，这是中国历史上一个显而易见的事实。尽管其中的道理不言而喻，但是却常常被人们忽略。中国是最古老也是最大的农业社会之一，因此在分析该社会土地所有权的发展之前，清晰地指出这个道理很有必要。

令人惊叹的是，由于发现并解读了甲骨上的占卜文字，我们可以回溯至中国历史之初，也就是说公元前 11 世纪至 15 世纪。从这个最遥远的时期开始，中国人就已经在黄河流域定居下来。但是，在甲骨文中，农业留下的痕迹要少于狩猎和战

争，后者是占卜辞中周期性出现的大事。很明显，要得出关于商代制度的结论还太早了，中国和西方考古学家也是近20年来才克服重重困难，渐渐有所发现，并提出一些巧妙的假设。

除了狭义上的中国历史时期之外，其他时期的内容很少，主要原因有以下两点。一是真实的、能够带来新阐释的原始材料非常少见。第二个原因更加重要。对于中国各家哲学思想而言，古典时期的制度被视为黄金时代的制度，它提供了无穷的思辨主题。直至现代，中国思想的根本特征之一就是每次需要求新和前进时，总会依靠古代那些被推崇的制度。现代历史批评的第一个反传统立场认为，3000年来反复被援引的事情其实并不存在。但是，最近，中国和西方的历史学家从这个极端的立场出发，又重新以更尊重的态度评价传统。

因此，今天，人们通常承认著名的“井田制”在古代有其 **141**
真正的基础。这是一种土地共同所有制，它按照以下方式来分配井字形的田地：中间是一块属于君主的土地，需要人们共同耕种。在其周围是分给农民家庭的八块方形田地，每块100亩。这两种土地的名称模棱两可，并带来一系列的问题。其中，八块拿来分配的土地被称为“私田”，而中间那块土地被称为“公田”。“公田”可以被解释为“共同耕种的田地”或“公共土地”（的确，这个词语后来就演变成“公有土地”），也可以被理解为“君主之田”。补充一点，当然从理论上而言，君主拥有专属的土地所有权，这一点也可以在井田制中得到解释。

然而，有人认为井田制表现出刀耕火种时期的原始共产制度，另一些人则倾向于某些注释者的阐释，即与以狩猎为主的刀耕火种时期不同，井田制体现的是农闲地的轮作耕种制度，这两种看法都有让人信服之处。第一种看法是从历史的范畴出发。没有人否认，在体系化、统一化和理想化的状态之下，土地面积严格相等的井田制代表着一种思想意义。哲学家孟子是井田制的主要证人。公元前 4 世纪，孟子在谈及井田制时将其视为一种有待恢复的习俗，尽管这种土地制度早已被废弃，而且总的来说对这种制度的解释也非常模糊。而且，和其他文献出处一样，孟子也总是把这种土地分配制度和税收制度联系在一起，因此，他的措辞即使不至于无法理解，但意义也是难以确定的。但是，如果我们要回到更具有说服力的历史领域，就是那些多次提及公元前 6 世纪税收体系变化（分别为公元前 594 年、590 年、543 年、538 年和 483 年）的原始材料。这些税收改革发生在不同的诸侯国内，每次皆逆封建诸侯之意而行，具体举措都是以土地拥有数代替纳税者人数，作为纳税的基数。这种变化趋势表明土地私有制已经产生，并且常常被

归因于秦国反分封制法家改革者商鞅的变法（大约在公元前 142
350 年）。

关于井田制的第二个看法主要是指该制度的乌托邦色彩。随着时间的推移，井田制的乌托邦属性越来越大于其历史影响。这种乌托邦的理想表现为“恢复井田制”的主张。或者说，自古以来许多改革者要求以古人“均田”的方式重建最大的社会公平，因此，这种乌托邦也就成了他们的口号。更加清晰地说，这个口号也就只是意味着“土地改革”。

有必要谈一谈先秦的主要思潮，以便更好地理解这个黄金时代对中国后世思想的影响，以及恢复井田制的口号所具有的神奇魅力。思想领域繁荣的背后是分封制社会的瓦解。周朝统治解体后，原来的封臣变成了独立的诸侯，相互间连年混战。与此同时，旧的分封阶层也土崩瓦解。这是一场长期的痛苦过程，其最重要的结果是在君主和农奴组成的人民大众之间形成了一个新的社会中间阶层。这个由文人组成的新阶层焦虑不安、野心勃勃，而且开始关心自己的角色和未来的自主权。它试图把整个社会从动荡不安中拯救出来，当然，首先是拯救它自己。儒家希望重建原来的封建制度，建立一个等级分明、规章健全的社会。在这个社会中，从前君子的道德如正直、忠诚、责任将发挥重要作用，而且社会公正由礼仪、道德准则来维护。这些准则既赋予上层人士的权力，也规定了他们对下层百姓的义务。道家则相反，它希望摆脱开化社会和有文化修养的贵族阶层，致力于回归原初、自由的自然，其发展不受人和法律束缚。道家的理想是原始时代自给自足、自主独立的农民社群。这个社群虽然原始，但是却纯洁质朴，没有因文化而堕落，自给自足。

这两家学说都在中国思想中留下了不可磨灭的印记，二者
143 都同样提倡回到远古的黄金时代。只有法家才被视为封建诸侯的掘墓人，同时还是大一统帝国的助产士。法家敢于质疑古人方法和模式的价值，其信徒建立了中央集权的绝对君主专制制度，而且该制度建立在既适用于君主，又适用于臣民的普遍法律。然而，尽管公元前 2 世纪至 3 世纪法家思潮非常重要，但是它的影响后来有所衰退，并逐渐适应后世作为规则的好古心态。中国传统主义文人，尤其是儒生好古的倾向，可以解释为什么书本里记载的东西可以如此长久地支配关于土地问题的讨论。大部分的改革者由衷地相信书本。即使他们有所怀疑，也会假装相信书本。要想让墨守成规的公共舆论接受改革，那么也得表现得像一个传统继承者，而不是创造者、革新者，得给那些最大胆的主张戴上古老的光环。

在离开古代之前，我们再来回顾一下面对农家思想时儒家

的特殊立场。农家的信徒希望每一位土地所有者都能身体力行地耕种田地，依靠自己的双手生存。有一位弟子向孔子求教耕种之法。然而，孔夫子瞧不上任何具体的技术知识，而且也觉察到这个问题隐藏的农家平均主义学说。于是，在打发走了这位分不清君子之责（即治理国家）和农民之职的弟子后，留下以下评注："上好礼，则民莫敢不敬；上好义，则民莫敢不服；上好信，则民莫敢不用情。夫如是，则四方之民襁负其子而至矣，焉用稼？"（《论语·子路第十三》）

孟子更加坚决地和农家思想斗争，以不留任何余地的语气向农家宣称："无君子莫治野人，无野人莫养君子……有大人 **144**
之事，有小人之事。……或劳心，或劳力；劳心者治人，劳力者治于人；治于人者食人，治人者食于人。"（《孟子·滕文公章句上》）这些论断足以表现儒家奠基者们是如何看待农民的。

（二）

即使儒家学说无法完全摆脱本派奠基者的封建倾向，在先秦诸侯之后的中央集权与官僚治国的帝国时期，该学说也发生了深刻的变化。这种变化对中国后来的历史来说意义重大，可以简单地概括如下：统治阶级从原来的分封贵族变成了士大夫组成的新社会阶层。然而，秦始皇建立的大一统帝国以及后继的汉朝都是依靠士大夫来治理国家，这些士大夫总体来看也是地主。对于理解帝制中国非常重要的一点是，这些士大夫的权力并不源自土地所有权，而是来自履行职务时拥有的特权。这可以解释中国土地史上两个永恒又相互矛盾的方面。第一个方面，地主士大夫组成的特权阶级把儒家家长式的学说作为自己不变的表述，强烈反对大地产的形成，反对大地主的权势，因为过多的大领主和为非作歹的分封贵族会威胁帝国的统一和安危。另一方面，这些官吏天生就热衷于用自己的财富投资土
145 地，因为在理论上商业和工业都不是君子所为。这就导致了土地政策不断波动。而且，官吏土地的耕种模式也有一个普遍的特点，即他们的行政职务让他们无法亲自打理田地，只能将其委托给佃农和雇农，他们的土地也因此常常被分割成许多小块田地。

这些根本问题从西汉初年就开始显现，贯穿整个中国历史。它们可以解释文人一方面声讨大地产的危害，呼吁减轻农民苦难，然而另一方面又找不到有效的实际解决措施。在此，我想以公元前 178 年一位大臣的奏折为例，其中关于农民生活的描述很有代表性：

> 今农夫五口之家，其服役者不下二人，其能耕者不过百亩，百亩之收不过百石。春耕，夏耘，秋获，冬藏，伐薪樵，治官府，给徭役；春不得避风尘，夏不得避暑热，秋不得避阴雨，冬不得避寒冻，四时之间，无日休息。又私自送往迎来，吊死问疾，养孤长幼在其中。勤苦如此，尚复被水旱之灾，急政暴虐，赋敛不时，朝令而暮改。当具有者半贾而卖，无者取倍称之息；于是有卖田宅、鬻子孙以偿债者矣。[1]

在汉朝存在着两种地产。第一类是因爵位而授予的田地，
如王侯的食邑封地。这些田地的领主人数很少，有权征收一部 146
分佃租，剩下部分则上交给朝廷。而朝廷也会派人就近监督这些领主。另一类则是严格意义上的私人田产，被称为“名田”，意思是以私人名字占有的田地。这些田地很可能是以土地所有者的姓名登记入册。这种田产相对单纯，无论贵族、官吏，还是普通人都可以拥有。在上文引用的例子中涉及的就是这类田产。土地的面积大小不一，如史书描述，有的名田甚至大到几千亩。但是，我们手头上很少的土地买卖合同证明，土地贸易是自由的，其中涉及的小块土地面积从二十来亩至百亩左右。

---

① 晁错：《论贵粟疏》。法文出处为 Maspero, *Les régimes fonciers*, 158-159。另外还可参见 Swann, *op. cit.*, 162-164。

“亩”是当时的一种面积测量单位，按宽一步计算的话长度有240步，相当于今天的0.75亩左右。

从公元前2世纪末起，一位著名的儒生在援引古代的土地分配制度时提出“限名田”，这句话概括了汉朝所有的土地政策。尽管公元前1世纪农业技术已经有所改进，如“休耕田”的轮作方式和改良犁等，但是农田的产量仍然不高（平均每亩1石粮食），而且农田也无法满足日益增长的人口需要。于是，尽管仍有许多土地没有开垦，但是限制田产似乎是解决农民苦难的唯一方法。

这里还必须指出限田政策的另一个长期的重要动机，即财政理由。如果农民独立的小田产都被权贵和富人兼并的话，朝廷就会因此失去很大一部分收入，因为那些享有特权者、贵族和官吏既不交税，也不用承担徭役。因此，官僚阶层会周期性地推动限田政策，但这些不够坚定的政策最终都以失败告终。
147 同样，法家把“私田限制在3000亩以内，超过的部分没收充公”的美好意愿也只是一纸空谈。公元前7世纪，这项法案最终被皇帝采纳，但是在实施的时候遇到了权贵大地主的反对，因而无法推行。同样流产的还有把家奴数量限制在30人以内的法案。这条措施也是为了解决大地产的问题，因为这些田地都是由农奴耕种的。关于该问题，我们还要注意一点，即使在农奴人数达到顶峰的时候，其总数都没有超过全国总人口的1%。因此，中国该时期的奴隶问题无法与西方古希腊罗马时期相比。出现这一现象的原因非常简单，即中国的自由劳动力非常充足。这也是中国社会经济史不可忽视的一个特征。

人口和大田产不断增长，洪旱灾害加重了农民糟糕的境况，排水和灌溉工程既占用了大量劳力，也给朝廷财政带来了沉重的负担。脆弱的公共财政状态最终导致了不可调和的社会矛盾。当篡汉者王莽满脑子想着复古，颁布了所有土地收归国家之不切实际的“公田”政策时，一切已经太晚。这一政策颁布于公元9世纪，3年后由于没有效果也无法推行，最终被废除。这场改革没能阻止“赤眉起义”，这场巨大的农民暴动宣告了西汉之终结。

流血牺牲在某种程度上恢复了可耕种土地和人口之间的平衡，重建的汉朝（东汉，公元25—220年）又继续坚持限制大田产的政策，效果也和前朝一样没有取得成功，最终在公元2世纪末导致了另一次严重的危机。另一场更加血腥的农民起义即“黄巾起义”，持续了整整一代人的内战让中国又重新陷入战乱，和汉朝一起覆灭的还有长达4个世纪的大一统。

（三）

148 中国的中世纪是指胡人入侵和南北朝分裂的时期，这段时期出现了新的问题，对土地问题产生了深远的影响。土地给胡人治下的北朝和汉人治下的南朝提出了不同的难题。在南方，刚刚进行大规模移民的广袤疆域里分布着大量未开垦的土地，在人口稀少的土著人当中形成了一些汉人聚居地。而在北方的黄河流域，密集的汉人农业人口屈服于以游牧为生的胡人铁蹄之下。无论是在南方还是北方，社会越来越贫困，无休止的战争导致人口越来越少，出现了一种再封建化现象，其中从土地角度来看最主要的特点是"庇护"。这是指原本独立的农民或自愿或被迫地依附特权者，即通过变成大地主的佃农或农奴，来躲避赋税和兵役，或者简单地说寻找一个安定的避难所。受庇护者用不可靠的自由来交换奴役状态下相对稳定的生活。被庇护者现在完全依附于他们的新主人，而新主人的权势足以保护他们以逃避公共权力。同时，受庇护者得向新主人交纳和朝廷税收金额相等甚至更高的佃租。这一逃税问题在中世纪颁布的各项土地规定中有所体现。

中世纪的土地规定最早得追溯到公元280年。这一年，颁布法令的第一部分规定分给交租纳税者一定数量的小块土地。分配的土地面积根据年龄不同而大小不一。对于家庭而言平均能达到100亩，也就是说能满足农民的基本生存，从而可以交租纳税。第二部分更加重要，试图通过一系列的措施来限定田产的面积和“受贵族官吏庇护之人”的数量。这些免除赋税徭役的特权者依据自己的等级享有一定数量的土地和奴仆，其中土地大小从1000至5000亩不等，奴仆数量大约不超过250人。然而，这项法令似乎并未认真地实施。 149

第二项土地法令更加清晰地表现出立法者对财政的关心。该法令颁布于公元485年，是拓跋氏北魏政权系列改革的一项，目的在于稳固征服者对汉人的统治。为了征税，扩大国库收入的基数，这项名为“均田”的著名土地改革试图保护农民，以避免大地主的兼并。扩张战争的结束、胡人贵族的汉化以及中国传统文人不断增长的影响力让现实问题重新求助于古代“均田”的理想。改革赋予每个农民家庭一定数量的土地作为永久田产，同时还分配给个人一定数量的临时耕地，到了一定年龄后由官府收回。

这项法令本身充分考虑到各种差异，非常规范。它认识到地区的差异，区分了有无牲口的地主，也赋予特权者（贵族和官吏）特殊的地位。在北方人口相对聚集的地区，从这一时期开始区分“狭乡”和“宽乡”。前者是指可耕土地不足以满足密集人口之需要的县，后者是指人口稀少、可耕地充足的县。

认真查看公元 485 年法令的措施，我们就可以发现“均田”概念的弹性。在法令中，六口之家理论上最大的田产数量是 465 亩，奴仆 8 人和牛 20 头。然而，当时典型农民家庭平均是 5 口人，拥有 1 头牛，有权分得 300 亩田地。这里需要强调的一点是，这只是理论上的数字。当时一些留存至今的稀有文献表明，即使北魏及其继承者们坚持定期分拨土地的政策，然而那些只能继承不能转让的土地也在被出售，甚至分给个人的临
150 时土地也被拿来交易，用来抵押或出售。这些实际情况减少了可以用来分拨的土地，从一开始就侵蚀着中世纪所有的土地法规。公元 600 年前后，如当时一份文献所表明的事实是，一个成年农民勉强拥有土地 20 亩，至少在狭乡是这样的。尽管如此，公元 485 年的土地改革措施还是为后世提供了范本，至今“均田”一词的魅力也赋予北魏法案极高的名声，超过了它的实际作用。

分配空闲土地的做法一直持续到大唐王朝的前期。每位成年男性农民原则上都能分得 100 亩土地，其中 80 亩只有使用权，剩下 20 亩是可继承的“永业田”。这 20 亩田主要是用来种果树和养蚕需要的桑树。妻子、未成年、寡妇、残疾人和老年人只能分得更少的土地。当土地使用者去世或者年满 60 岁后，只有使用权的土地就会重新交还给公家，由后者重新分配

给其他合法使用者。可继承田产则会传给家人。另外，每个家庭还有一亩用来居住和种菜的土地。这种分配土地的方法只能适用于土地充足的地方。村子的管理者每年都会造册登记赋税的情况，里面记载应收和实收赋税的田地数量。这些册子是分配租税和人口普查的基础。如今，我们在敦煌发现了此类田册的部分残卷，里面指出甚至在相对偏远的地区，这种分配土地的合法权利也与事实不符。

分配土地的做法源自税收体系，后者又与土地法规联系紧密。税收兵役体系需要具体落实纳税服役者的土地所有权。政治、军事和财政上的考虑让朝廷密切监视大地产的形成，并且尽力开垦更多的土地。因为，历史经验已经表明，大地主总是能够逃避公共义务，甚至帮助寻求庇护的贫苦农民逃避赋税，把他们变成自己的农奴、佃农或雇农。因此，维护平均分配土 151
地原则的最终目的是从朝廷的利益出发保护自耕农。

但是，经济上的实际分化让权利义务平等的理想显得越来越虚假。土地法规本身包含的诸多例外条款是造成私人大田产的首要因素。这些例外条款都是有利于官吏和体制中的其他特权者。担任职务的官员有权拥有 200 亩至 6000 亩不等的“永业田”，还可分得一份只有使用权的“职分田”，面积从 200 亩至 1200 亩不等。此外，他们还可以使用一部分公共田产，即属于官府的“公廨田”。面积也根据衙门的重要程度不同，从100亩至4000亩不等。由于官吏无法亲自耕种自己的田产，于是就把它们租给佃户，或者招募雇农来耕种。对于常常获得大量捐赠田产的佛寺而言，耕种土地的情况也是一样的。对于经常调动的官吏来说，采用这种间接耕种的方法是很自然的，但是却极大地影响了其他私人田产。

我们在上文中观察到的典型现象就变得越来越多。负债的小农无法承担赋税徭役，于是就寻求权贵的庇护，投身到大地主的门下充当各类佃农。无论这些农民是被迫还是自愿地屈身事人，其后果都是给朝廷税收、正式或非正式的徭役、合法或不合法的临时捐税造成了极大的影响。此外，还有税吏的巧取豪夺和高利贷者的敲诈勒索。从公元8世纪中叶开始，只有15%的人口被登记为承担赋税徭役者，独立自耕农的消失成为诸多怨言的主要原因。逃税、躲避徭役甚至纳税者的逃亡让问题更加严重，因为这些被逃避的赋税徭役最终会落在那些在册之人的头上。当朝廷面临额外增加的支出时，例如打仗或平乱，自耕农消失的速度就越来越快，最终上述不切实际的土地法规也就无法维持了。

152 以下两篇当时的文献能够有力地说明这种情况。公元752年的一份诏书中写道：

如闻王公百官，及富豪之家，比置庄田，恣行吞并，莫惧章程。借荒者皆有熟田，因之侵夺；置牧者惟指山谷，不限多少。爰及口分永业，违法卖买，或改籍书，或云典贴，致令百姓，无处安置。乃别停客户，使其佃食，既夺居人之业。①

公元 8 世纪末，权利义务均分这一不符合实际的体制崩溃后，当时的著名文人亦描述农民的境遇如下：

今制度弛紊，疆理隳坏，恣人相吞，无复畔限。富者兼地数万亩，贫者无容足之居，依托强豪，以为私属，贷其种食，赁其田庐，终年服劳，无日休息，罄输所假，常患不充。有田之家，坐食租税，贫富悬绝，乃至于斯，厚敛促征，皆甚公赋。今京畿之内，每田一亩，官税五升，而私家收租殆有亩至一石者，是二十倍于官税也。降及中等，租犹半之，是十倍于官税也。② 153

① （唐）李隆基：《禁官夺百姓口分永业田诏》。法文参照 Maspero, *op. cit.*, p.175。

② （唐）陆贽：《均节赋税恤百姓其六论兼并》，白乐日译。

（四）

一种新的土地所有制开始零星出现，后来也被朝廷心照不宣地接受了。这种庄田制在唐末和宋朝占据了主要地位。它首先被人称为“别墅”或“别业”，指的是权贵在乡下的休闲田庄。后来这种特别的田庄逐渐变成了一种通行的农业模式，包括所有者的庄园、供佃户居住的客房和田地菜园。田园既可以由庄客或庄户耕种，也可以交给佃农或佃户打理。田庄的主人往往都是官吏，因此不会长住于此。他们会请一位管家来打理田地，至少在大型庄田中如此。管家负责监督雇农。如果田地过于分散，分别租给不同的佃户，那么管家也负责管理为数众多的佃户。这位管家要负责全部的耕种活动，监督劳作，收回粮食，等等。另外，管家还很可能要负责从流民中招募庄民。这些流民不在户籍之中，没有土地，不交租税，也不用服兵役和徭役。这些庄田以主人之姓氏或官职命名，有时它们也以所在地命名。通常，它们被视为一个整体单位。在出售或者继承时，会连同牲口、器物和佃户一起交到新主人的手中。宋朝有许多村庄和小镇原本就是庄田。

交给主人的地租（即“庄租”）通常是收成的一半，平均
154 每亩上交 1.2 石粮食。这比交给政府的赋税要多好几倍，另外还有其他的封建义务。自由民劳动与农奴劳动的生产率最终分

别取决于官府与庄主给予的优待。如果我们相信当时的人们留下来的证据，佃农和农民的处境是非常糟糕的。下面是公元11世纪一位著名文人对佃农生活的描写：

田非耕者之所有，而有田者不耕也……募召浮客，分耕其中，鞭笞驱役，视以奴仆。安坐四顾，指麾于其间……而田之所入，己得其半，耕者得其半。有田者一人，而耕者十人。是以田主日累其半以至于富强，耕者日食其半以至于穷饿而无告。①

著名的历史学家、保守派宰相司马光也以下文来描述当时的农民：

而又水旱、霜雹、蝗蜮间为之灾，幸而收成，公私之债，交争互夺。谷未离场，帛未下机，已非己有，所食者糠籺而不足，所衣者绨褐而不完。②

的确，这是司马光与著名改革家王安石围绕变法进行论战

---

① 苏洵：《嘉祐集》卷五。法文参照 Maspero, *op. cit.*, p.178。
② 《宋史》卷一百七十三。

时所做的描写。

在欧洲，王安石（公元 1021—1086 年）的名字比他的作品知名度更高。他提倡通过一整套的财政措施来提高农业产量和国库收入，提出更加公平地分配义务，从而振兴国家，加强军队，以抵抗外族入侵。我在此无法详细分析王安石的措施，只能指出它是一种极端的国家干预制度，关键在于避免耕种者破产，让朝廷能够获得更大的利益。其中有两项改革直接与农
155 业相关。其中一项改革是播种的时候以 20% 的利率把储粮贷给农民，以解决高利贷者以重利盘剥农民的现象。在实际操作层面，这个制度并没有对农民有利，因为利率仍然过高。而且，对朝廷也不利，因为加重了财政赤字。另一项改革则在于实施一种更加详细的土地清查，即把全国的可耕种土地分成方田，每块田大约 235 公顷，然后按照丈量土地的面积和质量来确定每位土地所有者应当缴纳的比例和税额。可见，这种体制与中世纪均田的尝试完全不同。这些改革中成就最大的是王安石主持的灌溉工程，大概有 200 万公顷的土地变成了水浇地。出于历史的公正，我们得明白，在王安石变法带来实效之前，中国就已经陷入党争之中，并再次遭受外族的入侵。

作为征服者之契丹人（辽朝）、女真人（金朝）和蒙古人（元朝）之土地政策的特点是普遍采用上述宋朝大地主把土地

租给佃农的方式。但是也出现了一些特殊情况，它们即使不影响整体的土地制度，但是至少也影响了特权者的地位。这些特殊情况是征服中原后奴隶劳动力数量巨大、部落贵族享有特权与对有功战士的特殊照顾，尤其是寺庙和官府地产的增加。佛寺（道观的程度更小）发挥着非常重要的经济功能，这主要是因为僧侣的特权地位以及他们的声望和良好的组织。伴随着私人捐赠的增加与官府的宽容，佛寺的财富和权势越来越大。寺庙是安全之地，因此，常常成为富人的代理人和穷人的避难所。至于“庇护”，农民更愿意找寺庙而不是地主。为了躲避赋税、徭役和兵役，他们把自己的小块土地捐献给寺庙，然后成为寺庙的佃户、杂役或雇工。而寺庙甚至因自己过大的权势而引起朝廷的敌意。但是，屡次让僧人还俗的举措都没能彻底改变这种情况。南宋时，在沿海地区，私人田产平均每户 14 至 16 亩，而寺庙田产平均每人 50 至 60 亩。

官府拥有土地（公田、官田，更确切地说是属于官府、官 **156**
吏的土地）始于唐朝的屯田制。这些土地通常是边远地区的荒废之地或闲置之地，受朝廷管理，由士兵耕种，像佃户一样只交租不纳税。公元 12 和 13 世纪，由于个人土地经常被官府没收，所以官田不断增加。这在当时被外族征服的北方尤其明显，在南宋统治的南方则相对较少。朝廷仿照私人大田产耕种的官田，得到的地租就比征收的赋税更多。

北方奴隶人数比南方多，而南方佃农人数比北方多，但是，他们的处境相差无几。相对而言，官田上耕作的佃农条件最好，他们每亩大约交租 1.5 至 3 斗不等（自由农民的法定地租是该数的十分之一）。但是算上官吏的勒索、转租或出让，官田佃农的实际情况并不比私田上的佃农好多少。耕种私田或职田的佃农则不论年成好坏，每亩交租 3 斗，还得加上徭役和其他对主人应尽的义务。境遇最糟糕的是在富裕佃农手上租种土地的雇农，他们在监督之下劳动，而且像唐宋时期一样只能分得一半收成。朝廷多次发布诏令要求私田减租 20%，但这也反映出这些诏令毫无效果。佃农和雇农在理论上是自由的，但实际上则受地主摆布。他们像奴隶一样被买卖，个人生活也依附于主人，经常受到惩罚，在法律面前也毫无权利可言。

（五）

明朝（公元 1368—1644 年）通过农民起义掀起的社会和民族革命，成功地赶走了蒙古征服者，建立了政权。但是，它
157 并没有给土地制度带来多大变化。因为从根本上来看，明朝的社会结构仍然与宋朝一样，士大夫地主阶层同样享有特权。于是，明朝也陷入这个历史怪圈，即从开国之时的开明自由走向

官僚社会先天性的不足，诸如徇私、欺诈和腐败等，最终在一系列迟来的改革失败后走向覆灭。

因此，明朝仍然实行民田和官田分开的模式，只是这种区分更多地体现在财政层面，而不是法律层面。私田所有者支付的赋税比租种官田的佃农更轻。另外，根据土地所在地区和种类不同，征收的税收也有显著的区别。首先，从根本上看，公元 1387 年土地清查时确定的土地税是收成的 10%。除了民田和官田外，这次土地清查还区分了旧额官田和抄没官田等。不同种类土地的纳税额从每亩 3 升至每亩 6 斗不等。另外，还得加上运输费用，是佃租的 50% 至 100%，以及其他的各种义务。不用说，官僚体制下一定存在着营私舞弊和滥用职权。公元 16 世纪末，朝廷试图用迟来的改革“一条鞭法”来解决这些问题。同样姗姗来迟的还有对高官和藩王封地的限制，前者的土地最高不能超过 600 公顷，后者的土地不能超过 6000 公顷。

明朝高官和藩王的封地数目巨大，沿用了唐宋以来的名称即“庄田”。但是，明朝庄田与唐宋时期相比还是有所不同。它们都是享有特权的田产，是给诸王公主、勋戚大臣们的赏赐。其特点是享有免除赋税和徭役的特权，不受当地官府的司法约束，而且还可以拥有私人护卫以监督必须缴纳捐税的佃农和雇农等实际耕种者。由于免除赋税的数额相当可观，所以许

多地主想尽办法把自己的田地放在封地的名下，甚至不惜弄虚
158 作假，通过虚假捐赠和出售把民田放在特权者的名下；抑或把已开垦的农田登记为荒地，以享有免税的特权。还有一种特殊的庄田即皇庄，直接附属于皇宫。皇庄的确是名副其实的大地产，面积非常大，平均面积在 7000 到 15000 公顷之间。但是，皇庄的数量非常有限，因此在大地产中属于非常少见的类型，影响不大。

明朝在农民起义和满族入关的内外夹击下土崩瓦解。随之消亡的不仅有明朝权贵的封地，而且有明朝对官田和民田的区分。

（六）

至此，我们已经详细研究了中国土地所有权演变的主要阶段。为了避免注意力被历史过度吸引，我想放下对历史的研究，转向当下的现实。但是，我仍然要强调以下几点。首先，如果我们没有注意在中国非常重要的地主与租户间的关系，而是过于关注类似西方的大地产，我们很可能会得出错误的看法，因为大地产在中国并没有普及。相反，在最后一个王朝即清朝（公元 1644—1911 年），分割成很小块土地的小地产不停地发展，形成了中国近现代非常典型的土地所有模式，租佃

逐渐成为典型的土地耕种形式，而佃农成为农村人口的主要组成部分。

其次，我想指出这篇历史报告仍然存在不够均衡、不够准确的问题，仍然有许多缺陷。例如，我没有论述中国非常有特点的“义田”。这是士大夫为了帮助本族穷人而提供给他们耕种的田地。而且，我也几乎没有涉及中国历史中无数次的农民起义。其中一个典型的例子是发生于19世纪中叶的“太平天 159
国运动”。这场农民起义把千年的宗教神秘主义和对土地的具体要求混杂在一起，差一点就终结了清朝的统治。除了缺乏足够的时间外，上述缺陷不能完全归咎于作者有限的能力，它们与现有的研究基础也有很大的关系。要知道，真正对中国经济社会史的研究在近30年才开始兴起。

最后，第三个需要指出的问题就发生在当下。一方面，如果说缺乏足够的相关文献和成果是中国古代史研究的特征，那么缺乏可靠的统计数据则是研究近现代史的主要障碍。这个问题不仅阻碍了对国民党政权的研究，也不利于关注当今共产党领导下的新中国。这并不是无法理解数据，也不是因为过高估计某些数据以至于有时让人感到晦涩难懂。真正的问题是在如此庞大的国家里无法推行一种既客观又具体的清查。在此，我想说的是无法像美国那样花费大量财力物力去实施全面的土地清查。另一方面，人们估算中国的人口数量多达 4 亿至 5 亿之间。直到今天，这仍然是一个近似的数值。

因此，近现代的农业统计并不精确。1921 至 1925 年，美国农业经济学家卜凯（John Lossing Buck）主持了一项科学调查，主要是对不同地区的 2866 个农家进行调查，得出的数据如下：平均耕种田地的面积是 2.84 公顷（其中华北是 3.54 公顷，华中是 2.05 公顷）；土地所有者只占土地耕种者的 63%；土地被分割成小块，而且分散，平均每个农场田块为 8.5 公顷；从北至南密集程度不断增加，原因在于南方主要是水稻种植，而且佃农数量更多；因为没有畜牧业，所以厩肥被粪肥代替；也没有机器；农民生活极度贫困。在这项调查中，生活相对富裕、高于平均水平的中国农户（5—7 人）家庭预算只能达到同时期人数更少的美国农业家庭预算的十三分之一。

160 “二战”前夕，法国汉学家马伯乐写道：“今天，土地被分成小块，小田产成为普遍规则，以致于官方统计把超过 50 亩的土地都视为大田产。小于 3 公顷的田地占了所有田地的一半以上，并且承担了 83% 的土地税额。大约 50% 的农民依靠耕种自己的田地生活。另外有四分之一的农民拥有土地较少，不足以养家糊口，所以需要租佃土地补贴家用。最后四分之一的农民完全没有土地，只能依靠当雇农来维持自己的生活。总的来说，田地基本都被分成了小块，这不仅仅是因为大地产逼迫农民只能拥有小块土地，而且同样因为人口过于密集，且除了农业之外没有其他养活人口的方式。因此，每个家庭拥有的土地必然会非常有限。”[①]

在此，我们再补充几个特征，有助于理解中国当下的情况。这个大国人口众多，而且自18世纪以来一直持续增长，依靠农业为生。人口压力、缺乏其他的生计方式、完全依赖农业的经济以及可耕种土地的不足，这些原因导致了中国土地被分成小块农田的现象。中国4亿至5亿人口中80%—90%都是农民，而耕种的土地只有大约1亿公顷。农民手中的小块农田只能勉强养活家人，而且常常面对各种威胁。这些威胁既有洪水、干旱等交替出现的自然灾害，也有税吏和高利贷者层层盘剥的社会问题。而且，古老水利工程的数量不够。因为朝廷无力维护，所以这些灌溉水渠、堤坝都已经严重损坏。通常，租佃户（只有田面权）得把一半的收成作为地租支付给地主（拥有田地权）。剩下的还得用来购买工业制造的商品，支付债务和税收。西方现代工业已经摧毁了农村的传统手工业，但是却没有给它带来新的生计方式，而且产品的价格不菲。村子里 **161**

① Maspero, *op. cit.*, p.191.

的大地主们往往又是高利贷者，他们的利率高达每年 50% 至 200%。最后，封建王朝、民国前期的军阀政府乃至国民党政权一直不断地增加税收，或为了发动内战，或为了抵抗自“一战”至“二战”间日寇的侵略。在这些条件下，一次糟糕的收成、洪水或战争都必然导致破产和饥荒。

了解上述情况后，我们才能更好地理解中国共产党建立的新制度下的土地政策。1921 年，在学生反帝国主义的民族主义浪潮下，中国一些先进知识分子建立了中国共产党。从建党之日起，中国共产党就成为城市无产阶级的代言人，尽管当时城市无产阶级的人数非常少。1927 年，军人蒋介石领导的国民党攫取了国民革命的胜利果实，执掌了中国的政权。之后，蒋介石突然掉转枪口，对准了中国共产党，把国共合作时期的战友打入监牢，残害和屠杀共产党员。因此，中国共产党开始在农村中寻求支持。城市里国民革命的失败、组织游击队的经验和必要性、在不发达农业地区如江西以及后来的陕西建立独立的政权，这些事实最终让一度犹豫的中国共产党领导人坚定信心，重视土地问题。首先重视土地改革的是毛泽东。尽管他出身富农，仍然在 1933 年推行了一次相当彻底的土地改革计划，在苏区没收并重新分配了大部分土地。1940 年，在名为《新民主主义论》的重要文章中（该文相当于中国共产党的宪章），毛泽东提出“农民问题就成了中国革命的基本问题，农民的力量是中国革命的主要力量”。

这一转折带来的成功体现在奇迹般的红军长征中。这支军 **162**
队后来改名为“解放军”，主要由农民组成，最终解放了全中国。今天，我们可以完全客观地说，除了腐败无能的国民党政权为解放军提供了武器之外，更加公平的土地分配政策让中国共产党如虎添翼，在 1949 年建立了新中国。

因此，很自然，崭新的中华人民共和国最早推出的政策之一就是推行土地改革。这次著名的土地改革之所以取得成功，是因为其中许多必要举措考虑周详，相当开明，而且是整齐有序、循序渐进地逐一实施的。新中国领导人关心的第一要务就是保护好新政权，尽量减少对抗，以确保自己在农村当中的影响力。而且，农村是新中国最主要的群众基础。因此，此次土改最终采取了长远的政策。第二个因素是考虑到当时的具体情况。从经济角度来看，必须保护农业，恢复深受战争破坏的农业生产。最后，在长期艰苦的斗争中，中国共产党曾在不同地区建立政权，充分了解中国不同地区之间的差异，因此决定推行非激进的、循序渐进的改革。有些热情的观察家只是把中国共产党视为土地改革者，这种看法不完全正确，因为中国共产党从来都是把社会主义和共产主义当作最高的目标。

1950年6月28日颁布的土地改革法令一共包含40条，可以概况为以下几点：暂时没有推行土地国有化，但是没收和征用了属于地主的土地、牲畜和房屋（其中包括属于宗教团体的土地）；由乡农民协会把没收的土地分配给贫农；没有强制推行集体化，也没有统一定价，但是提倡农民合作；最后一点是没有触及工商业企业和富农的土地。除了保护革命战士和打
163 击敌对势力的特殊条款外，这部法令的特点是有意保留一定的弹性空间。我想引用以下两个条款来证明。

第六条　保护富农所有自耕和雇人耕种的土地及其他财产，不得侵犯。

富农所有之出租的小量土地，亦予保留不动；但在某些特殊地区，经省以上人民政府的批准，得征收其出租土地的一部分或全部。

半地主式的富农出租大量土地，超过其自耕和雇人耕种的土地数量者，应征收其出租的土地。富农租入的土地应与其出租的土地相抵计算。

第七条　保护中农（包括富裕中农在内）的土地及其他财

产，不得侵犯。①

由此可见，一切都取决于法律上对地主、富农、中农和贫农（这些表述很容易让人想到俄语中的 koulak、bedniak 等词汇）的界定。但是，在这个法令当中并没有直接定义这些概念，只有第五条用土地数量来作为土地所有的标准，提出“其每人平均所有土地数量不超过当地每人平均土地数 200%”，并举例说明“例如当地每人平均土地为二亩，本户每人平均土地不超过四亩”；而且，第九条也明确指出“地主、富农、中农、贫农、雇农及其他农村社会阶级成分的合法定义，另定之”。然而，还有各种法令共同确定了上述土地改革法的具体实施条件，原则上把如何使用劳动力作为区分从雇农到地主五种类别的基础，其中雇农是指出卖自己劳力的农民，而地主则靠雇用劳动力来耕种。例如，在广东，某人出租土地的面积超过自己耕种土地的三倍或两倍，就会被划分为地主。我认为，
没有必要过于强调这项法令的灵活性，因为实施法令最终并非 **164**
取决于农民协会，而是取决于领导农民协会的政府官员。

这次土地改革在 1952 年年底终于圆满完成。然而，这只

① 1950 年 6 月 28 日通过的《中华人民共和国土地改革法》。

是共产党领导下实施土地政策的第一阶段。第二阶段是组织农业互助合作组和农业合作社。第三阶段预计的是实施集体化，建立国有农场（集体农庄和国营农场），最终像苏联模式一样全面实现国有化。

我们首先得了解一下土地改革的成果，然后才能更好地总结分析。根据官方数字统计，1952 年年底农业生产就已经恢复到抗战之前（即 1937 年以前）的水平，全国耕种土地面积达到 1.22 亿公顷，共生产粮食 1.63 亿吨。其中，一半以上的耕地完成了重新分配。1952 年，全国共有 2219 个国营农场，3663 个农业合作社，830 万个农业互助合作组。1953 年，农业合作社的数量增至 14000 个，平均每个农业合作社由 20 户农民组成，4800 万农户（全国共计 1.1 亿农户）加入了“农业互助合作组”。这种合作组是初级形态的合作，主要是在农忙季节相互帮助，集体使用加入合作组的农民个体拥有的牲口和农具，等等。中国共产党把这种形式称之为农业集体化的第一阶段。但是，这些措施多少带有一些强制性的性质，如 1953 年 9 月 28 日国家统计局发布的公报中就指出，农业劳动的主要问题是没有充分认识到个体农业经济中的实际生产条件，由此导致了冒进、依靠行政命令强制执行、没有考虑到实际条件的差异等不足。

上文快速地回顾了从古至今中国土地问题的发展。如果要对此做一点总结，也许有人会在当下新的改革措施中发现古老模式的影子。最早的国营农场是否会让人联想起古代的屯田呢？平均分配土地是中国几千年的梦想，因此不完全是新鲜事物。政府掌控种子的贸易，调节和规定粮食买卖的价格，兴修水利，以及政府官员监督、规范、领导和控制文化水平不高的民众进行劳动，这些似乎都不完全算是新事物。也许，这种比较多少有些夸张。

但是，必须要承认，在当下的土地改革中，还是有新的一面，即与以前的改革不同，新中国土地改革的目的是把广大的农村人口从苦难中拯救出来。而且，工业化和西方现代农业技术是解决中国农村问题的唯一办法。要说中国已经从苏联的经验中吸取了教训，这一点还为时过早。但是，工业化的确是解决中国所有问题的关键。但是，为了工业化，付出的代价会是什么呢？至今为止，这仍然是个疑问。时间会给出答案，未来将告诉我们中国农民是否已经告别了苦难的岁月。

参考文献

166 [1] Aoyama Sadao, Historical Materials of Social and Economical Studies in the Geographical Monographs of the Sung and Yüan period, Tôyô Gakuhô 25 (1938), 281-297 (en japonais).

[2] Balazs Etienne, Beiträge zur Wirtschaftsgeschichte der T'ang-Zeit (618-906), Mitteil. d. Sem. f. Orient. Spr., Berlin, 1931-1933.

- Etudes sur la société et l'économie de la Chine médiévale. I. Le Traité économique du. Souei-chou. T'oung Pao (Leyde) 42 (1953), 113-327.

- Transformation du régime de la propriété, etc., Cahiers d'Histoire Mondiale, I (1953), voir p. 168.

- Le régime de la proprité en Chine du Ive au XIVe siècle, Ibid., voir p. 181.

[3] Bielenstein Hans, The Census of China during the Period 2-742 A.D., Bull. Mus. Far. East. Antiq. (Stockholm) 19 (1947), 125-163.

- The Restoration of the Han Dynasty, Stockholm, 1953.

[4] Biot Edouard, Mémoire sur la condition de la propriété

territoriale en Chine depuis les temps anciens, Journal Asiatique (Paris), 1848.

[5] Buck John Lossing, Chinese Farm Economy, Chicago, 1937.

- Land utilization in China, 3 vol, Chicago, 1937.

[6] Chen Huan-Chang, The economic principles of Confucius and his school. 2 vol., New York, 1911.

[7] Chou Ya-Lun, Chinese Agrarian Reform and Bolshevik Land Policy, Pacific Affairs, (New York) 25 (1952), 24-39.

[8] Dubs Homer H., Wang Mang and his economic reforms, T'oung Pao, 35 (1940), 219-265.

[9] Duyvendak J. J. L., The Book of Lord Shang, London, 1928.

[10] Eberhard Wolfram, Zur Landwirtschaft der Han-Zeit, Mitteil. d. Semf. Or. Spr., 35 (1932), 74-105.

- Bemerkungen zu satistischen Angaben der Han-Zeit, T'oung Pao, 36 (1942), 1-25.

- Das Toba-Reich Nordchinas, Leyde, 1949.

[11] Fei Hsiao-Tung, Peasantry and Gentry, etc., Amer. Journal of Sociology, July 1946.

- and Chang Chih-i, Earth-bound China, Chicago, 1945.

[12] Fong. H. D., Bibliography on the Land Problems of China, Nankai Social and Economic Quarterly, 8 (1935), 325-384.

[13] Franke Otto, Die Rechtsverhältnisse am Grundeigentum in China, Leipzig, 1903.

- Keng-tschi-t'u. Ackerbau und Seidengewinnung in China, Hamburg, 1913.

- Staatssozialistische Versuche im alten und mittelalterlichen China, Sitz. Ber. Pr. Akad. Wiss., 1831, 218-241.

[14] Franke Wolfgang, Zur Grundsteuer in China während der Ming-Dynastie (1368-1644), Zeitschr., f. vergl. Rechtswiss., 56 (1953), 93-103.

167 [15] Kato Shigeshi, Studies in Chinese Economic History, 2 vol., Tokyo, 1952-1953 (en japonais).

[16] Maspero Henri, Les régimes fonciers en Chine, Les termes désignant la propriété foncière en Chine, Le régime féodale et la propriété foncière dans la Chine antique, 1936-1938, articles réimprimés in Mélanges Posthumes, III: Etudes historique, Paris, 1950, pp. 109-208.

- et Escarra Jean, Les Institutions de la Chine, Paris, 1952.

[17] Meng Ssu-Ming, Social Classes in China under the Yuan Dynasty (Yenching Monograph, 16), Peiping, 1938 (en chinois).

[18] Niida Noboru, Documents of Sale and Purchase of Land during the periods of the Han, Wei and Six Dynasties, Tôhô Gakuhô (Tokyo), 8 (1938), 33-101 (en japonais).

[19] Okazaki Fumio, Land Problems in North China in Wei, Chin and Nan Pei Dynasties, Shinagaku, 6 (1932), 341-373 (en japonais).

[20] Réforme Agraire, La loi sur. - The Agrarian Reform Law - Pékin, 1950 (Editions en langues étrangères).

[21] Roger Marianne. Zur Finanz - und Agrargeschichte der Ming-Seit, Sinica, 12 (1937), 130-143, 235-252.

[22] Rural Reconstruction, General Report of the Joint Commission on, Taipeh, 1950.

[23] Shida Fudômaro, Die Form des Grundeigentums und die Agrarfrage im Chin Zeitalter, Shigaku Zasshi, 43 (1932), 1-44, 201-242 (en japonais).

[24] Shimizu Taiji, On the Chün-t'ien system of the

Northern Wei Dynasty, Tôyô Gakuhô, 20 (1932), 153-216 (en japonais).

- A Study on the Manor of the Ming Period in China, Ibid., 16 (1927), 334-350.

[25] Simon Eugène, La propriété en Chine, Annales de l'Extr. Or., 4.

[26] Tcheou Houan, Le prêt sur récolte, institué en Chine au XIe siècle, Paris, 1930.

[27] Wan Kouo-Ting, The System of Equal Land Allotment, etc., Nanking Journal, I (1931), 269-300; Royal and Official Estates in the Ming Dynasty, Nanking Journal, 3 (1933), 295-310 (en chinois).

[28] Williamson H. R., Wang An-shih, 2 vol., London, 1935.

[29] Wittfogel K. A., Wirtschaff und Gesellschaft Chinas, Leipzig, 1931.

-The Foundations and Stages of Chinese Economic History, Zeitschr. f. Sozialforschung, 4 (1935), 26-60.

[30] Wright Mary C., Chinese Agrarian Reform etc., Pacific Aff., 24 (1951), 256-265.

[31] Xiu Zhongshu, On Tillage, Acad. Sin. Bull., 2 (1930) (en chinois).

- A Study on the jingtian System, Bull. Chin. Stud., 4 (1944), 121-156 (en chinois).

[32] Yang Lien-Sheng, Notes on the Econ. Hist. of the Chin Dynasty, Harv. Journ. of Asiat. Stud., 9 (1946), 107-185.

第 8 章　公元 4 至 5 世纪中国鞑靼政权与汉族政权下的土地制度转变[1]

（一）

168 在中国历史的进程中，有一个常见现象。每一次大地产形成后都会压迫和奴役农民。这个时候，就会有人发声警告政府，注意大地产带来的致命后果，呼吁恢复井田制。这种先秦时期著名的公田制把土地分成汉语的“井”字形，中间一块是属于领主的公田，由人们共同耕种。公田周围是八块大小相等的田，每块一百亩。这个传统的历史依据长期有争议。但是，无论查清他的历史真相有多困难，该传统的象征意义却是无疑

① 文章系受《世界史手册》第三卷的主编格鲁塞教授（R. Grousset）邀约而作。该刊编委会的重点是研究人类文化与科技发展的历史。本文最终刊载于该刊第 1 卷第 2 期，1953 年 10 月。

的。因为，不管井田制在过去有何意义，要求恢复它这一呼吁本身不过是借此表达一种乌托邦式的理想，其价值在于要求以平均分配土地来实现更大的社会公平。于是，这个乌托邦式的理想本身比是否真正实施井田制更有现实性。 169

下面两点将更清楚地阐明我们刚刚提出的问题。首先，中国文人都是传统主义者。他们出于个人爱好和现实需要，总是借用先秦时期来装扮自己提出的社会改革。在西方，人们把理想寄托在未来。而在中国，人们认为这样做不仅没有意义，令人恐惧，而且没有效用。由于掌握公共舆论的都是信奉传统主义的文人，改革者为了让改革方案得到支持，就给它包裹上一层历史的光环和古已有之的威望。他们非常相信这种复古的倾向，因为他们自己深信书上关于古代理想社会的描写是真实的。其次，出于同样的动机，国家的法令通常不是为了解决行政实际而设立，而是为了表现伦理原则。皇帝的诏书辞藻绚丽，引经据典，而实际内容只是告诫官吏，指出他们应该做的事情而已。因此，无论"井田"这个神奇的词汇是呼吁乌托邦式的理想，还是道德原则，其实际的意义都可以体现为均分土地，在好几个世纪中只是单纯表明需要土地改革而已。

如果我们审视一下那些具体的历史时刻，这一点并不难理解。每次经济即将面临危机时，恢复古代制度的问题就摆在领导者面前，并在朝堂之上引起激烈的讨论。这种经济危机的基本特征体现在以下方面。人口增长和豪强兼并导致农民个体拥有的土地越来越少，无法保持独立，被迫沦为佃农、雇农和大地主的农奴。饥荒、洪水、财政困难以及严重的社会动荡让农民的情况更加恶化。简而言之，面临危机，统治阶级被迫进行
170 改革，限制或者分割大地产。否则，一旦爆发农民起义，不仅自己的土地会被夺走，而且整个王朝都将随之覆灭。

这是社会经济长期发展的过程，各个阶段清楚地反映在西汉（公元前206—公元25年）的土地政策中。公元前2世纪末，一位著名的儒家士人依据先秦的土地分配制度，提出了“限名田”的建言。这个计划从来没有被实现，但是它一直支配着西汉的土地政策。公元前7年，另一个类似的建言被采纳，其内容是把私人土地限制在3000亩的范围内。但是，由于遭到权贵大地主的反对，无法真正实施。当满脑子想着复古的篡位者王莽打算以“王田”为名实施一种更加公平的土地分配政策时，为时已晚。这项改革自公元9年开始，没有产生实效，也无法继续推行，3年后宣告失败。赤眉起义不仅打破了王莽的算盘，也终结了他和西汉的统治。这次巨大的农民起义起到了一种放血的效果，在一定程度上重建了可耕种土地与人口平衡。继而，东汉（公元25—220年）采取温和的限制土地

政策，直至下一轮大危机爆发。黄巾起义重新让中国陷入血雨腥风，把城市和乡村变成残垣断壁，埋葬了拥有土地的大地主和失地农民、统治者与被统治者。

*

汉朝灭亡后，形势发生了深入的变化。一方面，封建制度在某种程度上有所恢复，同时伴随着普遍的社会贫困，这种情况无论在三国的分裂时代（公元 220—280 年）还是在西晋短 171
暂的统一帝国（公元 265—317 年）中都是一样的。另一方面，又存在着大量的未耕地。它们或是因内战和北方胡人入侵而荒废的，或是因地处南方尚未完全被开垦。

只有思考中国中世纪的两个主要问题，即耕地不足和新的大地产的形成，我们才能了解传统上被称为“六朝”或“南北朝”时期的土地法规。这两个问题带来了同一恶果，即逃税。从政府角度看，也就是限制了人力和税收资源。从不同朝代的法规中，我们都会找到同样的双重关注，即如何尽可能地扩大耕地面积并阻止大地主的兼并，以及如何保障农民维持基本的生活以免让他们沦为大地主的荫户。荫户的意思是，农民为了逃避兵役或赋税，变成大地主的佃户或家奴，并向大地主交租纳税。这并不比交给政府的租税轻，有时甚至更重。

我们所知的第一部土地法规颁布于公元 280 年，即西晋统一中国之时。其内容主要有两个方面。首先，它规定了享有正常权力的年龄，也是承担赋税和徭役的年龄：凡16岁至60岁的成年男性每人有权得田50亩，成年女性可得田20亩，青少年和老年人可得田25亩（13—15岁和61—65岁的女性不能分得土地）。这种土地被称为“课田”，意思是以课税为目的所给予的田地。然而，《晋书·食货志》的序言部分含糊地谈到一男一女有权占有70+30=100亩（相当于5公顷土地），被称为“占田”[①]。在此我们可以知道井田制的标准面积是100亩，
172 这是家庭田产的理想面积，可以满足五口之家最低限度的生活。尽管措辞语焉不详，但是从相关背景来看，这个法令的目的就是确保农民实现最低的生活标准，与此同时让国家拥有庞大的税收基础。

法令的第二部分更加重要，其内容涉及特权阶层（即贵族和官吏）。它涵盖一系列措施，用来限制受荫者的数量和贵族大庄园的规模。官吏品级不同，所受限制也不同，大体上田地限制在1000至5000亩之间，在田地上耕种的佃农人数不超过50户，人数约250人。此外，奴仆的数量也有限制。受荫最

① 《晋书》卷二十六《食货志》，Yang Lien-sheng（杨联升）译，“Notes on the economic History of the jin dynasty”, in *Harvard Journal of Asiatic Studies*, 9(1946), 123 seq. et 167-168。

多涉及九族之内，这些人可以免除赋税和徭役。

法令的重点在于限制，这一点有事实可据。我们可知整个东晋时期（公元 317—420 年）都只强调限制大地产的政策，仅仅在数量上有细小的变动而已。但很明显，这个政策只是定义了一个理想化的标准，至多也只是一个模糊的空想，永远无法得到推行，因为官吏本身就是大地主。如果要真正实施该法令的话，首当其冲的受害者就是官吏自己。至于上述授予土地的规定，公元 280 年的法令并未提出任何付诸实施之法，后来人们也不再提及。

的确，公元 280 年后不久就无须再提实施这些法令了。公元 4 世纪初，西晋深陷血腥内讧，中国北方也受胡人入侵，因此，朝廷和贵族都迁至长江以南，在南京建立起东晋王朝。当时，长江以南的原住民几乎都是敌意十足的未开化之人。这个地方类似于美国极西之地，等待着被征服与移民。因此，限制土地所有权不再具有任何经济意义。剩下的事情就是围绕皇权 **173**
的政治斗争，皇帝为了维持自己的特权开始限制分封亲王之间的恶性竞争。同时，朝廷最关心的是如何制止大地主侵占官府征收赋税之田，而不是将土地分配给农民。历史资料只是偶尔提及土地问题。仅有的几个例子也只能表现官府政策的自相矛盾和软弱。例如，公元 518 年，梁朝（南朝之一）出台了一项政令，允许逃亡归来的纳税者免交三年赋税，并给一无所有者分配官田和官宅。公元 541 年颁发的另一道诏书又说，“豪家富室多占取公田”，因此要禁止这种侵占行为，可是其中又说：“已假者特听不追，其若富室给贫民种粮共营作者，不在禁例。”[①] 然而，当时有一位权贵屡用诡计把欠债者从其抵押的田地上赶走。恰巧，他是梁武帝的亲兄弟。因此，我们有理由质疑史书所记禁令的效力[②]。此外，我们还记得六朝留下来的一些契约也证实了土地的自由买卖。这些文书是用来买卖坟地，并与死者陪葬（这就是它们得以保留下来的原因）。无论这些契约是否真实，都可得出以下结论，即农民转让土地并未真正受到法律的制约[③]。

（二）

中国北方受胡人入侵，土地所有权的演变稍有不同。征

174

服者是来自草原的游牧民族，其生活方式、民间习俗与社会组织都与当地居民形成了鲜明的对比。鲜卑人夺取政权后，疲于消化他们吞下的猎物。拓跋氏的首领把精力全部用在以下事

① 《梁书》卷二、卷三。

② 《南史》卷五十一。

③ N. Nida, Documents, etc. (v. la bibliogr.) 我们还可以在马伯乐的《中国土地制度》一书中找到部分文契的翻译。

情：对其他游牧部族发动战争，让其降服；掠夺以增加自己的牛羊；为自己庞大的牧群寻找牧场；最后是减少汉人城市和农村人口，削弱其力量。即使在他们建立北魏政权（公元386—534年）之后很久，这些事情还一直在延续。显然，在英雄创业的初期，征服者认为土地问题完全是次要的问题。

直至公元5世纪中叶，类似过去汉人治下的社会动荡才开始出现。然而，因北朝统治地区的特殊性，豪强侵占土地和穷人逃避赋税之事也显得有所不同，甚至更为复杂。首先，一方面，在牧民与农民、征服者鲜卑人和被征服者汉人之间经常发生激烈的对抗；另一方面，鲜卑贵族与汉族士人的事业越来越趋同，他们与部族贫穷落后的民众如下层战士、牧民和农奴等之间的差别也就日益增大。其次，战争一旦停止，北方的人口问题又开始显现，而且更加迫切。在最为富饶的中原地区如河南、河北、山东等地，人口迅速增长带来了持续的压力。在这些人口过剩的地区，还存在着“狭乡”与“宽乡”之分，“狭乡”人口密集但土地供给不足，而“宽乡”则人口稀少而土地资源充足。

所有这些现象给官府带来了一系列棘手的问题，尤其是在魏孝文帝统治时期（公元471—499年）。魏孝文帝是一位敢作敢为的皇帝，他颁布了一系列改革来推进汉化，如采用汉

文、汉服和汉人的风俗习惯等，以此实现中国民族在各个方面

175 的融合，即使在此过程中会牺牲部族中某些人的特权也在所不惜。也就是在此背景下，我们才能正确看待这位皇帝最著名的土地改革举措，即“均田制”。

在分析这个新的土地法规之前，有必要了解改革发起者李安世在奏疏开头阐明的改革动机。在李安世看来，土地改革[①]是为了不让土地荒废，不让民众闲散。因此，必须要阻止富人垄断和侵占良田，确保穷人能够维持最低生计。他说，目前（公元485—486年），贫苦者无法重新拥有自己的财产，因为他早就卖掉自己的田地，而豪强还可以凭借自己的头衔和社会关系来阻止穷人拿回土地。这样，土地官司就一直拖延不决，土地也就荒废了。于是，李安世提出均田，重新分配大地主手中所有超标的土地。而且，有争议的土地也会判给原来的耕种者。后一条看来暗指新来的占有者和汉族乡绅之间的对立，后者依靠的是自己的资历。

公元485年的诏令几乎原样重复了我上文提及的奏疏中的话，宣布穷人有获得分配土地的优先权，但也允许大量与“均田”原则不同的情况存在。每个男性有权为自己、妻子、子女、

---

① 《魏书》卷五十三。当然，李安世没有使用“土地改革”一词，而是用“井田制”来指代。

奴仆和牛群而持有一定数量的土地。田产有两种，一种是“永业”，可以传给后代或者说永久持有的田产。它是用来种桑树、榆木和果树的田产，魏人又称之“桑田”；另一种是“口分”，是临时分配给个人的田地。这是可耕地，魏人又称之“露田”，意为没有树木和房屋遮挡的裸田。原则上，每位 15 至 70 岁的男性可以分得 20 亩桑田和 40 亩露田，妇女减半。拥有奴婢之 176
人也可以按照人数分得和自由民同等数量的可耕地。最后，拥有牛的人，每头牛可多得 30 亩地，最多不能超过 4 头牛。这个数字常常可以翻倍，有时候在“宽乡”甚至得到三倍的土地，而且都是最好的土地。诏令还允许给新定居的耕种者分配盖房和菜园用地，每个成年人 0.33 亩，奴婢和孩童每人 0.22 亩。被分配田产者死后，或者超过 70 岁后，露田要归还官府，重新拿来分配。每年正月重新分配田地。因此，家庭状况的变化（如去世、到法定年龄、买卖奴婢或牛等）要到下年正月才能生效。

如果我们仔细分析公元 485 年法令的条目，包括均田和限田两个方面，不难看出该法令的出台是为了财政收入。首先，我们可以注意到在正常情况下，具有平均产量之土地的正常情况就是满足成年人最低限度需要的 100 亩这一惯例数字（口分加倍后的 80 亩加上 20 亩作为永业的桑田）。法令的另外两项条目也可发现拉平的趋势。被流放的罪犯和人丁死尽的农户，他们的土地都被没收，重新称为官田。另外，禁止买卖作为永业的土地，然而却允许买卖多出限定数目的土地。这一条目在很大程度上削弱了官府分配计划的效果。但是，官府在分配土地时，可以按照“狭乡”和“宽乡”之分灵活处理。法令规定，土地不足的地方可以按比例减少所分配的土地。在人口过多的村子里，第一步就是不分配作为永业的桑田。如果土地仍然不够，一户中非主要成年人所得的分配土地也会相应减少。

177 公元486年的一条法令更好地表现了立法者对财政的关注。该法令在乡村创立了“三长制”，以整顿税收，防止逃税。“三长”[1]分别是5户、25户和125户之长，负责赋税和徭役，而他们本身则免除赋税和徭役。“三长”很可能还要负责分配土地。无论如何，这项法令与土地法规关系密切。

然而，当时的土地法[2]规定，典型的家庭有父亲、母亲、4个15岁以下的子女、4个从事农业劳动的男奴和4个从事纺织的女奴，总数为14人，此外还有20头牛。把分配给成年人、孩子、奴婢和牛的田地加在一起，总数为465亩，即大约25公顷（这是理论上的数字）。如果我们计算通常可以翻倍的

① 即邻长、里长和党长。——译者注
② 《魏书》卷五十三。

露田，总数可以达到45公顷，这也许可以被看作最大数目。但是，这些数字基本都是理论上的数量，它们之所以让我感兴趣，是为了说明“均田”这一概念的灵活性。更加重要的是史书提及公元485—486年立法时所说的几句话：“魏初不立三长，故民多荫附。荫附者皆无官役，豪强征敛，倍于公赋。”[1]

最后，我们只剩下对魏朝的后继者，特别是对北齐的土地法进行一番快速的审查。这一方面我们的资料非常充足[2]。如果我们排除特权者（即贵族和官吏）通过特殊规定拥有的土地和不受限制的未开垦土地，根据公元564年的土地法分配给普通民众的土地，列表如下（见表8-1）： 178

表 8–1

	露田	桑田	合计
男	80 亩	20 亩	100 亩
女	40 亩		40 亩
家属			
4 头牛	240 亩		240 亩
60 奴婢	4800 亩		4800 亩
合计	5160 亩		5180 亩

① 《魏书》卷一百一十；《资治通鉴》卷一百三十六（公元485年）。
② 参见《隋书·食货志》。

因此，中等农户有权获得 300 亩地，构成情况如下（见表 8-2）：

表 8-2

父亲	100 亩
母亲	40 亩
成年儿子	100 亩
女儿	
其他子女	
一头牛	60 亩
合计	300 亩

北周治下中国西北的数目应该基本相同[①]。

很难说这些法令的实施程度到底如何。我们已经充分强调这些法令所定下的标准。另一方面，我们已经看到，法令允许地方官府在实际分配土地时所具有的弹性。即使一五一十地按照法令行事，在任何地方都不可能每年重新分配所有的土地，而只是分配一年中出现的可分配土地，这些土地占比很小。实际上，不同地方分配土地之法肯定也存在不小的差别，每个地

① 参见白乐日译《隋书·食货志》，24：4b："以户为单位生活的人们可获得田地 140 亩，成年男性可获得田地 100 亩。"

方都会按照本地的传统习惯进行分配，这比皇帝诏令上的总体规划更加符合当地的实情。

所有的土地法都具有三重目的，归根结底都是财政目的：分别是增加耕地面积、阻止大地主的扩张以保护自由农、把土地作为生产之本进行分配。如果我们从当时的一份文献来看[①]，最后这个目的是很难真正实现的。这份文献写于公元577年前后，作者并非官吏，该文因被收入一部政书中从而得以保存。在文中，作者感慨官府把土地分给富户的牛，而不是分给穷户，而且谈到小农出卖和抵押各类土地的情况。作为结论，下文引用这篇控诉中的片段，其中的含义已经非常明显： 179

虽有当年权格时暂施行，争地文案有三十年不了者。此田授受无法者也。……自宣武出猎以来，始以永赐得听买卖，……又河渚山泽有可耕垦肥饶之处，悉是豪势。或借或请，编户之人不得一垄。

① 参见白乐日译《隋书·食货志》，附录三。

参考文献

[1] Balazs Etienne, Etudes sur la société et l'économie de la Chine médiévale. I : Le traité économique de Souei-chou, T'oung Pao, 1953.

[2] Chen Huan-Chang, The Economic Principles of Confucius and his School, 2 vol., New York, Columbia University, 1911.

[3] Maspero Henri, Les régimes fonciers en Chine, Mélanges Posthumes, vol. III : Etudes historique (Paris, 1950), 147-192. (Article paru dans le Recueil de la Société Jean Bodin II (Bruxelles, 1937), 265-314).-Les termes désignant la propriété foncière en Chine. Et. Hist., 193-208 (Recueil de la Société Jean Bodin III (1938), 287-301).

[4] Niida Noboru, Documents of Sale and Purchase of Land during the periods of the Han, Wei and Six Dynasties, Tôhô Gakuhô Tôkyô VIII (1938), 33-101 (en japonais).

[5] Okazaki Fumio, Land Problems in China en Wei, Jin and Nanbei Dynasties, Shinagaku VI (1932), 341-373 (en japonais).

[6] Shida Fudômaro, Die Form des Grundeigentums und die Agrarfrage im Chin Zeitalter, Shigaku Zasshi 43 (1932), I-44, 201-242 (en japonais). 180

[7] Shimizu Taiji, On the Chün-t'ien System of the Northern Wei Dynasty, Tôhô Gakuhô XX (1932), 153-216 (en japonais).

[8] Wang Guo-Ting, The System of Equal Land Allotment in China during Fifth to Eighth Centuries, Jinling Xuebao (Nanking Journal), I(1931), 269-300 (en chinois).

[9] Yang Lien-Sheng, Notes on the Economic History of the Chin Dynasty, Harvard Journal of Asiatic Studies IX (1946), 107-185.

第 9 章　公元 4 至 14 世纪的中国土地制度[①]

（一）

181 在农业社会中，土地问题非常重要，也是中国长期以来面临的问题。广大人民群众和少数统治阶级的安宁、政府的命运，甚至一个个王朝的兴衰都取决于土地问题的解决。

汉朝（公元前 206—公元 220 年）统治了整个中国，但始终未能成功地控制大地产的规模。晋朝（公元 265—420 年）限制大地产的尝试也没有取得更好的成效，后来被胡人入侵中断。300 年里将中国分为南北朝的民族灾难对土地问题的影响非常深刻。连年混战带来的全面破坏与人口骤减，即使其程度

① 文章系受《世界史手册》第三卷的主编格鲁塞教授（R. Grousset）热情邀约而作。本文最终刊载于该刊第 1 卷第 3 期，1954 年 1 月。

经常被夸大，也没有很好地缓解人口的压力。在胡人统治下的北方和汉人统治下的南方，土地问题也有所不同。南方是尚未充分开发的广阔领土，存在大量未开垦的土地。在南方，少数汉族移民者居住在分散的原住民当中；而在北方，在胡人士兵、牧民和游牧者统治下的黄河流域，密集聚居着从事农耕的汉人。很明显，南北之间的差异并不像这里说得如此分明。之所以强调这种不同，是为了理解为什么开创了“土地法规之时代”的是北朝。 182

北魏（拓跋氏建立的王朝）著名的土地改革被称为“均田”，是魏孝文帝实施的一系列改革之一，其目的是将通过征服而建立的国家明确地置于汉人的基础之上。均田法令颁布于公元485—486年，主要目的是保护农民免受地主的侵犯，因为在拓跋氏巩固了统治之后，大地主们开始侵占大地产成为新的危险。当然，该法令还有整顿税收的目的，为国库提供更大的税收基础。扩张领土战争的结束、部族贵族的汉化、汉族旧士人影响力的日益增长，这些因素再次催生了“均田”的理想。土地改革分给每户一定数量的永久田产，此外还分给每人一份可耕地，到了规定年龄后再归还给官府。改革措施很有弹性，考虑到了地方的实际情况。这次改革还区分了有牛户和无牛户，也承认了特权者（即贵族和官吏）的特殊地位。由于法令本身允许相当大的差异，它也只能被视为基本标准。事实上，到公元5世纪末期，立法者已经不再追求乌托邦式的平均了。但是，公元485年法令的条款为后世的立法提供了榜样。直至今日，“均田”等词汇仍具有影响力。因此，孝文帝颁布法令的名声要远大于它的实效。

在北魏之后的北朝是北齐（公元550—577年）和北周（公元557—581年），他们继续推行分配土地的政策。当时保存下来的文献很少，它们表明，即使按规定不能转让、只能传给子孙的永久田产有时也会换了主人；不久，甚至分配给个人的口分田也可以交换、抵押或出售。这个曾经侵蚀中世纪所有
183 土地法规的过程很可能从立法之初就开始了。在讨论这一过程的原因和形态之前，我们要指出重要的事实：在隋朝重新统一中国之时，成年农民几乎很难分得20亩田地，至少在“狭乡”是这样的。

（二）

分配闲置土地是中世纪遗留下来的。唐朝初期也延续了这一措施。每个成年农民原则上可以分得100亩土地（大约5.5公顷）：一份80亩的口分田和一份20亩的永业田，其中口分田只具有用益权。妻子、青少年、寡妇、残疾人和老人分得的

土地会少一些。当土地持有者去世或年满 60 岁后，口分田原则上要归公，并再次用于分配；永业田则可以传给子孙。每户农民还可以得到 1 亩额外的土地，用来建房和种菜。

唐朝与北魏及其后继王朝相似，按该法分配土地只能在土地充足的地方实施，也就是说在有荒地的地方。然而，这些地方要么尚未开垦，要么土地荒芜，要么位于人烟稀少的边远地带。每个村庄都由村长编制户籍，每年各户自己申报登记应授田数和实授田数。户籍成为确定税收和人口的依据。在敦煌发现的户籍残卷充分说明，在行政的具体实践上，唐朝比其前代进步了很多。但是，这些残卷也证明分配田地也并非完全属 **184**
实。我们发现，按照法令，七口之户应该分得口水田 453 亩，但是实际得到的只有五分之一。还有一例，父子二人都是勋官“上柱国”，总共应分得田地 6153 亩，实际上只有 243 亩，其中的 14 亩还是自己购买所得[①]。

暂时把贵族封地和特权官员等例外情况留到下文再叙。这里，如果我们把均田法的标准与税收体系（它与土地法密切关联）联系起来，它的性质就很明显了。直到公元 8 世纪，租庸

---

① 参见马伯乐:《土地制度》(法文版)，第 168 页；王国维:《观堂集林》(1923 年版)，21: 9a-11a。

调税制[①]和农民募兵制紧密相连，它们都是理论上平均田地的前提。在唐朝，农民士兵是军事力量的基础。出于政治、军事和财政方面的原因，朝廷希望有尽可能多的土地得以耕种，同时尽可能地阻止形成大地产，因为前朝之鉴表明大地主总是能够逃避义务，同时还可以让穷苦农民躲避增加的赋税。为了寻求大地主的保护，这些贫苦的农民沦为地主的荫附、奴婢、佃户或雇工。唐朝最高统治者推行均田制的目的是维护国家的利益，因为保证农民最低限度的生活就能让农民缴纳赋税并且履行兵役。

但是，把税赋分成九等，这让权利和义务保持平等的原理变得不再现实。而且，由于财富分配越来越不平均，权利和义务的平等就不再有实际意义。官吏和其他特权者所得到的特权，让土地法规中的种种限制措施在均田制彻底被废弃之前很
185 久就已经失效。法令中这些特殊条款进一步促进了私有大地产的形成。

官吏按照品级，可以分得永业田，数量从 200 亩至 6000 亩不等。此外，官吏还享有只有收益权的职分田，数量从 200 亩至 1200 亩不等。除此之外，还有公廨田。这种田产属于官

① 租庸调制是唐朝实行的赋税制度，它主要有土地税、征收实物或者为政府服役。——译者注

署，而且官署等级不同，公廨田也从 100 亩至 4000 亩不等。官吏无法亲自耕种田地，所以得把田地租给佃户，或者由雇农耕种。寺庙也是如此。许多大地主将土地赠给寺庙，所以寺庙也拥有大量的田产，同时享有免税的特权。这种让官吏被迫间接耕种土地的方法，很快扩大至其他种类的私有田产，这是因为官员的身份是获取地产的主要途径。而且，官员的亲属、退休的官员以及官员的后代（或者自称是官员后代之人）都把自己的财富用来购买田产。这些特权者也不用缴纳租税和承担徭役。公元 754 年，在安史之乱前夕，全国承担税赋和徭役的人口只有 766.28 万人左右，占总人口 52880488 的 14.5% 左右。

与特权者的特殊地位相比，上述数字反映的社会经济实际发展水平更为重要。中世纪的典型现象又死灰复燃：陷入债务的小农无法缴纳赋税，转而寻找豪强的保护，沦为大地主的佃户或奴婢。无论小农做出这种选择是否自愿，但是其根源都是官府的赋税太重，各类徭役频繁，合法与非法的苛捐杂税让普通农民无法承受，税官的压迫和高利贷者的逼迫太过沉重。自公元 7 世纪末开始，陆续有人指出自由农民已经消失了。农民 186
为了逃税而走上逃亡之路，这产生了越来越严重的影响。那些仍然留在村子里的人负担就更重了，他们还要承担逃亡者的赋税。在和平年代，行政与军事带来的负担已经很重。在战争和内乱时期，政府面临额外的支出，局势更加危急。即使朝廷想维持法令的一纸空文，也是难上加难。

公元8世纪中叶至8世纪末，唐朝陷入了种种危机，困难更加沉重。下面是两份当时的文献，其中所展现的情况比任何精明的分析都更加犀利。公元752年，皇帝颁布的一份诏书中说：

闻王公百官及富豪之家，比置庄田，恣行吞并，莫惧章程。借荒者皆有熟田，因之侵夺。置牧者惟指山谷，不限多少。爰及口分永业，违法卖买，或改籍书，或云典贴，致令百姓无处安置，乃别停客户，使其佃食。既夺居人之业，实生浮惰之端。远近皆然，因循亦久。不有厘革，为弊虑深。[①]

30年后，公元780年，朝廷推行的著名财政改革证实了权利与义务平均原则的失败。在这一原则的虚伪性被暴露出来后，当时一位伟大的作家对佃农生活的困苦描述如下：

大乏则卖鬻田庐。幸逢有年，才偿逋债。敛获始毕，糇粮已空。执契担囊，行复贷假。重重计息，食每不充。倘遇

① 《禁官夺百姓口分永业田诏》，载《全唐文》卷三十三。

荐饥，遂至颠沛。室家相弃，骨肉分离。乞为奴仆，犹莫之售……富者兼地数万亩，贫者无容足之居。依托强豪，以为私属。贷其种食，赁其田庐。终年服劳，无日休息。罄输所假，常患不充。有田之家，坐食租税。贫富悬绝，乃至于斯。厚敛促征，皆甚公赋。今京畿之内，每田一亩，官税五升，而私家收租，殆有亩至一石者，是二十倍于官税也。降及中等，租犹半之，是十倍于官税也。[①] 187

之后，“安史之乱”爆发的内战终于让均田法彻底破产。从8世纪末起，我们看到另一种土地所有制的发展。

（三）

这种新的土地制度是庄田。庄田最初零星出现，并渐渐地被接受。从唐末至整个宋代，庄田成为中国主要的土地所有方式。

庄田最初是权贵在乡下的住宅，被称作“别墅”或“别业”。它后来发展成田产，整体上包括主人之宅（即“庄园”）、佃户之舍（即“客房”）、田地和菜园（即“田园”）等。田园主要由庄客或庄户来耕种，也可以由佃农或佃户打 188

① 陆贽：《陆宣公全集》卷二十二，《中书奏议》六。

理。主人往往都是官吏，因此得以免除赋税。这些官吏并不会长住于此，庄田一般交给雇佣的管家（即庄吏或监庄）管理，至少在大型庄田中如此。管家负责监督雇农。如果田地过于分散，分别租给不同的佃户，那么管家也负责管理为数众多的佃户。这位管家要负责全部的农业活动，催收租税、出售稻谷、打理整个产业等。另外，管家还可能会从流民中招募庄民。这些流民不在户籍之中，没有土地，不交租税，也不用服兵役和徭役。这些庄田以主人之姓氏或官职命名，有时它们也以所在地命名。通常，它们被视为一个整体单位。在出售或者继承时，会连同牲口、器物和佃户一起交到新主人的手中。宋朝有许多村庄和小镇原本就是庄田。

很难说佃农和雇农用独立来获取保障的做法是否真的值得他们失去自由。或者说，他们的命运是否比在属于自己的小块土地上耕种的自由农民更好。交给主人的地租（即"庄租"）通常是收成的一半，平均每亩上交 1.2 石粮食。这比交给政府的赋税要多好几倍，另外还有其他的封建义务。加藤是对庄田了解得最好的专家，他承认自由民劳动与农奴劳动的生产率最终分别取决于官府与庄主给予的优待；他认为，从公元 10 世纪起人口与耕地面积不断增加，这证明了大庄园制更有优势[①]。从宋朝农业总产量和朝廷收入高于唐朝来看，这种看法也许是正确的。但是，如果要追问实现这一经济发展所付出的代价，景象就完全不同。 189

因为，如果我们相信时人提供的证据，那么宋朝时农奴和农民的处境都同样恶劣。下文是公元 11 世纪一位著名作家对农奴处境的描写：

田非耕者之所有，而有田者不耕也……募召浮客，分耕其中，鞭笞驱役，视以奴仆。安坐四顾，指麾于其间……而田之所入，己得其半，耕者得其半。有田者一人，而耕者十人。是以田主日累其半以至于富强，耕者日食其半以至于穷饿而无告。[②]

著名的历史学家、保守派宰相司马光谈及农民时，言辞如下：

而又水旱、霜雹、蝗蜮间为之灾，幸而收成，公私之债，交争互夺。谷未离场，帛未下机，已非己有，所食者糠籺而不足，所衣者绨褐而不完。直以世服田亩，不知舍此之外有何可

① Katô, Organization of the Zhuangyuan, 244-245 et 256.

② 苏洵：《嘉祐集》卷五。

生之路耳。[1]

还有两种特殊形式的大田产，其本质还是与私产一样，值得关注。在唐朝，这两种田产的重要性越来越大，它们是寺田和官庄。

190 佛寺（道观的程度更小）发挥着非常重要的经济功能，这主要是因为僧侣的特权地位以及他们的声望和良好的组织。伴随着私人捐赠的增加与官府的宽容，佛寺的财富和权势越来越大。寺庙是安全之地，因此，常常成为富人的代理人和穷人的避难所。至于“庇护”，农民更愿意找寺庙而不是地主。为了躲避赋税、徭役和兵役，他们把自己的小块土地捐献给寺庙，然后成为寺庙的佃户、杂役或雇工。而寺庙甚至因自己过大的权势而引起朝廷的敌意。但是，屡次灭佛的举措都没能彻底改变这种情况。公元 845 年，朝廷废寺 4600 座，还俗僧侣 26.5 万，释放奴仆 15 万人，并将他们作为纳税者编入农民户籍。公元 955 年，朝廷又废寺 30336 座。然而，一个世纪后（即公元 1034 年），统计得出的僧人数量达 9 万人左右，道士数量达 2 万人左右。从这些数字可以想象寺庙的田产规模。当时的方

① 《宋史》卷一百七十三。

志有时也会较精确地比较寺庙与私人拥有的田产。例如，南宋时福州、泰州、宁波等地，私人田产平均每户 14 至 16 亩，而寺庙田产平均每人 50 至 60 亩。

官府拥有土地（公田、官田更确切地说是属于官府、官吏的土地）始于唐朝的屯田制。这些土地通常是边远地区的荒废之地或闲置之地，受朝廷管理，由士兵耕种，像佃户一样只交租不纳税。公元 12 和 13 世纪，由于寺庙的土地经常被官府没收，所以官田不断增加。这在当时被外族征服的北方尤其明显，在南宋统治的南方则相对较少。朝廷仿照私人大田产耕种的官田，得到的地租就比征收的赋税更多。例如，金人统治下（公元 1215 年前后）的河南，官府将 2400 万亩公田租给佃农，每亩可以收租 6.5 升粮食，而征税只有 5.3 升[①]。

作为征服者之契丹人（辽朝）、女真人（金朝）和蒙古人 **191**
（元朝）的土地政策特点是普遍采用上述宋朝大地主把土地租给佃农的方式，同时寺庙和官府的田产也有所增加。但是在北方也出现了一些特殊情况，它们即使不影响整体的土地制度，但是至少也影响了特权者的地位。这些情况即部落贵族的特权

① 《金史》卷四十七。

与对有功战士的特殊照顾；对僧侣和道士的优待[1]；奴隶劳动力数量更多。

我们有一份公元 1183 年的珍贵统计材料，它只介绍了金朝的人口：当时，金朝居民人口达 4500 万，其中汉人占 85%，女真人占 15%。这份材料得以区分三种不同的田产，即农民的田地、大贵族私有的大地产和官府地产[2]（参见表 9-1）。

表 9-1

	部族	贵族	军事屯田
户数	615624	170	5585
人口	6158636	28790	137544
正口	4812669（78.2%）	982（3.4%）	119462（86.9%）
奴婢口	1345967（21.8%）	27808（96.6%）	18081（13.1%）
亩数	169038000	368375	4602417
牛数	1154313	912	15198
平均每户			
亩数	275	2166.9	824
奴婢数	2.2	163	3.3
牛数	1.8	5.3	2.7

① 关于辽朝，参见 Wittfogel-Feng, *Liao*, 124-125, 137, 139；关于金朝，参见马伯乐:《土地制度》(法文版)，第 181 页；关于元朝，参见 Ratchnevsky, "Un Code des Yuan", LXViii et LXXi ss., et Meng Ssu-ming, *Social Classes in China under the Yuan Dynasty*, 130 ss。

② 《金史》卷四十六；马伯乐《土地制度》一书误将这份部落人口统计数当作全部人口数。

此外，这份材料很好地展现了奴隶劳动力所发挥的重要作用，尤其对于那些私有大地产而言。普通的女真家庭都拥有大量的奴隶，这说明部落具有特权地位。

在蒙古帝国的统治下，奴隶与自由农民之间的区别比前朝更加模糊不清。北方奴隶人数比南方多，而南方佃农人数比北 192 方多，但是他们的处境相差无几。相对而言，官田上耕作的佃农条件最好，他们每亩交租 1.5 至 3 斗不等（自由农民的法定地租是该数的十分之一）。但是算上官吏的勒索、转租或出让，官田佃农的实际情况并不比私田上的佃农好多少。耕种私田或职田的佃农则不论年成好坏，每亩交租 3 斗，还得加上徭役和其他对主人应尽的义务。境遇最糟糕的是在富裕佃农手上租种土地的雇农，他们在监督之下劳动，而且像唐宋时期一样只能分得一半收成。公元 1285 年、1304 年和 1354 年的诏令反复要求私田减租 20%，这也反映出这些诏令毫无效果。

佃农和雇农在理论上是自由的，但实际上则受地主摆布。他们像奴隶一样被买卖，个人生活也依附于主人，经常受到惩罚，在法律面前也毫无权利可言。公元 1302 年的一份报告中说：

江南佃民，多无己产，皆于富豪佃种田土。亡宋以前主户杀佃户，视若草芥。自归附以来，少革前弊。[1]

193 我们当下拥有的涉及土地所有权演变的材料仍然非常欠缺，因此，只有充分地比较正史、个人著述和较少利用的碑文等不同文献，才能弥补材料缺乏的问题。然而，关于这篇简短的文章，我们可以总结说，已经完成的研究可以得出两个明确的结论。第一，中世纪具有理想性质的均田令从 8 世纪中叶就开始崩溃。第二，从那时就开始占据主导地位的大地产，通常是把土地分成小块，然而再租给佃农耕种。这种土地所有权和耕种形式对此后至现代的土地所有权演变来说都是极其关键的。

① 《元典章·户部五》。

参考文献

[1] Sadao Aoyama, Historical Materials of Social and Economical Studies in the Geographical Monographs of the Sung and Yhan period, Tôyô Gakuhô 25(1938),281-297(en japonais).

[2] Etienne Balazs, Etudes sur la société et l'économie de la Chine médiévale, I : Le traité économique du Souei=chou, T'oung Pao, 1953 ; Beitraege zur Wirtschaftsgeschichte der T'ang-Zeit (618-906), Mitt. des Semin., für Oriental. Sprach. (Berlin) 34-36 (1931-1933).

[3] Hans Bielenstein, The Census of China during the period 2-742 A.D., Bull. Mus. Far East. Antiq. (Stockholm) 19(1947), 125-163.

[4] Huan-Chang Chen, The Economic Principles of Confucius and his School, 2 vol., Columbia University, New York, 1911.

[5] Wolfram Eberhard, Das Toba-Reiche Nordchinas, Leyde, 1949.

[6] Shigeshi Katô, Origin and Organization of the Chuang-yüan during the T'ang Dynasty, Tôyô Gakuhô 7(1917), 315-

338; Organization of the Chuang-yhan or Manors during T'ang ans Sung and their Development into Communities, Mélanges Kano(Kyôtô), 1928; On the Redemption of Mortgaged Property under the T'ang Dynasty, Tôyô Gakuhô 12(1922), 80-89; 这些文章以日文的形式再次刊载于 Studies in Chinese Economic History(Tôkyô, 1952), 208-230, 231-260, 283-293。

[7] Henri Maspero, Les régimes fonciers en Chine, Mélanges Posthumes, vol. III : Etudes historiques (Paris, 1950), 147-192. [Articles paru dans le Recueil de la Soc. Jean Bodin 2 (Bruxelles, 1937), 265-314]. – Les termes désignant la propriété foncière en Chine, ibid, 193-208 [Rec. de la Soc. J. Bodin 3(1938), 287-301].

[8] Henri Maspero et Jean Escarra, Les Institutions de la Chine, Paris, 1952.

[9] Meng Ssu-Ming, Social Classes in China under the Yuan Dynasty(Yen-ching Monograph Series, n. 16), Peiping, 1938 (en chinois).

[10] Noboru Niida, Documents of Sale and Purchase of Land during the periods of the Han, Wei and Six Dynasties, Tôyô Gakuhô(Tôkyô) 8 (1938), 33-101 (en japonais).

[11] Fumio Okazaki, Land Problems in North China in Wei, Chin and Nan Pei Dynasties, Shinagaku 6 (1932), (en japonais), 341-373. 194

[12] Fudômaro Shida, Die Form des Grundeigentums und die Agrarfrage im Chin Zeitalter, Shigaku zasshi 43 (1932), I-44, 201-242 (en japonais).

[13] Taiji Shimizu, On The juntian System of the Northern Wei Dynasty, Tôyô Gakuhô 20 (1932), 153-216 (en japonais).

[14] Tao Xisheng et Jin Qingyuan, Tangdai jingji shi, Changhai, 1936.

[15] Wang Kuo Ting, The System of Equal Land Allotment in China during Fifth to Eighth Centuries, Jinling Xuebao (Nanking Journal) I (1931), 269-300 (en chinois).

[16] Wittfogel Karl A. et Feng Chia-Sheng, History of Chinese Society, Liao (907-1125), (Philadelphie, 1949).

[17] Yang Lien-Sheng, Notes on the Economic History of the Chin Dynasty, Harvard Journal of Asiatic Studies 9 (1946), 107-184.

第 10 章　中国的集市[1]

195 在研究中国的集市之前，首先有必要谈谈比较研究中国的制度时可能会遇到的困难。这里存在着两种困难。第一种困难是，西方的汉学家对中国的社会与经济几乎毫不感兴趣。直至不久前，他们还是重点关注中国的语言、宗教、哲学和文学。在历史领域，他们对中国内部发展的节奏与方向不感兴趣，而是研究一些外部问题，关注中国对外关系中那些有趣的问题。这也许是因为这些汉学家自身是外国人，所以才如此关心中国与异族之间的关系。从中国的角度看，一个世纪前突然面对适应现代的需求，这主导了中国学术和物质经济的发展。中国自己的学者于是被迫放弃研究本国的事情，竭尽全力学习西方入侵者的新思想、新技术和新制度。只有到近 30 年，中国学者

---

① 本文原载于 *Recueils de la Société Jean Bodin*, V, 1953。

接受了欧洲现代思想与研究方法的熏陶后，才意识到要整理长达三四千年之东方社会历史的巨大任务。

从语言上来看，中国学者比西方同行更加适合承担这一 196
任务，但是他们也遇到了同样的困难。也就是这里的第二种困难，比第一种更加严重，因为它与我们将要研究的社会之性质息息相关。这种困难也是中国社会的一个突出特点，即存在着一个士大夫阶级。自公元前 3 世纪末秦始皇建立帝国时起，这个阶级就是官僚国家的化身。它不仅控制着社会生活的各个方面，而且深深地影响了整个文化传统，尤其体现在编修历史方面。官史是由士大夫撰写的成文史。这些人具有丰富的政治经验，面对普通民众时他们非常谨慎，甚至怀有敌意。因此，中国古代历史典籍很少谈论被统治阶级如农民、手艺人和商人等，除非涉及他们与朝廷之间的关系。即使无法避开不谈这种关系，也只是寥寥数语而已。经商在中国的传统中被认为会妨碍公众的利益，因此商业被看作不体面、无用甚至有害的行业，是催生奢侈、寄生与高利贷的源头。很显然，中国具有高度发展的文明。在这样一个大国中，不可能没有商业和手工业，至少它们与上层阶级的生活方式联系紧密。官府默许商业与高利贷的存在，甚至竭力试图控制它们，利用它们来谋取利益。然而，史书从未指出这一点，即使偶有涉及也是谴责商业与高利贷。因此，关于商业活动的描写都是通过间接方式展现出来的，如在道德说教中、官员与商人就商业竞争展开的辩论中、在朝廷的行政措施中或者从权贵的本传中（往往是碰巧遇到对该人物有帮助的某位商人）等才会有只言片语。私人的记录很少能够保存下来，没有留下任何证据。这反映了商业资产
197 阶级和手工业者无法从专制的朝廷中争得一星半点的权力，更不可能拥有自主权。这种自主权对西方资产阶级的发展历程起到了决定性的作用。

尽管我们对中国的制度了解得并不充分，但不能因此而忽略研究这些制度的演变。而且，我们更得充分利用现有的所有材料，以弥补文献上的欠缺。

中国人的世界里曾经有过集市吗？这个问题很难回答。汉语中没有专门的术语来区分市场与集市[①]。中国最古老的经典之一《易经》的注释中，认为传说中的帝王神农氏建立了市。“日中为市，致天下之民，聚天下之货，交易而退，各得

① 主要的表达有：“市”，市场；“集”，聚集；“丘”，本义是山丘，后来也可以指市场、集市；“会”，相遇。此外还有这些汉字的组合，如市集、集市等。和西方“集市”之意最接近的词是“会”。尤其是“庙会”，其意为某个固定的日子在寺庙前集会，赶集。这个日子通常是一个节日，每年一次或两次。这些每年一次的集市就是“年市”，在清代（公元1644—1911年）也被称为“会场”或“廊会”。浙江与江苏交界的南浔镇举办的“蚕花庙会”就是其中一例。

其所”[①]。我之所以引用这句语意含糊的话，仅仅是因为这句话在现代的一本汉语词典中用来证明古代存在着“既定时刻在某地的临时市场”。依据我接下来论述的理由，我认为大概在中世纪，即帝国分裂、五胡入侵之时，我们才发现类似西方中世纪市场的制度。官方史书《隋书·食货志》为研究中世纪中国 198
的制度提供了最重要的资料，以下是其中对东晋商业活动的描写：

> 凡货卖奴婢马牛田宅，有文券，率钱一万，输估四百入官，卖者三百，买者一百。无文券者，随物所堪，亦百分收四，名为散估……以此人竞商贩，不为田业，故使均输，欲为惩劝。虽以此为辞，其实利在侵削也。又都西有石头津，东有方山津，各置津主一人，贼曹一人，直水五人，以检查禁物及亡叛者。其荻炭鱼薪之类过津者，并十分税一以入官……淮水北有大市百余，小市十余所。大市备置官司，税敛既重，时甚苦之。[②]

显然，这条信息过于简单。我们很难凭此判断这些“大

---

① 《周易·系辞》。
② 《隋书》卷二十四。

市”是集市或地方性的市场。幸运的是，我们找到了一本私人著作[①]来弥补上述官史的不足。这本书写于公元547年，主要内容记录了胡人建立的王朝北魏都城洛阳的佛寺，里面提供了比较确切的信息。书中提到洛阳的大市，周长八里，位于京郊，以“里”为街区单位，聚集着商人和手工业者。在大市里，每个行会或行业都有自己的区域，每个行业的货栈、
199 店铺和摊位之间形成街道。该市东边的两个街区分别是“通商里”和“达货里”，里面聚居的都是富商。市南是娱乐之所，主要是酒楼、饭馆、妓院等。西边是酿酒业，里面是酿酒的酒窖和卖酒的店铺。“慈孝里”和“寿终里”这两个名字很文雅，其实却是毫无诗意的棺材铺和殡葬业的聚居区。最后还有“金肆里”和“准财里”，里面也许住的是金匠、珠宝匠和兑换货币的商人。至此不过是一个普通市场的描写，该市场的功能依旧是为京城内外提供各种物资和服务。这本书感慨万分地讲述了市场里累积的财富、热闹的活动、琳琅的百货以及富商豪华的住宅等。但是，如果我们进一步细读该书，就能发现有一个段落隐约地谈及了真正的集市。在京城的另一个地方，街道两旁建有类似大使馆的“四夷馆”，周围

① 《洛阳伽蓝记》。

有四个“里”，供各国侨民居住。这些“里”的名字具有一种象征意义，如“归正里”“归德里”。这表明，尽管拓跋氏的北魏把邻国视为蛮夷，但是其实是来自南方的汉人和边境部族的使节。在该书作者看来，这些街区里至少有1万户人家。他说，有“不可胜数”的外国人、胡人商贩和旅客来中国居住，于是便在洛水之南专门为这些人设立一市，叫作“四通市”。这实际上是一个国际市场或集市。这些专门设置的市场也许是按照国别划分聚居的，各个方面都完全不输给“大市”。6个世纪之后，另一份私人著述中说宋朝京城中的相国 200
寺每月向商贩开放5次，商人按照行业的不同聚集在该寺宽阔的拱廊之上做买卖。这个荫凉的市场在当时被称为“万姓交易”[1]之所。

重新一统中国的唐朝在经济上的特点是国家管制。当时最大的问题是如何供给宫廷、百官、京师乃至中原腹地。为了解决这个问题，诞生了一种精细的官僚组织方式和一种混合制经济。这种经济中的私营部分总是在一定程度上受到国家的控制，至少朝廷垄断了盐铁的生产和贸易。其他的主要商品如粮食和布匹则通过复杂的网络运输至京城。这一运输

① 孟元老：《东京梦华录》。

网络也是掌握在官府的手中，因为漕运、运河、谷仓等都由朝廷控制。每个州和每个人口达 3000 户（大约 15000 人）的县都可以设置市，由一位市令监督。而长安、洛阳这样的大城市可以设置好几个市，每个市令下辖一个副手、一个书吏和若干登记员与监督员。每家店铺都得有招牌。市场由若干街区组成，每个街区里是同行商人的店铺或同业手艺人的货摊。以前，这些街区被称为“棚”“街”或“行”。从公元 7 世纪以来，通称为“行”，其中孕育了早期的行会组织。由于商业日益繁荣，官府被迫允许商人在市场之外的独立街区发展，这些街区的商人依旧保留他们迁移之前所属行会的身份。至公元 8 世纪初，“行”就逐渐具备了后来所具有的行会或法
201 人性质。这些行会组织的功能证明它们的诞生离不开官府的支持和商业的发展。商人认为组成行会能够更好地保护自己的利益，而官府认为依靠行会能更好地让自己的要求得到实现。因为行会有行头，所以控制行头就可以控制整个行会，控制了行会也就可以控制所有商人。官府与大批发商之间也保持着密切的合作关系。得到官府的许可后，大批发商可以有权经营一两种国家垄断的物资。这也表明这些大批发商在行会组织中占据着统治地位。这样，有些行会逐渐得到特权，而行会组织也表现出垄断的色彩。3.3% 的商业税相对较轻，

但是各式各样的苛捐杂税就苦不堪言了。当朝廷财政筹措军饷遇到困难时，就会千方百计开拓各种强制的临时税和借款，这些负担就变得难以承受了。“供军”赋税常常就是征用和充公的同义词，数额相当于商人资本的五分之一甚至四分之一。除了这些多如牛毛但多少还算合法的征收外，还有数不清的勒索、回扣、小费等。大小官吏们都会索要这些，名目繁多，他们毫无节制，而且随意专断。

在唐代，中国的内外贸易十分兴盛。但是所有关于这个朝代经济生活的文字[①]里几乎找不到关于集市的内容。纵然缺乏足够资料的情况是大量存在的，但是我认为真实的原因并非如此。一个中央集权的国家几乎控制了人民和财富的一切活动，既然它庞大的官僚机器有种种办法随意操控，那么 **202**
它是否还有兴趣去推动甚至容忍商人和粮食周期性的聚集呢？由于掌握上千种强制的方式去控制商人和运输粮食，所以它对任何独立或自由事业的苗头都抱有怀疑态度甚至敌

① 参看 R. Des Rotours, Traité des fonctionnaires (Leyde, 1947-8), 434-440 et 717; S. Katô, *On the Hang or Associatons of Merchants in China*, Memoirs of the Tôyô Bunkô, Tôkyô (en anglais), 8 (1936), 45-83 ; E. Balazs, Beitrage zur Wirtshaftsgeschichte der T'ang-zeit, MSOS 1931-1933, et Les Institutions de la Chine jusqu'en 1400. (Hist. gén. Glotz, T.X, 2e partie.)。

意[1]。这就是为什么我们反而能在多国争夺中国之统治权的时期发现集市，如战国（公元前5世纪至公元前3世纪）、中世纪（公元3世纪至6世纪）、宋代（公元960—1279年）。在这些时代，中国北方先后被胡人，如契丹（辽朝，公元907—1125年）、女真（金朝，公元1115—1234年）和蒙古（元朝，公元1206—1368年）所征服。尽管如此，在敌国边境上设置的“互市”（它只能以集市的方式存在）仍然受到国家垄断对外贸易的固有桎梏。

在此仅以马市来证明上述问题。汉人地区由于畜牧业不发达，所以军队需要的马匹得从外族购买。通常，马匹的供应者是西北边境的游牧民族，如吐蕃、回纥、党项等。马匹贸易的中心在今天甘肃省的东南地区。宋朝惯常的做法是购买“券马”。这种方式是由国家提供粮食饲料，直至马队从边境到达

---

① 这些限制是非常明显的，如唐朝的法令就严格限制“互市”上与北方胡人的贸易。参见 N. Niida, *Tô-ryô shû-i* (Tôkyô, 1933), p.715 cf. Tao et Jiu, op. cit., p. 93 et Katô, op. cit., p. 356。

四川曾是中国最发达、自治程度最高的省份。自唐代起，这里每年都有很多集市，如药市、蚕市（其实是春天的农业集市）等。然而，这些集市都是逢年过节在佛寺和道观旁发展起来的，很快就引起了官府的猜疑。日本学者加藤指出，公元1010年曾有官员打算禁止药市（op. cit., p373）。在宋代，四川的一个集市开始被当地官府征税。河南恒山的一个集市在官府的支持下快速发展，以至于官府专门设置了一个管理机构：参见范成大（公元1126—1193年）的游记《吴船录》（公元1177年）和《骖鸾录》（公元1172年）。

京城开封。然后，再由官员安排分给外省的军队。在这种情况下，国家先按每匹马 1000 贯铜钱的标准预付定金，剩余的费用到达京城后再付清。另一种做法是在产地直接即时买马。马 203
匹的产地是指定的、分布在边境线上的汉地或胡地。这种方式购买的马匹可以先送至京师，也可以直接送往军队。朝廷有优先购买权：在官府挑选之前，吐蕃马禁止贩卖给私人。但是，私人也不会放弃这种利润丰厚的生意，四川邻省的商人积极地从事着贩马生意。[1]

出于一些重要的政治因素，朝廷控制着外贸领域，例如武器交易与货币流失同国防联系密切。此外，外贸还是税收的重要来源。宋代的海上贸易不断增长，范围从日本、南亚（印度支那、马来西亚和印度）直到近东和非洲。曾经数量最大也最为活跃的阿拉伯商船，如今遇到中国帆船的有力竞争，但是很快就被后者打败。用来进行外贸的货物与唐代相同：中国出口的是纺织品、瓷器、茶叶、硬币、贵金属、铅、锡等；中国进口的是熏香、香料、佐料、珍珠、象牙、珊瑚、琥珀、贝壳、玛瑙、水晶等。贸易发展最明显的标志是继唐代在广州设置“市舶司”之后，又在福建泉州、浙江宁波和杭州以及今天的

---

① 《宋史》卷一百九十八。

山东胶州设立了四个市舶司。市舶司提举既是海关监察、税务官员，又是管理外国人的治安官。至少在理论上它是朝廷掌控外贸的执行机构。实际上，市舶司提举身兼数职，这让他们成为权力非常大的人物。海外贸易要依靠他们的性格与才能，还要依靠他们领会朝廷意图的本领，判断朝中大员对海外贸易的
204 控制是严肃认真还是维护私利，当然首先是市舶司官员自己的私利。中国的官员比路易十四更有理由说“朕即国家”，而且规章制度的弹性让这些官员可以充分发挥自己的小聪明。提举官掌握着公共资金，以来收购外国货物。公元 976 年，大宋朝廷在开封设立榷署，为市舶司提供资金。提举收购的货物也会在开封以高价再次出售。朝廷保留购买优先权，并预先扣除部分货物以抵关税。只有在支付关税和专卖税后，剩下的货物才能上市流通。这些税收加在一起在 10%—40% 之间。中国和外国的商人获得市舶司提举颁发的证明后就可以自由处理剩下的货物。

显然，在北方和西北受到战争威胁的军事区域，贸易控制比沿海更加严格。根据宋朝与强大邻邦之间的关系演变，边境时而开放，时而关闭。自公元 1067 年开始，所有的对外贸易归属三司使（即户部、度支和盐铁转运使三司的业务合并为一）管理。朝廷不断更新禁止私自从事对外贸易的法令，这证

明官府从来都没能彻底封锁边境。但是，这些规定很明显阻碍了贸易的繁荣发展。

希望读者能够理解拙文在研究集市方面存在的不足。如果分析大量的方志（其中华盛顿国会图书馆藏有 5000 多份）后，我们会找到更多的研究材料。但是在此之前，如果要得出结论的话，我对中国明显缺少集市的现象，或者只有萌芽状态的集 205
市及其夭折的现象提出以下解释：在中世纪意大利北部和佛兰德尔地区的城市里，集市开始诞生。这些城市都拥有城邦自治权。而这种自治权与东方社会中央集权式君主专制的官僚制度相互抵触。如果集市与城市自治的确密切相关，那么很明显，根据这个假设，集市制度在中国不可能像在中世纪欧洲那样快速发展。为了验证这一假设，研究拜占庭和古埃及集市的功能也许会有用，因为这两个国家的社会构成与中国最接近。

第 11 章　中国城市行政与司法制度史[①]

206 谁谈论城市就等于在谈论资产阶级。至少，这是 19 世纪以来西方城市研究的中心观点或潜在假定。根据生活方式、社会组成和生存手段的不同，这些研究把城市和乡村泾渭分明地区分开来。出于方便，我们把大致上可称为资产阶级的城市阶级之存在，作为衡量和比较这些现象的标准，无论这是古希腊罗马时期的城邦、中世纪工匠和商人的城区，还是现代的工业城市。对城市性质、起源及发展等问题感兴趣的出发点，与资产阶级在一定程度上的发展密不可分。

但是，在中国的城市里，没有可以与西方资产阶级做比较的城市阶级。仅凭这一点就可以明白比较研究一下中国的城市会有什么意义，也确定了本文的框架。而且，很明显，现代中

① 本文原载于 *Recueils de la Société Jean Bodin*, VI, 1954。

国的城市及其市政机构、行政方式等直接来自或者说完全仿照西方的模板，这自然也无法吸引我们的兴趣[①]。这也进一步说明为什么鲜有著作研究中国的城市，而关于西方城市各个方面的 207
书籍则塞满了一座座图书馆。

在古代中国，农民总是待在他们的村庄里，而那些地主老爷及其随从则住在有垛墙保护的城里。“邑”与“都”的区别不大。“地主老爷的住处建在一处高地上，侧面修有塔楼，看上去像是一个有防御工事的村庄，周围低处的空地上是市场。”[②]“都”与这些“邑”的唯一区别是坐落着帝王的宗庙[③]。封建时代修建的这些被城墙包围的方形城市是为了防范蛮夷的入侵，其中居民人数很少。

> 这些具有避难所功能的城市具有农业和军事的双重性质。它们是供士兵居住的永久性军营，必要时也可以庇护全体农业人口。城墙有两层，耕地一直延伸至城内，当城被围时也可以自给……像领主城寨的四周聚集着商人，平原城市的四个城门

① 尽管从以下角度来看很有启发意义，即当西方式大城市像楔子一样插入一个亚洲社会的机体时，审视它们在脱胎换骨之大国的异质环境中面临的问题是何等复杂和现实。

② 葛兰言：《中国文明》（法文版），巴黎，1929 年，第 284 页。

③ 《左传·鲁庄公二十八年》。

口附近也居住着商人和手工业者。所以，这些兼具农业与军事功能的城市也是市场中心。[1]

孟子曾言“三里之城，七里之郭”[2]，其意是指内城的周长是1500米左右，外城的周长是3500米左右。但是洛水北岸东周的国都理论上是全国最重要的城市，但是自称“洛邑”，面积方正，周长只有17200英尺，也就是说周长不到4000米。深谙中国古代历史的汉学家马伯乐曾总结道：“周朝末年，拥
208
有双重城墙的城市数目似乎有所增加，但是它们的规模仍然很小。”[3]

汉语中用来指称城市的所有表达和我上文中列举的几个字都可上溯至封建时代。这一点非常有趣，因为当我们联想到西方封建主义下兴起的城市，或当我们回忆城市起源理论的主要论据时，头脑中会浮现出一些同样的意象，如城墙、堡垒和市场。

然而，更重要的是，很可能第一批名副其实的城市诞生于帝国初期，它们的街区雏形具有农村的性质。在汉代，京师长

---

① 葛兰言:《中国文明》(法文版)，巴黎，1929年，第286页。

② 《孟子·公孙丑下》。

③ 马伯乐:《古代中国》(法文版)，巴黎：德博卡出版社，1927年，第25页。另参看该书148页。

安的街区被称为“里”（据说有160个），该字直至今天仍有两个意思，一是用来指500米的距离长度，二是指村子、村庄。接下来我们谈谈这些街区的作用；这些“街”或“区”毫无疑问具有农村或农业的性质，这也就是为什么它们被称为“里”。

在整个中世纪，城市是按照下述方式布置的。城市周围有护城河和城墙，周长在1500至6000米之间，城市内部被分成方形的街区。从前，这些街区被叫作“里”，而现在通称“坊”。这些方形的坊也被墙包围着，坊与坊之间唯一的通道是设在大街上的门。在坊的内部有一些小巷。然而，还有一个重要的特点，即坊门到了夜里就会关闭。长安左右巡使（相当于警察局长）在公元831年呈递的一份报告中说道，除了三品以上的大员，禁止任何人把家门开到大街上[1]。坊门夜晚关闭，天亮时再打开。公元636年以前，开坊门的信号由负责城防的武官发出，骑兵的喊声从一条街道传至另一条街道。之后，就在 209
街头放置大鼓，由鼓声发出开坊门的信号。《新唐书》中有一段专门描写了负责城防的士兵：

日暮，鼓八百声而门闭。乙夜，街使以骑卒循行嚣呼，武

① 《唐会要》卷八十六。

官暗探。五更二点，鼓自内发，诸街鼓承振，坊市门皆启。[①]

古代的字典解释说，方形街区之所以被称为“坊”，是因为它们的围墙像堤防一样（“防”与“坊”是通假字）保护关在其内的居民。但是，上文提及的左右巡使的报告则透露出这个字在社会学上的真实含义。说该报告是为了维护社会秩序，并且进一步指出如果官府鼓声敲响前，每个人都可以随意打开家门，那么就为罪犯逃匿提供了便利。由此可见当时的城市管理者最担心的问题是什么。如果分析一下城市的中心，这一点就更加明显了。古代中国城市中心是官府。在唐朝的东西两京（即长安和洛阳）以及大型州府，有一道城墙把城市中心和其他部分隔开。在京城，紫禁城内是皇宫、各部及其他政府机构等重要建筑。这个内城防卫森严，它与平民居住的外城之间，有一些城门相通。《唐律》规定，平民如果闯入官府建筑乃至坊市的围墙，都要被杖责七十[②]。市场则靠近内城，面积大约相

210 当于两个坊。店铺和货摊或沿着内城的城墙，或形成街道，聚集着各个行业或行会的成员。官府严密监视商人的活动，严格规定一切交易、价格和资产。

---

① 《新唐书》卷四十九。

② 参见《唐律疏义》第八卷，第六条。

尽管以上只是对中国古代的城市进行了简单的描述，但是这段描述也许能够说明，为什么在中世纪西方城市正在崛起之时，中国却从城市向乡村转移。这是因为，在古代中国，城市管理者是代表帝国朝廷的官吏，尤其体现在司法和财政上。与西方不同，这里的城市没有自由和解放的思想，也就无法像磁石一样吸引乡村的民众。相反，所有反抗官僚集团压迫之人都逃往乡村，把乡村当作躲避官僚制度的避难所[①]。导致这种现象的原因是，乡村具有一定程度的自治，存在着一个通常由选举产生的、以乡村名流为代表者的议事机构。因此，与城市相比，乡村保留了一种朴素的自治。另外，这些乡村远离官府驻地，从而免受官员蛮横的勒索。这是当下对中国城市的研究中刚刚开始探索的路径之一。但是马克斯·韦伯在自己研究宗教社会学的著作中早就洞察到这一点，他提出了以下惊人的公式："城市"＝官府所在地＋没有行政自治；"乡村"＝行政自治＋没有官吏[②]。

---

① 参见 Miyagawa Hisayuki, "Villages in the Period of the Six Dynasties" dans les *Mélanges Haneda (en japonais) : Asiatic Studies in honour of Tôru Haneda* (Kyôto, 1950), pp. 875-913。

② Max Weber, "Die Wirtschaftsethik der Weltreligionen. I. Konfuzianismus und Taoismus", dans *Gesammelte Aufsätze zur Religionssoziologie* (Tübingen, 1922, Mohr) I, 381; "Stadt" gleich Mandarinensitz ohne Selbstverwaltung, - «Dorf» gleich Ortschaft mit Selbstverwaltung ohne Manrarinen.

唐朝日益发达的商业与对外贸易促进了城市人口的增长。尽管君主专制与官僚制度具有至高无上的权力，但是仍然很难维持把城市居民区划分成方形之坊的制度，也很难继续事无巨
211 细地规定公众的生活。从公元 8 世纪下半叶开始，支配城市设计的僵化陈规被废除了，关闭坊门的惯例也被抛弃了。在唐代传奇中，我们可以发现当时“坊”的制度已经开始没落。到了公元 11 世纪下半叶，即北宋末年，这一制度彻底消失。这一时期遗留的方志表明，在当时的许多城市里，居民打破围成方形的围墙，在郊区建立了“厢”。另一个同时发生的现象是用围墙封闭起来的固定市场消失了。刚开始，一些商店、仓库或货摊摆在市场附近的地方，后来就扩散到全城各处了。从公元 8 世纪开始，京城里开始有了夜市。这也证明，即使在尚未完全消失的坊中，人们也不再严格遵守夜间关闭坊门的规定[①]。

我们拥有许多描写宋代两大都市的文献。首先得指出一个既有趣又有启发意义的事实，即这些文字与汗牛充栋的宋代文学作品不同，它们并非出自士大夫之手，而是全由无一官半职的平民所写，至今仍默默无闻，甚至连姓名都不可考。这一

---

① 参见 Katô Shigeshi, “On the Development and Prosperity of Cites an City-life during the Sung Period”, in *Mélanges Kuwabara*, Kyôtô, 1931（原文为日文）。据我所知，这是迄今唯一关于中国城市的学术论文。

点并非偶然。作者不厌其详地描写街道、店铺、街头卖艺、娱乐场所、旅舍和酒馆，字里行间流露出来的亲近甚至骄傲实际上证明了这些作者的社会出身，他们来自非官方的普通市民阶层。换言之，学者、官吏等士大夫所具有的荣誉感不可能关心这些琐事。

这些文献[①]向我们描绘了12世纪初开封或13世纪中叶杭 212
州的繁华，证明这的确是两座非常大的城市。它们都是当时的京城，内城设有皇宫、各部衙门、仓库、粮仓、武库以及其他与朝廷有关的公私建筑。尽管按照规定，朝廷会给所有的官吏发放粮食和布匹，而且这些是以实物税的方式源源不断地被运入京城，但是那些中高级官员还是会购买大量的物品，他们的消费足以养活众多商人、工匠以及其他劳动者。外城与市郊不仅有各行各业的货栈和作坊，如粮店、肉店、鱼贩、裁缝、帽商、蜡烛铺、金匠、马具店、五金商、理发匠等，而且有几层楼的高级酒楼、低级酒肆、茶坊和娱乐场所（瓦子）。这些地方聚集着三教九流，有戏子、歌女、娼妓、算命先生、说书人、

---

① 主要有《东京梦华录》十卷，孟元老撰（公元1150年前后）。《都城纪胜》，耐得翁撰（公元1235年），书内共分市井、诸行、酒肆、食店、茶坊、四司六局、瓦舍众伎、社会、园苑、舟船、铺席、坊院、闲人、三教外地等十四门。《梦粱录》二十卷，吴自牧撰（公元1274年），该书详细描写了南宋都城临安的方方面面。

街头艺人、江湖郎中等[1]。尽管在儒家等级制的社会中我们很难想象存在着上述各色人等，但这是千真万确的事实。而且，也正是这个新兴的城市阶层的出现，催生了小说和戏剧。由此，
213 社会学家很快就会明白，某种新事物诞生了，一个新的社会阶级正从传统各阶级之间的缝隙中破茧而出。

很难准确地判断这些城市的规模，因为作者们眼中所见的仅限于特定的行政区域。而这些城市的范围可能相当广，因为我们发现有些城市的总周长达20甚至30公里[2]。但是，如上文所述，城市所占土地的宽广无法说明市区的具体情况，因为城中常常会出现菜园甚至农田。我认为，城市人口的规模也许是更为可靠的标准。但是，如此一来，我们又遇到行政区划带来的困难。在公元13世纪中叶，杭州至少有50万居民[3]。公元1201年和1208年两次大火烧毁的房屋间数也肯定了上述数值大致的准确性，据史书记载，第一次大火烧毁房屋52000间，

---

① Katô, op. cit., 334 ss. 另外参见该作者的另一英文文章，"On the Hang or Associations of Merchants in China", *Memoirs of the Tôyô Bunkô* (Tôkyô) 8 (1936), pp. 45-83。

② Katô, *op. cit.*,301 et suiv.; cf. Des Rotours, op. cit., Appendice II.

③ 据《梦粱录》记载，杭州当时由钱塘、仁和两县组成，公元1273年的人口统计是432046人（公元1170年前后是145808人，公元1250年前后是320489人）。另可参见 A. C. Moule, *Marco Polo's description of Quinsai in T'oung Pao 33* (Leyde, 1937), 105-128。

第二次大火烧毁10座衙门和民房58092间[1]。

但是，我们拥有比数字更好的证据，即威尼斯公民马可·波罗眼见为实的报告。看到中国的城市时，这位刚刚诞生于西方的资产阶级的代表发出的惊叹比任何准确的统计更有说服力。以下是马可·波罗关于东方威尼斯——杭州的描写，当时被称为“行在”，意思是宋朝的临时国都（马可·波罗音译为“quinsay”）。

> 此行在城甚大，周围广有百里。内有一万二千石桥[2]，桥甚高，一大舟可行其下。其桥之多，不足为异，该此城完全建筑于水上，四周有水环之……此城有十二种职业，各业有一万
> 二千户……城中有商贾甚众，颇富足，贸易之巨，无人能言其 214
> 数……此国国王有命，本业只能由子承袭，不得因大利而执他业……城中街道皆以石铺地……海洋据此有二十五里，在一名澉浦城之附近。其地有船舶甚众，运载种种商货往来印度及其他外国，因是此城愈增价值。[3]

---

① 参见 L. Wieger, Textes historiques (Hien-hien, 1922), II, 1639 et 1643。

② 实际应为347座，参见 A. C. Moule, *loc. cit.*, p. 118。

③《马可·波罗行纪》，冯承钧译。

关于苏州城，马可·波罗写道：

恃商工为活，产丝甚饶，以织金锦及其他织物。其城甚大，周围有六十英里，人烟稠密，至不知其数。假若此城及蛮子境内之人皆是战士，将必尽略世界之余土，幸而非战士，仅为商贾与工于一切技艺之人。此城亦有文士医师甚众。[1]

最后，让我们听听马可·波罗这位忽必烈汗的密使对元朝京城北京的描述：

应知汗八里城内外人户繁多，有若干城门即有若干附廓。此十二大廓之中，人户较之城内更众。廓中所居者，有各地来往之外国人，或来入贡方物，或来售货宫中。所以城内外皆
215 有华屋巨室，而为数众多之显贵邸舍，尚未计焉……凡卖笑妇女，不居城内，皆居附郭。因附廓之中，外国人甚众，所以此辈娼妓为数亦夥，计二万有余，皆能缠头自给，可以想见居民之众……外国巨价异物及百物之输入此城者，世界诸城无能与比。盖各人自各地携物而至，或以献君主，或以献宫廷，或以

① 《马可·波罗行纪》，冯承钧译。

此供此广大之城市，或以献众多之男爵骑尉，或以供屯驻附近之大军。百物输入之众，有如川流之不息。[1]

这些文本流露出马可·波罗的天真语调和夸大其词，也清楚地表明宋元时期中国城市之规模。读完这些文献后，我们必须要注意以下几点。首先，这些城市具有非常强烈的城市特征，其居民大多是商人和各种“手艺人”。其次，我们必须要充分了解元朝的特点。它与中国其他朝代不同，蒙古征服者出于政治和经济剥削等原因，采取了与商业资产阶级合作的政策。来自游牧民族的蒙古皇帝把高级行政职务和收租征税的肥差交给那些穆斯林财政专家，这些人都是外国人，主要来自中亚细亚地区（布哈拉、撒马尔罕等地）。蒙古皇帝采取这种措施，首先是因为他们自身缺乏教育，无法管理这个高度发达的农业社会，继而又不敢信任原有的士大夫统治阶级，所以毫不掩饰地推行种族歧视的政策，把其他被征服地区受到优待的臣民放在支配地位，以此来控制不可或缺的汉人官吏。中国北方文明程度相对较高的民族，如契丹、女真以及藏族喇嘛、景教工匠、维吾尔工艺师、阿拉伯、突厥—伊朗人等都被用来对抗

① 《马可·波罗行纪》，冯承钧译。

216 原住民汉人（当时被称为“南人”）。从这项政策获利的主要对象是来自中亚的商人，他们都是一些狡猾的联络官和无所忌惮的生意人。他们当中最重要也最被汉人忌恨的是穆斯林高利贷者。这些人在当时被称为“斡脱”，享有特权并且组成互相勾结的银行团体或行会，为商队贸易提供资金。这些斡脱商人以特别高的放贷利息著称，而蒙古贵族不仅为他们提供保护，而且积极参与其中[①]。

对蒙古制度的特殊性还有最后一个要点要谈，之后，我们方可得出结论。我认为，元朝贸易的扩大、商人阶级的诞生、城市人口增加和乡村人口相应减少的原因毫无疑问是战争，以及帝国分裂成不同民族相互竞争的国家。这些因素在蒙古人征服前 300 年就已经存在了。为了维持国防开支，对付虎视眈眈的契丹、西夏以及女真人建立的国家，大宋朝廷不得不求助于大商人。这些商人从原来持有执照的军队供应商摇身一变为财务官和包税人。然而，我们应当注意，最重要的事实是商人阶级一直未能得到任何类型的自治权。即使在元朝，当商人处于

① 参见 Meng Ssu-ming, Social Classes in China under the Yuan Dynasty (Yen-ching Monographs 16, Pékin, 1938) en chinois。关于斡脱团队的内容，参看 Weng Tu-chien, *A Study of Wo-t'o* in Yenching Journal of Chinese Studies (Pékin) 29 (1941), 201-218, et Murakami Masatsugu, *Ch'üan-fu-ssu and Wo-t'o under the Yüan Dynasty* in Tôhô Gakuhô 13 (1942), 143-196 (en japonais). Cf. R. Grousset, Histoire de la Chine (Paris, 1942), 288 ss。

有利地位时也没有自治权。大商人的特权并非通过激烈的斗争 217
所获得，而是来自朝廷自上而下的恩惠。商人和手艺人表达要求的渠道和其他贫苦百姓并无二致，仍然是胆怯地向官府，向代表朝廷大权的士大夫提出一点卑微的请求。

为了阐明上述观点，我在此仅举两个例证。在西方，向手工业者和商人出售或出租土地、房屋、作坊以及工商业设施的是城市贵族[①]。而在中国，朝廷是土地的主人，兴建和出租商铺、货栈等设施的是朝廷和官吏[②]。另外，处于困境中的朝廷的确会经常向大商人借钱，并向私营经济提供一些有利条件。但是，大多数时候，通行的做法是自上而下的强制性借贷。

行会和同业组织不得不以低于市场的价格，向官府提供一定数量的产品，并且还要自己承担运输费用。这种做法带来的不公可想而知。于是，公元 1073 年，开封屠户行会的一位成员提出取消这种沉重的供应义务，代之以缴纳常规税。所有行业都要缴纳这种名为“免行义钱”的税收。主动提出增加税收当然是有条件的，即出售给官府的商品也是按照市场价来执行。虽然当时官府同意了这一请求，但是十年后又废除了它，

---

① 参见 W. Sombart, *Der moderne Kapitalismus* (München, 1922), I. 645。

② Katô, *op. cit.*, 342.

恢复原状[①]，给出的解释是这种做法没有任何明文依据。这不过是官府施予的临时恩惠，随时可以收回，这一切全凭掌权者的意愿。

218 最后总结一下上文浅显的论述。和马克斯·韦伯在40年前所做的一样[②]，我也认为某些特定的因素阻碍了东方特别是中国的城市和城市诸阶层的发展。首先是缺少宪章、法律保障、合理法律，尤其是缺少一部私法。其次是城市里没有公民权、安全保障和行政自治，无法像西方城市一样吸引农村居民。因此，中国古代的城市无法发挥社会催化剂的作用，无法像西方城市一样具有吸引力。因为，如同整个社会机体一样，城市生活也受到密切的控制。控制者是无所不在和无所不能的朝廷，即士大夫阶级代表的、不容置疑的绝对专制权力。这个士大夫阶级无法容忍任何形式的私人创举。如果有个别私人企业在特定的时机下发展起来，士大夫们就会扑过去，扼杀它。

---

① Katô, *On the Hang*, etc., p.62.

② Weber, *op. cit.*, I, 290 et suiv., 374,380 et suiv.

第四部分

现代时间

白乐日教授无疑是欧洲研究现代中国的第一人。自“二战”以来，他对年轻同行们的影响颇大，这不仅体现在他所发表的著作上，而且也许更多地体现在他所关心的问题上。白乐日用犀利并具有论战倾向的文字把问题集中在中国文化的关键方面，而不是纠缠一些无关紧要的讨巧话题。此外，他还致力于优化研究方法，促进分属欧洲不同研究所里的汉学家之间的学术交流。欧洲的中国研究主要集中在学术领域，发挥一种学术研究共同体的作用，并且持续不断地向前发展。这在很大程度上得益于白乐日的个人影响。 221

那些在“二战”后才开始职业生涯的学者应当思考一下白乐日教授所处的境遇。和同时代的许多学者一样，白乐日教授也在那种处境中撰写了自己所有的重要论文。“二战”前欧洲的政治迫害和动荡形势迫使白乐日在不同国家之间逃亡，因此，他在很长时间里游离于汉学研究机构之外。到了晚年，白乐日教授才获得稳定的科研职位，得以相对安顿下来。作为中国近现代史研究的先行者，白乐日在“二战”前并未在西方汉学研究界找到自己的一席之地，因为他毫不掩饰自己对传统汉学研究表现出来的狭窄视角、地域观念和陈旧方法等缺陷的鄙视。

222 白乐日的著述主要集中在两个重要主题上，即从汉末至唐末（大约从公元200—900年）的经济与制度史和中国政治思想史。也许他在经济史领域的著作内容最为丰富。白乐日在柏林大学完成的博士论文精彩地分析了唐朝经济史，这也是第一部以西方语言撰写的关于中国经济史的专门研究。除了这篇博士论文和后来完成的诸多分析研究外，白乐日还编订和翻译了一些与中国制度史有关的基础性文章。这些文章至今仍有部分没有出版，这表现出白乐日在中世纪汉语史书和文献方面的非凡才能。

1957年，白乐日第一次前往远东游历。在东京，他遭受了一次严重的心脏病。此后的好几年里，白乐日很少发表新的研究成果，同时逐渐转向近代中国的历史研究，尤其是转向中国的官僚制度研究。他对这一领域的兴趣并非纯粹是书斋式的，而是充满了个人对政治思想的强烈喜好。而且，从某种意义上说，这里收录的讲座报告凝聚了白乐日关于政治理论表现出来的矛盾心态。在思考政治理论指导下的国家权力对公民的影响问题上，他也同样表现出这种矛盾心态。他怀有一种相当悲观的看法，认为在政治理论和权力实践之间存在着一条鸿沟，如同他在当今世界中所观察到的一样。对白乐日而言，中国的编年史证实了这种怀疑主义，并启发他发现了政治理想和社会制度之间的分离。

这里收录的三篇演讲稿是白乐日教授于 1963 年 1 月接受伦敦大学的邀请而作。1963 年 11 月 29 日，他突然因再次遭受严重的心脏病而离开人世。此时，他尚未彻底修改好这三篇拟发表的演讲稿。毫无疑问，白乐日先生已经无法亲自推进这些思考，但是这些演讲稿提供了一个异乎寻常的兴趣点，并且能够激励一些年轻的同事来继续研究这些重大的历史主题。

最后一篇演讲稿很大程度上是白乐日在翻译《学治臆说》时获得的灵感。这本书可以说是清代幕学的教科书。白乐日已经基本将该书翻译完毕，我们希望它能够在不久后出版问世。

崔瑞德（D. C. Twitchett）

第 12 章　传统中国的政治理论和行政实践[1]

（一）17 世纪中国的政治哲学

223 17 世纪，欧洲名人辈出。从克伦威尔到柯尔贝尔，从伽利略到牛顿，从笛卡尔到帕斯卡，再到莱布尼茨，从邓恩到洛佩·德·维加，再到贝拉斯克斯和维米尔等，这些伟人构建了西方文明。在中国则是另一番情景。17 世纪仿佛一片空白，至少没有出现能够比肩上述西方学者的大师，或者对中国和远东产生重要影响的人物。

然而，我的博士论文已经证明，现代中国，或者准确地说，前现代和前工业时代中国的物质和思想基础扎根于 17 世纪。而且，17 世纪已经表现出来的种种趋势必将把清朝治下

① 本文原载于 *Political Theory and administrative reality in traditional China*, School of Oriental and African Studies, University of London 1965，并由雅克·雷克吕（Jacques Reclus）从英文翻译成法文。

的中国引入现代时间。

前现代中国的诞生主要有两个因素。第一个因素是潜移默化的西方影响。这种影响发生在两个方面：（1）耶稣会传教士带来的科学思想（如数学、天文学等）；（2）殖民者的大炮。或者说，欧洲列强不断扩张，运用武力发动战争，依靠强 **224**
占和殖民敲开泱泱大国的国门。第二个因素是本土内生的思想运动，其目的或结果是把中国思想从理学的铁链和中国经院哲学的桎梏中解放出来。然而，如果说有人已经隐约认识到第一种因素的影响，并做了初步的研究，那么第二个因素则完全被欧洲学者所忽视。甚至在中国，对第二个因素的研究也是凤毛麟角。

中国思想内生的解放运动经历了四个阶段，其中每个阶段都建立在前者的基础之上。在第一阶段，儒家典籍备受推崇，被视为圣人之作。人们完全相信孔子，试图实现所有理想化的指示，以回归古代。第二阶段更加重要。天真的信仰最终让人失望，于是人们仔细分析并评论这些经典。质疑圣人之作并不容易，这同时需要广博的知识、日复一日的辛勤和无畏的变革精神。第三阶段，文献史评论的新学问应运而生，并开始把某些经典判断为后人刻意增补、篡改而成的伪作。纯粹的文献批评最终导致人们质疑所有经典的权威性。对古代的态度也从最初无意识的抗拒变成有意识的叛离。人们反对整体的儒家伦理，并进而反对所有传统。当然，最后这一阶段直到 19 世纪末 20 世纪初才拉开帷幕。

当这种内生的思想解放运动摸索前行之时，我们可以从中发现诸多不尽相同的路线或轨迹。毫无疑问，其中最主要的是反传统主义的路径。最开始是拒绝宋明理学，后来发展到摒弃
225 宋明两朝所有华而不实的学问，并经汉代儒学回归古代，继承先秦的儒学之源。在此，我们发现在欧洲也有类似的现象，即文艺复兴时期欧洲学者回归古希腊的哲学经典。此外，还有一条反对君主政体的路线，以及民族主义和民主主义的路线。这些复杂甚至矛盾的路线拥有一个共同点，即反对专制主义。这些思想诞生于明末的历史背景中。与其他朝代覆灭不同，明朝在时间上处于蒙古人治下的元朝和满族人治下的清朝之间，是中国历史上最后一个汉人统治的朝代。而清朝不仅是非汉民族建立的最后一个朝代，也是中国历史上所有封建王朝的终结。当然，明末思想家无法意识到这一点。于是，在 17 世纪，即明末清初的朝代更替之际，这些思想才能不被扼杀于摇篮之中，得以快速发展起来。而且，在外族统治下，这些思想家也更加容易以民族主义者的身份反对专制主义。

最后，在整个思想运动中还有两种最为活跃的思潮，即科

学研究和历史主义。17 世纪，清代“汉学”或“考证学”的诞生发挥了积极的作用，它们强调证据，反对迷信，拒绝接受具有传奇色彩的传统和超理性的事物。同时，它们认为学问是随着时间不断发展的。为了构建更加可靠的学问，这些考据学家毫无偏见地接受所有成员考据而得的知识。

该时期的知识界同样对数学和自然科学很感兴趣。有意思的是，几乎所有伟大的哲学家和历史学家都对这些领域有所涉猎。但是，即使在今天，他们最重要的成就中，令人惊叹、价值最高的领域主要是语音学、词源学以及文献和历史批评。在 226
黑暗中探索时表现出来真诚和执着是这些学者的魅力所在，也是他们的价值所在。

在分析这一重要时期的三位代表人物之前，我想首先介绍一下研究面临的困难，以解释这一方面的研究为什么如此少见。首先是人物姓名带来的困难。这也许是古代中国的特点。除了姓氏之外，每位知名人士至少还有三个名字。首先是用于正式场合的“名”；其次是书信中常常使用的“字”；最后是撰文和教授弟子时使用的“号”。此外，他们中大多数人非常喜欢改变这三类名字。特别是艺术家和僧侣，有时同一个人的名字可能多达 12 个以上。于是，为了了解该时代的上百位人士（当然，数量可能远超 100 位），必须要熟悉近千个名字。

除了纷繁复杂的姓名，他们的作品也数量众多。然而，最大的困难不在于此，而是我们对明史知之甚少，它是我们研究必不可少的历史背景。而且，更糟糕的是，我们并不了解或者错误解读了哲学和政治领域的相关基本概念。打个比方，假如300年前的官方媒体说当时最大的危险是“修正主义”，这个词背后实际指的是赫鲁晓夫。可见，如果我们不习惯这种含蓄的表达，我们就会被误导。

现在，我们来分析一下这些思想家所处的时代。这里所说的16世纪是指公元1522—1620年，即时间特别长的嘉靖（公元1522—1566年，在位君主为明世宗）和万历（公元1573—1620年，在位君主为明神宗）两朝。该时期，各个领域都在快速发展。总的来说，我们也许可以使用三个关键词来定义这个时代，即变革、贸易和分化。

227 首先是经济变革。原来自给自足的传统自然经济中开始萌生出货币经济。公元1581年，全国开始实施“一条鞭法”的财政制度。笨重复杂的实物税逐渐被一次性以货币缴纳的土地税取代。而且，一次性以货币缴纳的盐税尽管拖延日久，也最终在万历年号的最后几年完成。公元1617年以后，朝廷的仓库不再储存食盐。由于税收被改为货币税，所有人都必须去市场出售和购买商品、劳力。农民涌入城市，或为了售卖农产品，或为了改行当商人或手工业者。一些新的市镇如雨后春笋一般涌现。公元1565年，一位观察家抱怨，四五十年来一切都变了。以前，在行政部门办事的人口只有十分之一，剩下十分之九的人口都在田间劳作。但是，伴随着税收不断增长，所有人都放弃了农业耕作。现在，仆人的数量翻了10倍，为官府办事的人的数量翻了5倍，商人和手艺人的数量翻了3倍，懒人的数量翻了两倍。即使我们无法相信这些过于模糊的数字，但是它们仍然反映出当时实际发生的深刻变化。关于这一点，我们可以找到上百条当时留下的证据。例如，顾炎武，本文将重点研究的一位思想家研究了当时安徽省商业重镇新安歙县的《歙县风土论》后，宣告贫富两极分化已经出现，“末富居多，本富益少。富者愈富，贫者愈贫……金令司天，钱神卓地，贪婪罔极，骨肉相残”[①]。

为了获得金钱，交换商品的贸易变得必不可少。越来越多的人与货币经济联系在一起，独立的手工业者逐渐代替了官府作坊，大地主也不再一味催收实物地租。快速发展的纺织工业 228
起到的推动作用最大。松江和湖州是最大的丝绸和棉布中心，附近200万亩的土地上有一半种的是棉花。但是，由于对北方

① 顾炎武:《天下郡国利病书》卷三十二。

棉花的需求越来越大，河南成为棉花和南方手工业产品最大的交易市场。在大运河和东南沿海，商品运输尤为频繁。偏远省份的产品在诸如北京、南京和杭州这样的大城市交易。此外，在河北和山东这样的贸易中心以及在福建、广东的港口，商品交易也非常兴旺。这些地方出售的商品有福建的白糖、木材和纸张，江西的大米、陶瓷和纸张等。公元 16 世纪末，江西省有 5 万名工人集中在 30 家造纸工坊。采矿业和冶金业亦非常繁荣。以前受倭寇袭扰的海上贸易也恢复生机（甚至在倭寇猖獗的时期中国商人们也没有停下脚步）。自公元 1571 年起，尽管京杭大运河上有 12000 艘船专门运输粮食，但这仍然不够，于是海上粮食运输又开始复苏。当然，还有对外贸易。在日本，中国丝绸的价格能涨到五至六倍。从福州出口至长崎的陶瓷何止成千上万件。荷兰人把茶叶卖到伦敦，而中国进口的商品主要有西洋钟表、羊毛、洋酒和珠宝。官府从海上贸易中收取 20%—30% 的关税。自公元 1573 年起，这些关税也改成以货币征收。顾炎武判断，这项收入甚至占到朝廷总开支的一半。广东、澳门和宁波的一些港口完全依赖海外贸易。

除了西北和西南省份，全国都发生了诸多惊人变化，贸易活动也非常繁荣。但是，这种变化并非步调一致，地区间的差异越来越大。《五杂组》大约成书于公元 1600 年。这是一部著名的笔记著作，其中描写全国的财富都集中在北京，但是其中半数依靠江南，即长江以南的省份。实际上，我们的第三个关键词就是分化，它在各地都有所体现。与苏南和浙北繁荣的手工业相比，其他的省份，尤其是西北和西南省份（陕西、甘肃、云南和广西），仍然很不发达。而且，城市和乡村之间的人口差距不断拉大。最后，雇工和雇主之间的社会分化在城市和乡村都非常明显。 229

然而，如果我们把这个黄金时代称为中国资本主义的开端，似乎过于简单化，但是，上述城市、贸易和货币发展的例子却让我们无法不想到资本主义（尤其是市民的出现）。我知道，是否用资本主义来定义这个新事物还存在争议。但是，如果我们考虑这一系列事件之间的相互关联，那么也许就只能使用这个词汇了。以下，我进一步阐述这些事件。

首先，在市民当中出现了一种新的凝聚力。商人、货郎、手工业者、店主和工匠经常和城市富商一起携手对抗敲诈勒索、贪污贿赂和独断专行。专制制度及其温顺又贪婪的中介——宦官后来不得不面对城市叛乱。自公元1596年起，在30年时间里，大城市中发生了24次大大小小的叛乱。反抗通常表现为反对不断新增的苛捐杂税（这些税赋往往是由于国库亏空和宦官贪得无厌带来的），后来迅速演变成民众的武装暴动，最终成功把贪官污吏赶走。明朝历史中最著名的就是“矿税之弊”（“矿税之弊”是《明史纪事本末》第65卷的卷名），230 这原本是宦官用来加收苛捐杂税的财政借口。以下我将通过公元1615年左右工部的一份告示来说明朝廷、宦官和商人之间的复杂关系。这份告示收录在《工部厂库须知》第二章。

> 比时钱粮止有正供，额外并无铺垫。铺商易于办纳，监司便于验收，工作无误，铺商无苦。今则铺垫之费过于正供，承担之苦甚如汤火。一闻佥报，百姓鹿骇，削发投河，千计营免。此科臣目击其状，而有无此救时调剂之论也。臣等窃谓国家经费承办不可以无商，而铺商既为公家承办物料，止当上纳正供钱粮。铺垫之费，果从何始？盖由内监职司验收。铺垫一入，则验收从宽。铺垫若无，则多方勒掯。咀膏吮血，不尽不止。

此时的市民很可能并不明白要捍卫自己的利益。但是，他们差不多已经具有反抗压迫者、反抗统治阶级思想的意识。

更明显的是，市民需要娱乐，需要某些比大儒说教更有趣的东西。他们想读到有关自己实际问题的书籍，想看到舞台上演员们表演他们的生活。但是，他们自己并没有接受必要的教育，也缺少这方面的能力。于是，市民不得不依靠文人阶级中的某些人来担当他们的代言人。这些人背离了自己的阶级，开始创作一种新形式的文学。他们以卖文谋生，创作和出版了一些长短篇小说。这些新的文学作品突然大量涌现，尤其是诞生在最发达的城市地区，诸如苏州及其周边地区等，这并不是偶然现象。而且，很有可能，为了满足新生市民阶层的需要，16 世纪末 17 世纪初的文学艺术既有现实主义和自然主义的特点，也有爱情方面的内容。当时，具有叛逆精神的伟大哲学家和自由思想家李贽（公元 1527—1602 年）写了一部《批评忠义水浒传》。《水浒传》这部小说描写了一些类似西方游侠的绿林好汉的英勇事迹。这部小说在今天已经成为经典，但是在当时却是一项相当冒险的创作。后来，李贽因为被污蔑为伤风败俗、有伤风化，自刎于狱中。值得一提的是，李贽与利玛窦也有来往。另外，著名的世情小说《金瓶梅》描写了一位放荡富商的日常生活。这本小说被视为明代文学家王世贞所作，于公元 1609 年前后出版于苏州。还有一些著名的故事集。“三言”系列出版于公元 1620—1627 年，作者为冯梦龙（公元 1574—1646 年）。《拍案惊奇》出版于公元 1628—1633 年，作者为凌濛初（公元 1580—1644 年）。此外，还有《今古奇观》，出版于公元 1633—1644 年。戏剧家、诗人和散文家李渔（号笠翁，公元 1611—1680）是 17 世纪最有魅力的人物之一。他曾跟随 231

一个由年轻女演员组成的戏班至全国各地演出，著述颇丰。他创作的世情小说《肉蒲团》（公元 1634 年）德文译本最近在瑞士惹出了一场风波。另一位非常有趣的作家金圣叹（后改名金人瑞，公元 1608—1661 年）更具有代表性，可以说已经达到离经叛道之极致，公元 1661 年以叛逆罪被判处斩首。金圣叹自觉地反抗传统文学，敢于把《水浒传》《西厢记》和屈原、庄子、司马迁、杜甫等人的作品并立为“六才子书”。值得注意的是，金圣叹正是苏州人氏。上述论据证明，这种大部分以白话文写成的、非儒家甚至反儒家的新型文学之根源就在于市民。

232 第三点与政治舞台有关，党争不断证明了时代的动荡不安。一些激情大胆、敢于牺牲的青年文人聚集在惨遭迫害的东林党人的大旗之下。他们组成不同分支，发起了反对掌权者的游击战。如果某个文社或书院被禁，他们就转入地下，重新建立新的文社。书院既是公共道德的维护者，也是不同政见的策源地。但是，要想清晰地说明相关问题特别困难，因为真正的问题都是通过含蓄的语言来表达。现在只能对文人士大夫的态度进行大致的判断，以了解他们反对什么，了解他们的主张会让哪些人受损。简要地说，他们的纲领大致如下：反对专制主义。也就是说，他们的天敌是宦官群体，同时，他们还反对被无耻宦官所簇拥的昏君；渴望明君治国，任用廉洁之士，构建清正官风。具体而言，就是任用堪为道德楷模的东林士人为官，复兴国家。我认为，复兴国家是最主要的目标，因为其中最重要的文社就名为“复社”。下文将分析的三位哲学家在青年时期都是复社成员。这个社名最初是指复兴古代的学问，但是，很明显，复社的成员也会把“复”字理解为一种整体的复兴，包括整体社会的振兴。

现在来谈谈最后一点。这个时代还具有追求高雅、怪僻、声色的艺术倾向，其中的思想和情感有时甚至相互矛盾。许多人一生的某个阶段会体现出其中的一个倾向，甚至同时表现出三个倾向。这三个倾向都是反抗墨守成规之思想的体现。信奉 **233**
“狂禅”的僧人疯狂且性格粗野，他们破坏圣像的目的是为了顿悟。南方山水画派的画家也试图逃离那些烦琐细节的桎梏。我们可以在董其昌（公元 1555—1636 年）的交际圈中找到这两者，他既是当时的天才画家和艺术收藏家，也是一位富裕的大地主。吴纳森（Nelson Wu）教授在最近有关董其昌的研究中指出，上述宗教派别和画派都是“(闲适之人）长期不断追求极致而产生的结果”[①]。在这项研究中，吴纳森教授还引用了

---

① Nelson J. Wu, “Tung Ch’i-ch’ang (1555-1636): Apathy in Government and Fervor in Art” , dans *Confucian Personalities*, éd. Par A. F. Wrigth et D. Twitchett (Stanford, 1962), pp. 260-293.

一位追求声色、奢侈和享受之人在 1644 年的自白。晚年之时，这位人物成为隐士，他的悔恨给我们留下了深刻的印象，因为其早年以喜好精舍、美色和艺术著称，也是一位品茶高手。

我现在已经是无国无家之人，无处可去，只能披头散发，如野人一般在荒山野岭游荡……悔恨过去富贵家中的奢侈生活，为此，我将头戴斗笠，脚穿草鞋，而不用发夹和鞋履。我将以此来为过去的荒唐行为赎罪。穿棉絮而非裘皮，着麻衣而非丝绸；吃野菜而非精肉，食粗粮而非细米，以此来悔罪过去锦衣玉食的生活。晚上睡觉时，我以草席为床，以石头为枕，既不温暖，也不舒适……出门时，我仅靠步行，肩上背着褡裢。平时的生活也不再有仆人服侍。[①]

上述文字的英文译者[②]强调，此类自白突出地表明，明朝末年的这些自白者居然没有意识到他们的社会和官府即将终结。

① Nelson J. Wu, "Tung Ch'i-ch'ang (1555-1636): Apathy in Government and Fervor in Art" , dans *Confucian Personalities*, éd. Par A. F. Wrigth et D. Twitchett (Stanford, 1962), pp. 260-261.

② 上述译文首先是英文译者从汉语原文翻译成英语，之后又由法文译者从英语翻译成法语，最后由本书译者从法语翻译成中文。——译者注

现在，我们来了解一下明朝末代皇帝们的朝堂，因为没 234
有必要研究官府，只需了解皇帝们的朝政就足以剖析分崩离析的社会。但是人物复杂，恐怕只有圣西门式的如椽巨笔才能描述。明神宗万历皇帝喜爱艺术和瓷器，热衷于奢侈的宫廷生活，只关心聚敛财富，拒绝上朝，也不和朝臣接触。而这些朝臣则非常关心立储事宜。万历皇帝最终把自己不甚宠爱的长子立为太子，后为明光宗。然而，光宗在位仅有一月，也是三场反对阉党之案的主因。首先是“梃击案”，这是一场针对当时还是太子的光宗的谋杀案，最终两位太监被处决。之后是“红丸案”，光宗在位一月即病故的原因是此案的关键。最后是“移宫案”。此案表面上看是宦官的重大失败，也意味着宫廷争斗暂时结束。神宗皇帝 15 岁的孙子成功摆脱光宗宠妃的控制，登上皇位。最后，其实是奸恶的太监魏忠贤以明熹宗之名把持朝政，获得了“移宫案”的实际胜利。年轻的明熹宗由奶妈和太监抚养长大，所以没有受到良好的教育，在短暂的一生中只热衷于木匠活。这位木匠皇帝的 5 个孩子先后夭折，于是，这位皇帝去世后由神宗皇帝的另一位孙子继承皇位，即崇祯皇帝。最后这位年轻懦弱的皇帝在历史上有 3 个不同的庙号。尽管他雄心壮志，但是仍然无法改变大明王朝的命运。在关内农民起义和关外清军入侵的夹攻之下，这位大明王朝最后一位皇帝陷入绝境。当北京城被农民起义军领袖李自成（公元1605—1645年）攻陷时，崇祯皇帝被迫上吊自杀。

后来的20年中，明朝遗民们的愿望一个接一个地破灭。
235 南明小朝廷五位争夺帝位者四处流浪。他们中有人从南京至福州，再从广东至广西，最后又逃至云南和缅甸。也有人从浙江逃往福建、舟山和金门。这些皇子们构成了一幅奇特的画卷，他们的共同点是面对局势时表现出来的糊涂、周围臣子的钩心斗角和不停的颠沛流离。在漂泊的生活中，其中的一位皇子桂王及其全家都接受了基督教信仰。出乎人们的预料，一位太监促成了桂王的改宗。另外，还有两位皇室后人是17世纪最著名的艺术家，他们既是禅宗僧人，也是天赋禀异的画家，即石涛和八大山人。

就是在这样混乱的世界里，诞生了那些对分崩离析之寰宇进行再思考的学者。我选择了三位思想家，第一位是黄宗羲（公元1610—1695年），因为他的号，所以又被称为“黄梨洲”。因为上文已经介绍了时代背景，所以此处就只需简单介绍一下他的生平。黄宗羲出生于浙江东部的余姚，在15岁时（按西方的年龄算法应该是14岁），他就在家中旁听了东林党人的秘密言论。他的父亲就是东林党人，在北京担任御史之职。其时，魏忠贤的阉党正在大肆报复他们的对手，开展了凶残的迫害活动。董其昌的一位好友描写了这个恐怖时期，指出只有装聋作哑才能幸存下来。公元1625年，黄宗羲的父亲被削职，“东林六君子”惨死狱中。第二年，阉党借纂修《三朝要典》之机，向领导“梃击”“红丸”和“移宫”三案的东林党人复仇。于是，大批东林党人被捕杀。作为东林党人的领袖，黄宗羲的父亲亦被迫自杀于狱中（去世前，黄宗羲的父亲将黄宗羲介绍至王阳明学派的哲学家刘宗周门下学习）。这些事件激发了黄宗羲的爱国之情。为了激励黄宗羲为父报仇，其祖父在家宅墙上写下了《左传》中的名句[①]。黄宗羲从来没有忘记自己的杀父仇人，并在混乱的事件中发挥了重要作用。他编辑了一份烈士后人的名册，并在南京加入“复社”，后者也被称为“小东林”。这个以复兴为目标的党派在长江下游的中心地区组织了一些重要的集会，试图影响官员任免和科举考试。公元1629年，魏忠贤自杀后，一份载有400人姓名的黑名单揭露了魏阉的亲信。于是，魏忠贤的盟友之一、剧作家阮大铖辞官回到南京，过着快活的日子。在南京，阮大铖努力与新成立的文社青年和解。为了挫败阮大铖的如意算盘，黄宗羲构思了《留都防乱公揭》一文，并由140名复社成员签名发布。后 236

① 《史记》卷六十六。

来，阮大铖还是在南明福王朝廷里当上了尚书之职，并借机逮捕这140名签名者。但是，黄宗羲此时正在外地积极发动抗清运动，组织游击队伍。他首先前往杭州，后又在绍兴组织义军。在绍兴，黄宗羲遇见了鲁王。公元1645年，在老师刘宗周看到复明无望，绝食赴死后，黄宗羲在浙江结寨自守。后来，黄宗羲又前往舟山，加入鲁王的队伍。

公元1649年，黄宗羲的政治生涯告终。他辞去官职，回家隐居，拒绝了清朝政权提供的一切职位。我之所以想强调这一点，是因为我们在许多同时代的人身上也发现了同样的轨迹，即前期积极投身于政治活动当中，而后期虽然时间更长、影响更大，但是完全脱离政治事件，在公共事务面前一言不
237 发。后期可以说是奋笔疾书的创作时期。但是，如果我们不了解他们前期的活动，自然也无法理解他们后期的创作。

此处无法一一介绍黄宗羲的浩瀚著作（共64部1322卷，其中有许多作品尚未出版），只能用寥寥数语概括他的创作生涯。黄宗羲和同时代的许多人保持着良好的关系，交友甚广。公元1662年可以被视为清朝江山稳固的开始（即康熙在位时期，公元1662—1721年）。是年，黄宗羲完成《明夷待访录》，该书阐述了他的政治思想。公元1676年，黄宗羲完成《明儒学案》，这是关于明朝知识分子的专门研究，也是中国哲学中

最早的历史研究。这本书受到人们广泛的关注，可以被视为浙东学派建立的奠基石。在这个学派当中，最著名的学者当属章学诚（公元 1738—1801 年）。

接下来，我们将重点分析他的政治学著作《明夷待访录》。该书书名出自《易经》第三十六卦，即在黑暗中等待明君到访，并聆听自己的建议。它也可以被理解为“为更好的时代建言”。这部专著系统地点评了中国古代的政治制度，及其在明朝末年的具体表现。作者从各个重要方面论述了古代中国的政体，诸如政治与法律、教育、官府职能、土地制度、行政组织、军事防务、货币税收（分为一、二、三篇）和僧侣宦官等（上下两篇）。

全书首篇是《原君》，该书大量运用道家话语，正面批判了暴君统治。

有生之初，人各自私也，人各自利也。天下有公利而莫或兴之，有公害而莫或除之。有人者出，不以一己之利为利，而使天下受其利；不以一己之害为害，而使天下释其害。此其人 238
之勤劳，必千万于天下之人。……故古人之君，量而不欲入者，许由、务光是也；入而又去之者，尧、舜是也；初不欲入而不得去者，禹是也。……后之为人君者不然。以为天下利害之权

> 皆出于我，我以天下之利尽归于己，以天下之害尽归于人，亦无不可。使天下之人不敢自私，不敢自利，以我之大私为天下之公。……视天下为莫大之产业，传之子孙，受享无穷……古者以天下为主，君为客，凡君之所毕世而经营者，为天下也。今也以君为主，天下为客，凡天下之无地而得安宁者，为君也。是以其未得之也，屠毒天下之肝脑，离散天下之子女，以博我一人之产业，曾不惨然，曰："我固为子孙创业也。"其既得之也，敲剥天下之骨髓，离散天下之子女，以奉我一人之淫乐……然则为天下之大害者，君而已矣！向使无君，人各得自私也，人各得自利也……今也天下之人，怨恶其君，视之如寇仇，名之为独夫，固其所也。[①]

上述内容看上去比实际更加极端，或者说比作者得出的结论更加极端。这种极端思想，或者说民主思想，抑或者说土地改革思想的意义是什么？甚至，黄宗羲所说的完全是另外一个一直存在的问题。他的支持者和反对者对此给出了截然相反的
239 回答。关于这个问题，我们只能通过以下几点才能客观地、恰如其分地理解它。首先，黄宗羲的思想受到他所处的社会时

① 《明夷待访录·原君》。

代、人际关系和儒家思想的限制。如果意识到这一点，我们就会更好地了解黄宗羲的地位和贡献。在17世纪中国思想家的书中想要找到西方基于宪法的议会制政府体系，这无疑是荒谬的，也是不现实的。其次，如果黄宗羲想要传播自己的思想，那么他的措辞必须非常谨慎。的确，其书中所有的段落都可以被诠释为反对清朝的统治。最后，和不愿也无法表达自己观点的同代人相比，毫无疑问，黄宗羲并没有那么激进和极端。更何况，他的思想本身也缺乏内在的统一性，前后矛盾。而且，黄宗羲也会一厢情愿地使用现实的外衣来包裹他的乌托邦理想。然而，谁又不是如此呢？如果我们把他书中充满儒家气息的标题和《原君》篇中激进的共和思想相比，或者把《原君》篇的语气和其他篇中温和的语气、含蓄谨慎的改良思想相比，我们就能更好地明白最后一点。各篇的诠释方式不同，也会得出不同的评论。例如，《原君》篇中第一句话就是从个人幸福出发，强调所有人都适用的法则。在我看来，这句话比下文中有关君主卑劣行为的论述更加重要。

《原臣》篇中第二、三句话以及《原法》篇中所表现出来的思想已经与传统的儒家思想有所不同。在《原臣》篇中，黄宗羲写道：

> 缘夫天下之大，非一人之所能治，而分治之以群工……夫治天下犹曳大木然，前者唱邪，后者唱许。君与臣，共曳木
240 之人也；若手不执绋，足不履地，曳木者唯娱笑于曳木者之前，从曳木者以为良，而曳木之职荒矣……嗟乎！后世骄君自恣，不以天下万民为事。其所求乎草野者，不过欲得奔走服役之人。乃使草野之应于上者，亦不出夫奔走服役，一时免于寒饿、遂感在上之知遇，不复计其礼之备与不备，跻之仆妾之间而以为当然……又岂知臣之与君，名异而实同耶？……君臣之名，从天下而有之者也。吾无天下之责，则吾在君为路。出而仕于君也，不以天下为事，则君之仆妾也；以天下为事，则君之师友也。夫然，谓之臣。[1]

只有参照该书关于宦官的最后两篇，我们才能理解权力在合作者之间分配这一论断的真实含义。在最后两篇中，黄宗羲想说明的是，由于宦官的身份是奴才，所以才会对大明江山造成如此灾难性的影响。宦官是听话而且人身依附于皇帝的工具，因此他们会听命于皇帝所有奇怪的念头。而且，他们会受到奸臣之行为的鼓舞，因为奴性是可以传染的。我想说明的

---

① 《明夷待访录·原臣》。

是，黄宗羲提出的唯一解决办法就是坚决减少宦官的人数。不得不说，这个办法的效果非常有限。

相反，在我看来，《原法》篇非常重要，不是因为它更加关注政治制度而非行政人员，而是因为它对中国社会的法律进行了清晰的分析。在下面的引文之前，黄宗羲首先讨论了古代 241
的理想政治制度。

> 法愈疏而乱愈不作，所谓无法之法也。后世之法，藏天下于筐箧者也；利不欲其遗于下，福必欲其敛于上；用一人焉则疑其自私，而又用一人以制其私；行一事焉则虑其可欺，而又设一事以防其欺。天下之人共知其筐箧之所在，吾亦鳃鳃然日唯筐箧之是虞，故其法不得不密，法愈密而天下之乱即生法之中，所谓非法之法也。……即论者谓有治人无治法，吾以谓有治法而后有治人。[①]

至于中国历史的周期性问题，我想指出黄宗羲在《明夷待访录》的本篇以及其他段落中都谈到中国历史的两个关键节点，即秦始皇和蒙元时期。前者标志着古代分封制的告终，而

① 《明夷待访录·原法》。

后者废除了汉族的国家制度。

黄宗羲关于土地改革的看法较为奇特，融合了乌托邦式的信念和当时类似统计数据的实证信息。黄宗羲相信能够恢复古代的“井田”制度。然而，必须要明白，在古代中国鼓吹“井田制”不过是为了呼吁土地改革。所有人都相信“井田制”曾
242 真实地存在于遥远的古代。对于“井田制”，主要有三种不同的态度。第一种是儒家士大夫的态度。绝大部分儒家士大夫本身就是地主。他们尽管欣赏这种令人肃然起敬的制度，但是却认为这种在孔夫子时代可行或者说运作良好的制度并不适合当下。第二种是黄宗羲和其他自由思想家的态度，他们认为分配土地既十分必要也切实可行。第三种态度摆脱了乌托邦式的想法和前人的案例，呼吁社会运动，重新分配庄园田产。但是，持有这种看法的只有不识字的农民，他们受传统的影响较小。本文暂且不讨论第三种态度。简而言之，黄宗羲把军事屯田视为实施“井田制”的一种可能。他运用公元 1578 年《明会典》中可用的官方数据机智地指出，如果把 7 亿亩耕地分给全国近 1100 万户，每户可得 50 亩耕地（相当于远古时期的百亩），还富余 1.7 亿亩耕地。剩下的这些耕地可以用来做什么呢？黄宗羲的原话可以证明这一点的重要性。

以听富民之所占，则天下之田自无不足，又何必限田、均田之纷纷，而徒为困苦富民之事乎！

可见，黄宗羲是一个非常理性、温和的土地改革者，不愿意被人认为是平均主义者。的确，他的主张也并非如此。

黄宗羲也不赞成使用银两交税。他建议采用一种纸币和铜钱相互结合的混合制度，并废除白银税制。在关于田制和税制的文章中，通过研究持续增长的税收和越来越多实物税和银钱税变来变去的情况，他非常清楚地看到剥削农民带来的问题，也明白这 243
么做是出于国库的需要。关于这个问题，本文不做深入的探讨。

黄宗羲关于学校和教育的建议无疑是最有创意的。他希望创立一种新的、普及的公共学校制度，其目标并不限于培养官员。黄宗羲理想中的学校应该是集体中心和最重要的机构，为所有人提供教育，并承担起发表公共言论的功能，类似于一种人民议会。这一独特的设计有两个方面的目标：反复向官方学校灌输适当的政治主张，同时阻断书院具有颠覆性的政治化趋势。只有把这一设计放在明朝末年的背景下，我们才能理解它，因为此时的官方学校已无法履行为朝廷培养文人的目标，而越来越变成一种因循守旧的僵化机器，每年只能提供一定数量的三流办事员。这些办事员只知一味附和，写一些没人读懂的八股文。当然，考官对这些八股文也毫不关心。与此同时，私人书院培养的士大夫越来越多，到后来甚至也失去了它的教育初衷，演变为一些与朝廷政见不同的反对者的中心。而朝廷则忙于压制和打击这些散布不同意见，乃至大逆不道之言的巢穴。以下是黄宗羲关于学校的相关段落。

> 天子之所是未必是，天子之所非未必非，天子亦遂不敢自为非是，而公其非是于学校。是故养士为学校之一事，而学校不仅为养士而设也。
>
> 三代以下，天下之是非一出于朝廷。天子荣之，则群趋以
> 244 为是；天子辱之，则群擿以为非。簿书、期会、钱谷、戎狱，一切委之俗吏。时风众势之外，稍有人焉，便以为学校中无当于缓急之习气。而其所谓学校者，科举嚣争，富贵熏心，亦遂以朝廷之势利一变其本领，而士之有才能学术者，且往往自拔于草野之间，于学校初无与也。究竟养士一事亦失之矣。
>
> 于是学校变而为书院。有所非也，则朝廷必以为是而荣之；有所是也，则朝廷必以为非而辱之。伪学之禁，书院之毁，必欲以朝廷之权与之争胜。[1]

---

① 《明夷待访录·学校》。

那么，关于学校，黄宗羲的具体建议有哪些呢？第一，要深入地进行教学大纲的改革。除了“四书五经”的学习之外，还应该引入非儒家的哲学（包括《老子》和《庄子》），各朝各代的历史以及《明实录》，还可以把当下的问题当作考试的主题。第二，应试举子应该通览所有的经书注解后，给出自己的阐释。第三，天文和医学学生在获得职位前应当接受严格的训练。应当根据求医者的存活数、死亡数和医生接待的患者数来评判医者。评级过低者应当被撤销医者身份，中等者应该继续接受学习，评价较高者将进入太医院。第四，除了科举之外，还应当采用其他重视行政能力的选拔方式。第五，应当把 245
佛寺和道观变为“书院”。无论僧人道士是否有学习的能力，只要他们愿意，官府都应当允许他们还俗。没收的寺庙田产收入应该拿来救济贫苦的学生。以下是德巴利教授（W. T. de Bary）教授总结的黄宗羲有关公共学校整体的重要举措。

> 从京师至偏僻的小山村，以及府、县各级都应该设立学校。每一级的学监都应该不受官府控制。府县的学监不需要通过朝廷委任，而是由当地人自己选出。担任学监的人选不必拘泥于是否曾经出仕，或者是否有为官的资格。他们不仅需要在

教育的日常问题上拥有充分的自由，而且他们关于集体任何问题的声明都应该被地方官员所尊重。学监有权跳过提学，罢黜弟子。同样，在京师，太学中的祭酒应当开坛讲课，天子与各部官员均应以弟子的身份听讲。此外，学监还在公共生活的其他事务中拥有广泛的权力，如公共典礼、家庭仪式等。同时，学监还有权查禁公开出版和娱乐事宜。[①]

这篇关于学校的文章是《明夷待访录》全书中最大胆的部分，还包含许多其他值得关注的细节。我认为，其中黄宗羲的两个提议非常值得关注。首先是学生应该有罢课的权利，有要求撤换冒犯公正舆论的学监的权利。而且如果当地官员妄自欺
246 压资格老的学校教师，当地士人可以群起而罢黜官员。其次，黄宗羲提议烧毁乱七八糟的“语录”和各种无用的奏议、应试文集。但是，他还建议烧毁各种时文、小说和词曲。我之所以要专门指出以上两点，是因为尽管黄宗羲对虚构作品的敌意在今天看来已经落伍，但是他呼吁学生有罢课权利这一点对后世青年来说弥足珍贵。而且，在这篇文章中，黄宗羲还为宋朝爱

① W. T. de Bary, “ Chinese Despotism and the Confucian Ideal: A Seventeenth Century View ” , dans *Chinese Thought and Institutions*, éd. Par J. K. Fairbank (Chicago, 1957), p. 179-180.

国学生的政治斗争[1]辩护。因此，胡适把黄宗羲视为五四运动的守护神，有一定的道理。最后一点，黄宗羲把这些跨越好几个世纪的事件联系起来，让它们有了更为广泛的参照面。在刚刚诞生、力量弱小的资产阶级呼吁权利之时，学生们反而成了实际的政治领袖。在北宋末年、明朝末年和清朝末年的中国，或者在1848年的欧洲，我们都能发现类似但又不尽相同的重要政治力量。这就是为什么在清朝末年，梁启超要找出《明夷待访录》，并且印上几万份秘密传播。该书实际上已经在扮演传播民主共和思想之政治宣传手册的功能了。黄宗羲思想迟到的作用表明，与先驱们的活力和勇气相比，后世改革者姗姗来迟。

*

顾炎武（公元1613—1682年），号亭林（公元1644年后曾两次改变名字），留下了一篇写给友人的信。如果要介绍顾炎武，最佳的方法就是从这篇论学问的《与友人书》开始。

窃叹夫百余年以来之为学者，往往言心言性，而茫乎不 **247**
得其解也……今之君子则不然，聚宾客门人之学者数十百人，

① 原文为“宋诸生伏阙槌鼓，请起李纲”。——译者注

"譬诸草木，区以别矣"，而一皆与之言心言性。舍多学而识，以求一贯之方，置四海之困穷不言，而终日讲"危微精一"之说……愚所谓圣人之道者如何？曰"博学多文"，曰"行己有耻"。自一身以至于天下国家，皆学之事也；自子臣弟友以至出入、往来、辞受、取与之间，皆有耻之事也。耻之于人大矣！不耻恶衣恶食，而耻匹夫匹妇之不被其泽，故曰，"万物皆备于我矣，反身而诚。"

鸣呼！士而不先言耻，则为无本之人；非好古而多闻，则为空虚之学。以无本之人而讲空虚之学，吾见其日从事于圣人而去之弥远也。①

上述文字语气高昂，抨击犀利，清楚地表现了顾炎武视为行为准则的信条，并恪守一生。

248 顾炎武出生于苏州附近的昆山。两岁时，一场天花让他单目失明。他的父亲多次乡试不中，在顾炎武 14 岁时去世。之后，顾炎武由养祖父抚养成人，并学习史学的基础知识。顾炎武的养母对他非常严格。公元 1645 年，昆山沦陷于清廷之手，他的养母不愿为清朝臣民，绝食而亡，临死前嘱咐顾炎武不可

① 《与友人书》。

为满人出仕。而 3 年前，时年 30 岁的顾炎武加入了复社，稍后在福建唐王小朝廷中任职。但是，一场家庭变故完全改变了顾炎武的人生轨迹。顾家是士大夫累出的旧勋望族，拥有 800 亩的庄园。这些庄园是租给邻人打理的。这位邻人后来想侵吞顾家田产，于是伙同顾家一位世仆的证词，揭发顾炎武谋反。5 年后，顾炎武派人淹死了这位仆人，也为此被捕入狱，接受鞭刑。在重获自由后，他又被这位邻人收买的刺客追杀，受伤后侥幸逃脱。这场家族仇杀刚好发生在 17 世纪中叶的乱世之中，明朝爱国志士开始逐渐放弃毫无希望的反清复明活动。这也最终让顾炎武决定离开家乡。他首先去了北方，然后在各省不停地云游。逃避迫害和四处谋生只不过是一个借口，他不停游历的真实目的并非如此。早在明朝覆灭之前，作为历史学家和地理学家，顾炎武就出于某种类似收藏家的爱好，开始收集后来写进著作中的诸多数据。当时，在农民起义和清军入关之后，他的研究就具有一种全新的维度和更广阔的视野。实际上，顾炎武有两个目的：首先是亲自调查农民起义军进行游击的区域，其次是为了未来的抗清大业调查各地的战略资源。公元 1662 年，黄宗羲写就政治论著《明夷待访录》。同年，顾炎武完成了中国经济与军事地理学著作，名为《天下郡国利病书》。至今，该书仍然是研究明末中国的重要信息来源。然而，尽管已经有了两个非常有用的版本，但是，只要这部长达120卷的巨作没有索引，我们就无法充分使用它。

在游历期间，顾炎武也多次试图定居下来。第一次是在山东。后来前往北方，依靠借来的钱农耕为生。最后，65岁的顾炎武定居在陕西西北，依靠50亩田地为生。同年，即公元1677年，他前往明皇陵开始了第6次，也是最后一次游历。不用说，对于一个不停地批判明朝哲学思想和制度的人来说，这些仪式性哭吊明朝皇帝的游历，与其说是对前朝的忠诚，不如说是对地大物博之中国的献礼和对家园的热爱。在该时期的一封信中，顾炎武写道：

凡今之所以为学者，为利而已，科举是也。其进于此而为文辞著书一切可传之事者，为名而已，有明三百年之文人是也。①

很自然，如黄宗羲和其他明末志士一样，顾炎武拒绝参加新朝为了愚弄文人而大张旗鼓搞的科举把戏，尽管这些科举名为“博学鸿儒”，已经包含了他的治学主张，即“博学”。他

① 《与潘次耕札五首·之一》，载《亭林馀集》。

也拒绝参与撰写《明史稿》。也许，他无法忘记20年前，即公元1660年，自己刚刚躲过因《明史辑略》导致数百人被清廷处决的祸事。而且，6个月后，自己也曾因被指控写了一篇反清文章而被关入监牢6个月之久。

顾炎武在考古学、金石学、地理学和历史学等领域的建树最为严谨，也最有成效。在最后一次游历家乡之时（公元1667年），他出版了《音学五书》，这是未来所有音韵学、词源学和文献学的奠基之作，也是建立在实证之上运用科学方法的权威之作，更是为有清一朝文人提供的典范之作。对于清代学者而言，历史语音学不再是无用的、消遣的学问，而是一件反对经文写作的有用武器。顾炎武还在查阅上千文献之后完成了一部历史地理学概要（即《肇域志》，由于该书一直未能刊印，所以今天只保留了两部残缺的手稿）。此外，顾炎武还完成了《日知录》，并把一个精简的版本交给黄宗羲评论。的确，顾炎武与黄宗羲的政治思想十之六七都是相通的。直至今日，《日知录》这部不朽名著仍然被广泛阅读。它是顾炎武一生治学、钻研和思想的大作，反映了17世纪中国的所有问题。该书以札记的方式精心撰写和修改，其中论及古代经典、经济问题、行政、道德、宗教、社会、科举制度、历史、文献和文学等方面。全书最终分为三十二卷，公元1695年发表于福建。 **250**

此时，顾炎武这位伟大的旅行家因在陕西南部游历时突遇事故，已经离世。

除了上述的“博学”和“有耻”之外，作为政治思想家，顾炎武的贡献是什么呢？当然，他最杰出的著作并非在政治领域。但是，我认为，我们得把顾炎武排在黄宗羲和王夫之之后，是最有影响力的阐释者，这不仅表现在他的现代知识的博学方面，而且他代表了一种新型政治思想。他的主要政治思想是把地方自治作为解决君主专制下权力过度集中导致的恶果。顾炎武把朝廷和普通官员的分离、官府与民众的割裂视为最大的恶果之一，于是官府的事务往往落在无所忌惮但是熟悉地方
251 情况的小吏手中。无独有偶，同样的抱怨后来也出现在19世纪末的不同表达中。论及地方守令时，顾炎武在《日知录》中写道：

后世有不善治者出焉，尽天下一切之权而收之在上，而万几之广，固非一人之所能操也，而权乃移于法，于是多为之法以禁防之。虽大奸有所不能逾，而贤智之臣亦无能效尺寸于法之外，相与兢兢奉法，以求无过而已。于是天子之权不寄之人臣，而寄之吏胥，是故天下之尤急者，守令亲民之官。而今日之尤无权者莫过于守令，守令无权而民之疾苦不闻于上，安望

其致太平而延国命乎！[1]

顾炎武作《郡县论》九篇，并在其中表达了自己的观点。以下我将引用该书的开篇部分，以便再次了解黄宗羲所分析的17世纪政治架构的不足与功效，然而却无计可施。

《郡县论》知封建之所以变而为郡县，则知郡县之敝而将复变。然则将复变而为封建乎？曰，不能，有圣人起，寓封建之意于郡县之中，而天下治矣。盖自汉以下之人，莫不谓秦以孤立而亡。不知秦之亡，不封建亡，封建亦亡；而封建之废，固自周衰之日而不自于秦也。封建之废，非一日之故也，虽圣人起，亦将变而为郡县。方今郡县之敝已极，而无圣人出焉，尚一一仍其故事，此民生之所以日贫，中国之所以日 252
弱而益趋于乱也。何则？封建之失，其专在下；郡县之失，其专在上。古之圣人，以公心待天下之人，胙之土而分之国；今之君人者，尽四海之内为我郡县犹不足也，人人而疑之，事事而制之，科条文簿日多于一日，而又设之监司，设之督抚，以为如此，守令不得以残害其民矣。不知有司之官，凛凛焉救过

① 《日知录集释》。

> 之不给，以得代为幸，而无肯为其民兴一日之利者，民乌得而不穷，国乌得而不弱？率此不变，虽千百年，而吾知其与乱同事，日甚一日者矣。然则尊令长之秩，而予之以生财治人之权，罢监司之任，设世官之奖，行辟属之法，所谓寓封建之意于郡县之中，而二千年以来之敝可以复振。后之君苟欲厚民生，强国势，则必用吾言矣。①

接下来，顾炎武进一步设想地方官员实习 3 年，达到称职的条件下连任 9 年。同时，让他领一份充足的薪水，了解地方
253 形势，并赋予他地方行政财政自主权，这将让地方官员与所任地方紧密联系在一起，并把自己当作本地人，从而励精图治，以促进和捍卫地方的利益。顾炎武认为，通过这种方式将可以消除农业中国的三种祸患，即贫穷、僵化的行政程序和唯利是图的小吏。

在对待银钱交税的问题上，顾炎武表现得尤为犀利。当时的观察家都无法理解市场和货币经济快速发展的意义，对货币经济带来的好处无动于衷，眼里只有货币经济对乡村的破坏。偏远农业县的农民要从哪里才能获得交税的银两呢？顾炎武有

---

① （明）顾炎武：《郡县论》。

意将自己讨论税收的文章取名为《钱粮论》，因为传统税收的构成方式要么就是实物税，要么就是货币税，即粮食与铜钱。顾炎武把农民的悲惨命运比喻为“畜羊而求马”。他还宣称，通过堆积银钱来充实国库的行为就像是用酒来赈济饥饿之人。

除此之外，顾炎武还猛烈抨击了明末社会的其他问题。他对当时的科举制度非常了解，因此也攻击得最为持久和激励。在《生员论》中，他预估中国的生员人数高达 50 万人，而且这些人都只知写“八股文”，而缺少实际的能力，因此也完全无法担任行政职务。

至于教学纲要，顾炎武厌恶宋明理学和《语录》。后者是数目众多的权威话语，是由学生记录的老师的“箴言集”。他断言，这些与“禅学”并无二致。顾炎武不喜佛教，尤其是反
对禅宗的消极影响，甚至于宣称“自古以来，小人之无忌惮而 254
敢于叛圣人者，莫甚于李贽”。

顾炎武对离经叛道者的控诉并没有提高自己的形象。但是，这也清晰地表明当时充斥着各种矛盾的思想，以及儒家传统深入人心、难以超越的限制。顾炎武在诗歌中如此自述：“嗟我性难驯，穷老弥刚棱。”

接下来，我将研究同样桀骜不驯的第三位政治思想家、湖南隐士王船山（公元 1619—1692 年），本名王夫之，至少用

过6个其他的称呼。王夫之祖籍在长江下游的江苏高邮，永乐年间迁往湖南中部学术气氛浓厚的衡阳。王夫之的父亲十分尊崇朱熹，叔父是一位诗人，兄长也是一位热衷经学的高产学者。其一生和上文所述的黄宗羲、顾炎武二人类似，前者比王夫之大9岁，后者大11岁。和黄宗羲一样，王夫之在21岁时加入了复社。在武昌举行的乡试中，王夫之中举。然而，由于1642年李自成起义军进攻湖南，张献忠起义军威胁湖北，所以王夫之无法进京赶考。这些农民起义军首领缺少足够的教育，因此急需招募文人，既可以起草公告檄文，也可以利用文人的名望和道义。占领衡阳后的第二年，张献忠就强行征募年纪尚轻的王夫之。后者伪装受伤得以解脱，逃至衡山的茅屋避
255 难，并将这座茅屋取名为“续梦庵”。但是，梦已经无法继续。李自成攻陷北京后，王夫之作《悲愤诗》一百韵。南京被清军攻陷后，王夫之又创作了第二首《悲愤诗》。之后，王夫之决定投身抗清运动，但是与明朝在湖南的守将不和。隆武帝在福建被清军俘虏后，王夫之三作《悲愤诗》。然而，在桂王（后来信仰基督教）出现后，王夫之又重新燃起了希望。在自己的家乡落入清军之手后，王夫之前往广东，受到桂王信仰基督教的大臣瞿式耜的接待，并在桂王朝廷中待了两年。由于王夫之强烈批评派系之分，所以树敌众多。后来，王夫之把这段经历

记录了下来。最后，公元 1650 年，王夫之继黄宗羲之后（一年之后），放弃了无望的复明大业，退出政治舞台。公元 1661 年，当王夫之得知桂王逃往缅甸后，写下了第四首《悲愤诗》。

从此，王夫之隐居于深山之中，最后退居石船山下（由此得名“王船山”）。在这段岁月里，他结婚 3 次，并写下了一本接一本的著作。只有两件事情值得在此一提。在王夫之去世前不久，17 世纪另一位著名思想家、游僧方以智来访，但是未能成功劝说王夫之信佛。7 年后，即公元 1678 年，三藩之一吴三桂起兵反清，并在王夫之的家乡衡阳称帝。但是，王夫之拒绝为吴三桂作劝进表。3 年后，三藩之乱结束，清朝统治得以稳固，王夫之之前的举动被视为向新朝示忠。实际上，王夫之不改对前明的忠诚，拒绝了清朝官员的一切拜会。

接下来将谈一谈王夫之的著作，但是无须一一罗列他的
成果。王夫之在世时未能看到自己的著作出版，这也是为什 **256**
么 19 世纪之前鲜有人认识王夫之。到了 19 世纪，第一版王夫之著作的全集问世。但是，太平天国起义期间，这一版的印刷版被毁。在曾国藩的资助下，第二版王夫之著作全集出版，共 58 卷，288 章。所谓最全版本的王夫之文集《船山遗书》于 1933 年出版，共计 70 卷，358 章。在这些数目众多的著作中，最为重要的是他的哲学著作，其中也常常包含一些政治评

论，例如在《尚书引义》《周易外传》《张子正蒙注》等作品中所表现出来的。王夫之也创作了一些有关佛教以及评注《庄子》《老子》的作品，被视为同类作品中的翘楚。此外，王夫之还创作了一些简短的政治小册子，例如《黄书》（公元 1656 年）、《噩梦》（公元 1682 年）。他最著名的作品当属《读通鉴论》（公元 1687 年，共 30 章）和《宋论》（共 15 章）。这两部作品都是以评注的方式创作的政治历史散文，前者是关于司马光的《资治通鉴》，后者是关于《宋史》。74 岁时，王船山因哮喘去世。这比顾炎武晚了 10 年，比黄宗羲早 3 年，尽管王夫之与这二人并无直接联系。以下是王夫之亲自为自己撰写的墓志铭。

> 有明遗臣行人王夫之，字而农，葬于此。……
>
> 抱刘越石之孤愤，而命无从致，希张横渠之正学，而力不能企。幸全归于兹丘，固衔恤以永世。

对王夫之进行评价并非易事。首先，直到 19 世纪末 20 世纪初，寻找本土思想谱系的年轻一代人才把王夫之视为民族主
257 义的先锋、唯物主义的代表和马克思主义的先行者之一。其次，王夫之的作品汗牛充栋，但是直到他去世后两个世纪才得

以付梓出版，但是出版情况仍不尽如人意，更没有得到系统的、科学的研究。而且，费解的词语、晦涩的文体、大量的讽喻，这些都给解读和翻译王夫之的作品带来了困难。

我想从王夫之的历史学著作中选择一个案例来说明上述困难。这些历史学著作往往具有一种特殊的新儒家哲学的色彩。与同代学者一样，王夫之也反对王阳明的“心”的概念，而推崇“理”的概念。后者是事物日积月累而成的形式，是一种有组织、合理性的规律，也是一个基本的形而上概念。然而，在王夫之看来，现象之外并无“道”，只有功能才能决定事物的性质。然而，这个概念与王夫之自然进化的哲学联系在一起，被转移至历史政治的领域当中，以发现某些“客观规律”。他多次在自己对历史的思考中推进对“客观规律”的认识。他的基本构思就是“势”，也许可以被理解为一种形势、趋势和动势的力量。王夫之本人把“势”定义为必须顺从、无法抗拒的力量，换言之就是“不可避免的事”。因此，很自然要遵守必然的趋势，要与固有的事物保持一致。这散发出一股强烈的黑格尔哲学的味道。这种值得注意的相似性是因为王夫之也从来不质疑自己的“世界精神”，并宣扬革命和彻底的改革。王夫之和黑格尔一样，被革命党领袖和进步思想者视为先知。

接下来分析王夫之笔下历史的、必然的和理性的客观规律

258 是如何运作的。在《读通鉴论》开篇，王夫之断定，中国从分封制到郡县制的发展是必然的。王夫之机智地解构了儒家有关黄金时代的传说。他认为，在远古，人类近似于野兽、野人。如果时代没有进步，即使传说中的圣人贤王也无法改变原初时代的蛮荒。而且，如果儒家关于黄金时代不断衰退堕落的判断无误，那么今天的人就要变成魔鬼了。然而正相反，“郡县之天下”（王夫之经常使用的概念）的民众比古代之民更易治理。在分封制诸侯寿终正寝之前，这种郡县制的萌芽就已经诞生了。于是，当时机成熟，分封诸侯国就灭亡了，取而代之的是一统的秦朝。此后，郡县制就有了两千年的发展历史。这一发展是必然的，而且符合理性的发展。贵族和农民之间永恒的区分无法按照自然天赋的不同来进行，因为天赋的差别有可能会和贵族与农民之间的区分相违背。因此，很自然，行政机构和科举制度就取代了举荐制。总的来说，就是“汉朝之后的帝国是由汉朝之后的法则所决定”。每个朝代都会有自己独特的制度，每个人都无法回拨时间，古代过时的样板就只能使用在无政府和混乱的时代。

在此，我想引用王夫之关于旧制度无法适应新时代的论述。这既展现了王夫之具有革命性的思想，也反映出他的道家宿命论思想。

> 以古之制，治古之天下，而未可概之今日者，君子不以立事；以今之宜，治今之天下，而非可必之后日者，君子不以垂法。故封建、井田、朝会、征伐、建官、颁禄之制，尚书不言，孔子不言。岂德不如舜、禹、孔子者，而敢以记诵所得者断万 259
> 世之大经乎？……编中所论，推本得失之原，勉自竭以求合于圣治之本；而就事论法，因其时而酌其宜，即一代而各有弛张，均一事而互有伸诎，宁为无定之言，不敢执一以贼道……无强天下以必从其独见者也。[①]

上述段落选自《读通鉴论》中著名的《叙论》篇。其中，王夫之表达了自己关于史学著作的看法，提出重视历史的原因在于以史为鉴，可知未来。如果历史著作只满足于记录大量琐碎的事件，而不提供政治活动的主要发展脉络，也不研究历史成败机制的模式，那么它又有什么价值呢？王夫之在《叙论》篇的末尾指出，历史是实践的指南，而不是僵化规则的合集，也不是固定不变的套话。

再来谈谈历史必然性的问题，了解这位 17 世纪中国思想

① 《读通鉴论》之《叙论四》。

代言人关于历史必然性的认知。在上文中，我们已经了解王夫之关于分封制和郡县官僚制大一统帝国的看法。特定时代的制度会形成一个严密的整体，各部分无法被割开单独放置在不同的环境中，否则这些被割裂的部分无法在新的环境中发挥作用。例如，古代官员选拔的察举制就不适应今天的环境。此
260 外，现在也无法实施古代土地平均分配制度，即井田制。然而，这种井田制在原始社会中却是必然的，因为当时地主、定期税收都未出现，天下仍然是1800个分封小国，国王必须分配土地，让荒芜的土地得以耕种。后来，随着私有制不断发展，秦朝开始实行中央集权，天下财富掌握在唯一君主的手中，人与人之间“智”与“力”的对比成为所有权大小的唯一标准，私有制也最终成为历史的必然。自私和不平等成为“郡县之天下”的必然标志。因此，土地改革也一再失败，原因在于这一改革“乃欲芟夷天下之智力，均之于柔愚，而独自擅于九州之上，虽日杀戮而只以益怨”[1]。而且，“天子无大公之德以立于人上，独灭裂小民而使之公，是仁义中正为帝王桎梏天下之具”[2]。因此，土地改革只能是痴人说梦。“况乎赋役繁，有司酷，里胥横，后世愿朴之农民，得田而如重祸之加乎身，则疆

① 《读通鉴论》卷五《哀帝》篇。
② 同上。

豪之十取其五而奴隶耕者”[1]。因此，减轻农民负担只有一种方法，即“轻其役，薄其赋，惩有司之贪，宽司农之考”[2]。如此才能实现“民不畏有田，而疆豪无挟以相并，则不待限而兼并自有所止”[3]。王夫之认为，属于天子的是天下和人民，而不是田地，因此天子不能分配土地。帝王应当统御民众而用民力，不可独占土地所有权，因为土地属于人民，属于每个人。朝代更迭，但是土地不变。 261

委婉地说，王夫之抛弃了种种不切实际的幻想。也就是说，以王夫之为代表的中国新一代学者更加贴近实际，即王夫之的立场更加现实，也更加科学。这与黄宗羲和顾炎武为代表的学者不同，后者仍然宣扬改革以阻止权力过于集中于一人手中。我认为，王夫之首先是一位自觉的反乌托邦主义者，一位打破儒家幻想的思想家。其次，他还不自觉地成为新中间阶级利益的捍卫者。而且，王夫之本能地预见，与儒家官僚制度相比，在大权独揽的君主统治下人民的境遇更好。

17 世纪中国“世界精神”运作的另一个新例是王夫之有关军事问题的观点，它们也代表了王夫之关于必然性的思考。

---

① 《读通鉴论》卷五《哀帝》篇。
② 同上。
③ 同上。

儒家最受欢迎的主张之一是兵农合一的制度，或者说由农民组成军队，王夫之把它描述为“寓兵于农”。他认为，“兵农合一”这一封建制度也是适应封建时代的产物，那时的战争发生在邻近的诸侯之间，是一群华夏之人反对另一群华夏之人。自战国以来，尤其是自汉朝以来，随着军事技术的发展，内部农民起义和外部异族入侵都要求组建更加专业的军队，因此古代“兵农合一”的制度也不再适合。强行运用这一制度只能组建素质低下的军队，荒废大量的土地，因为屯田兵并非真正的军队，而且穿着军服的农民如果习惯于不劳而获就会变成土匪。“兵农合一”的理想已经不可避免地过时了，因此不能再次启用。井田制和肉刑也同样不合时宜。而且，谋生是人内在、天生的能力。宁可让事物顺其自然，也不可强行推行福利制度。

262

另外，王夫之被现代中国的学者视为民族主义的预言家。实际上，很少有儒家思想家把华夏视为一个更加优越的民族。尽管他们都认为华夏具有一种文化上的优越性，以至于周边的非华夏民族都把这种优越性看作一种自大，但是至少在理论上，他们都相信孔子的名言，认为“四海之内皆兄弟”。而且，在历史上，他们发现入主华夏的外族也都可以教化。传统的规则仍然有效，即最高的判断标准并非是种族或民族性，而是文明，或者说是采用华夏的礼仪习俗和价值准则。因此，王夫之的观点就让人印象深刻，因为他通过历史事实和学术研究提出，华夏首先是一个民族国家，因为华夏形成了一个独特的种族。毫无疑问，反抗满族入侵的历史背景让王夫之不断反思华夏与夷狄共处的问题。据我所知，尽管王夫之未曾到过北方的边境省份，但是他曾在湖南山区的苗族和瑶族聚居区生活。在这段和异族共同生活的经历后不久，即公元1656年，王夫之创作了《黄书》，吹响了民族主义的第一声号角。30年后，王夫之在《读通鉴论》中亦留下了许多民族主义的色彩。由于直至今日，对中国民族主义源头的研究仍是凤毛麟角，所以我们并不了解这一源头是否受到日益强烈的外来文化的影响。权且假设明末的民族劫难和王夫之自己的历史发展观是他极端民族骄傲情感和独特思考的源头。

王夫之认为，华夏和夷狄习俗各不相同，且互不兼容。以下是他的原话： 263

夷狄之与华夏，所生异地，其地异，其气异矣；气异而习异，习异而所知所行蔑不异焉。……[①]

夷狄之疆也，以其法制之疏略，居处衣食之粗犷，养其駤

① 《读通鉴论》卷十四《哀帝》篇。

> 悍之气，弗改其俗，而大利存焉。然而中国亦因之以免于害。一旦革而以中国之道参之，则彼之利害相半矣。其利者，可渐以雄长于中国；而其害也，彼亦自此而弱矣。
>
> 故曰："鱼相忘于江湖，人和忘于道术。"彼自安其逐水草、习射猎獵、忘君臣、略昏宦、驰突无恒之素，而中国莫能制之。乃不知有城郭之可守，墟市之可利，田土之可耕，赋税之可纳，昏姻仕进之可荣，则且视中国为不可安之丛棘；而中国之人被掠以役于彼者，亦怨苦而不为之用。两相忘也，交相利也，此顺天之纪，因人之情，各安其所之道也。[①]

这些观点似乎非常合理，也非常符合中国的历史。然而，
264 其中成问题的，而且具有代表性的是王夫之在谈及汉武帝发动的战争时，试图让人相信尽管这些战争给当时的民众带来了灾难，但是从民族历史的角度看却是顺应天命[②]。谈及巧取豪夺的对外征服之时，王夫之直截了当地宣称，忠诚、正直以及其他的道德规范只适用华夏内部的人际关系，而不能用于和夷狄之间的关系[③]。此外，王夫之还敏锐地评论了从蛮荒至开化，或从

① 《读通鉴论》卷二十八《五代上》篇。
② 《读通鉴论》卷三《武帝》篇。
③ 《读通鉴论》卷四《宣帝》篇。

开化至蛮荒的动态变化。他举例说，中国北方原本是华夏文明的体现，今天却沦为落后的边疆地区；而中国东南在汉朝时是夷狄之地，在宋朝时仍然不受待见，在17世纪却已经成为全国真正的文化和经济中心[①]。

而且，从人文主义者王夫之的口中听到他把人与蚂蚁相比的言论让人非常震惊。王夫之指出，无论最小的昆虫还是人类，自保的本能是所有物种的天性。因此，“保类”和“卫群”是政治组织最基本的功能。

> 今夫玄驹之右君也，长其穴壤，而赤蚍、飞蚼之窥其门者，必部其族以噬杀之，终远其垤，无相干杂，则役众蠢者，必有以护之也。若夫无百祀之忧，鲜九垓之辨，尊以其身于天下，愤盈倖侣，畛畔同气，猜割牵役，弱靡中区，乃霍霍然保尊贵，偷豫尸功，患至而无以敌，物逼而无以固，子孙之所不能私，种类之所不能覆，盖王道泯绝而春秋之所大愁也。[②]

在这一段之前，王夫之写道： 265

① 《思问录·外篇》。
② 《黄书》。

是故智小一身，力举天下，保其类者为之长，卫其群者为之邱。故圣人先号万姓而示之以独贵，保其所贵，匡其终乱，施于孙子，须于后圣，可禅，可继，可革，而不可使夷类间之。①

维持和延续是民族最重要的目标，而所有的制度、仪式和规则只能退居其次。在《黄书》的《后序》中，王夫之宣称“今族类之不能自固，而何他仁义之云云也哉”，该观点在中国儒家学说中尚无前例。一言以蔽之，这位道家哲人由此变成了民族捍卫者。

对于逐渐克服早期弊病的民族而言，民族主义的早期探索并未受到尚处争夺皇位战争中的人民的重视。然而，我们并不能因此而低估王夫之的贡献。此外，无论从历史还是从未来的角度看，也不能把19世纪受到压迫的民族视为天生就不会压迫其他民族的神圣组织。

大概在第一次世界大战前期，即公元1915年左右，在长沙成立了一个研究王夫之著作的学会（即“船山学社”）。直至20世纪30年代的前些年，这个学会定期出版名为《船山学

① 《黄书》。

报》的期刊。该社自创建之时就以研究和延续湖南著名学者王夫之的思想为旨要，也是后来五四运动中大学生经常参加的学会之一。在这个学社的活跃会员当中，我们还发现了另一位比 266
王夫之更加著名的湖南人的身影，即毛泽东。

最后做一个小结。我认为，对上述三位思想家进行细致的研究是非常有必要的，尤其是有关王夫之的研究。此类研究在未来的中国肯定会蓬勃发展，但是未必会发生在当下，因为此时的中国正在重新衡量19世纪重要人物的价值。在本文对黄宗羲、顾炎武和王夫之进行粗浅的研究后，我们也许可以把黄宗羲的思想与“民主”，把顾炎武的思想与“科学”，把王夫之的思想与“民族主义”关联起来。也就是说，把他们三位的思想与20世纪新中国的驱动力联系在一起。但是，有必要说明的是，这种关联只是以概要的方式指出同一社会阶层早期形式和后期形式之间的联系，以及我们现代社会某个发展阶段一度非常活跃的某些基本观念的发展和转变。然而，这种对共同点的概括和思考本不应该出现在今天的学术研究当中。

为了衡量这三位思想家及其著作的真正价值和影响，必须要对其他次要人物、所处学派、人际交往，乃至他们在17世纪中国所度过的复杂多样的一生进行深入研究。正如我经常指出的那样，这一领域的研究仍属凤毛麟角，而且争议不断，因此留给青年一代的任务非常繁重。如果我能够成功地让读者意识到这项任务虽然艰巨，但一定意义重大，那么我将会欣喜地知道我的努力并非徒劳无益。

1962 年 12 月 28 日至 1963 年 1 月 5 日

于丰特奈玫瑰镇（Fontenay-aux-Roses）

（二）公元 1793 年地方行政实践指南

267 接下来，我们不仅要变换一个主题，而且在时间上也有一个很大的跳跃，因为我将要探讨的地方行政实践指南出版于公元 1793 年。

在理所当然被视为官僚制度的国家中，古代中国的诸多行政问题很自然地会激发人们的兴趣。因为当官是文人统治阶级的唯一出路，而且作家也几乎都出自知识分子阶层，所以自古以来，他们很自然地创作了诸多涉及行政惯例和原则的书籍，为官员提出了种种建议和告诫，以及地方官员什么该做、什么不该做的论述。这些书籍种类繁多，皆属文献学家所定义的“政书”范畴，其中有类似百科全书和行政文集的“通典”“通志”和“通考”等，也有其他各种“会要”。文献学家还模糊地定义了另一种类型，即“职官”。这种类型又大致可分为两种。第一种是涉及官方制度即“官制”的书籍，诸如《汉官》《唐六典》《历代职官表》；第二种是“官箴”即劝言告诫类的书籍，主要是各种实践指南。这些指南在18、19世纪非常流行，但是只有两三本宋代出版的书籍留存下来。于是，一些能干的督抚或重编古代的著作，或创作新的书籍，而且他们喜欢使用的书名往往包括“指南”“要略”“举要”“便览”等。

众所周知，这些指南在古代被官吏广泛阅读。但是，在已 **268**
经消失的社会中由一个业已消失的阶层中某些成员编写的古老指南，是否还能为今天的我们提供研究的价值呢？我认为答案是肯定的，至少有两个方面的意义。首先，当今时代对官僚社会表现出了普遍的兴趣。其次，西方学者对中国表现出的独特兴趣，因为古代中国提供了一个高度发达大型官僚社会的历史案例。

最近，在这个领域出版了三部书籍。尽管要理解它们并非易事，但是它们仍然是研究中国的重要著作。这些书籍分别是何炳棣的《1368—1953中国人口研究》[1]、萧公权的《中国乡

---

① Ho Ping-ti, *Studies on the Population of China, 1368-1953*, Harvard East Asian Studies, 1959.

村：论 19 世纪的帝国控制》[1] 和瞿同祖的《清代地方政府》[2]。之所以提及三位中国学者最近在美国出版的这些书籍，其目的不仅仅在于表明对此类研究的需求真实存在，而且还想指出仔细研究官方指南的意义何在。因为确切地说，这些行政指南是上述三部书籍的主要文献来源，尤其是瞿同祖的著作。

这些吸引我的问题不仅仅局限于了解行政经验，因为和粗略的阅读相比，在行政指南中仔细收集所得的素材要丰富得多。这并非用来贬低已有著作的价值，而是为了说明长期以来我对这一主题的关注，以及我在翻译一本特别累人的书籍时所付出的努力。在下文当中，我将会引用其中的原文。

我翻译的书籍是汪辉祖创作的《学治臆说》。汪辉祖出生
269 于浙江杭州东南的一座城市。由于家境贫寒，所以选择为地方官员担任幕僚。30 多年间，他先后在江苏、浙江等地为 16 位不同的主官担任幕僚。在当时，幕僚是地方行政体系的重要组成部分，而且收入不错，尤其是如汪辉祖一样处理司法事务的幕僚。由于汪辉祖担任幕僚的时间非常长，经验非常丰富，所以他也很难有时间谋取升职。在告老还乡之前，汪辉祖担任的

---

① Siao Kong-ch'uan, *Rural China. Imperial control of the nineteenth century*, Seattle, 1960.

② Ch'ü T'ung-tsu, *Local Government in China under the Ch'ing*, Harvard East Asian Studies, 1962.

最高官职是代理知州。终其一生，他以能吏著称，而且编纂了第一部《二十四史》的索引，即《史姓韵编》。这部索引非常出名，我读大学时还在使用它。此外，汪辉祖还是史学家章学诚等人的好友。但是，汪辉祖之所以名声大噪，还是依靠两部关于地方行政的书籍。

其中第一部是为幕僚编写的指南，名为《佐治药言》，后来又补充了《续佐治药言》。这两本书出版于公元1785—1786年间，前者共40篇，后者共26篇。西比尔·范德斯普伦克尔（Sibylle van der Sprenkel）女士在她的近作《清朝法律制度》[1]一书中翻译了部分章节。也许，《佐治药言》的成功促使汪辉祖撰写了第二部指南，这一部的主要对象是行政官员，即《学治臆说》（公元1793年）和它的两部续集《学治续说》（公元1794年）和《学治说赘》（公元1800年）。和《佐治药言》一样，这三部作品也是由一些短小的篇章组成，《学治臆说》共124篇，《学治续说》共50篇，《学治说赘》共14篇。

关于汪辉祖的个人传记，还值得一提的是他在8次失败后成功中举，并在3次失败后考中进士，时年已经46岁了。公 270
元1795年，他不幸瘫痪，开始专心撰写自己的回忆录，直至

① Sibylle van der Sprenkel, *Legal Institutions in Manchu China*, London School of Economics Monographs on Social Anthropology, 1962.

去世。作为官员，汪辉祖代表了18世纪中国官僚的完美形象，即良吏。他既有优秀的才能，也有众人的缺点；既仁慈谨慎，又缺点明显，目光短浅。

所有这一切都惊人地体现在他的著述当中，其价值难以估量。书中语气自然，自信，又自命不凡；视一切为理所当然，以官员的口吻对其他的官员言说，以官僚的语气对其他官僚言说，以文人的语调对其他文人言说。汪辉祖在书中营造了一种亲切的氛围，仿佛同道中人如朋友一样吐露心声。他以“我们”的方式诉说，相对应的则是“他们”，即不知其名的人民大众。后者仿佛日本歌舞伎中看不见的、穿着黑色衣服的设备操作工。因此，汪辉祖作品的音色甚至比最真实的社会学分析还更加真实，更加具体，更加直接，也更加贴近实际。

我还得解释一下地方行政中的中心人物，即行政官员。州县的长官通常又被称为“父母官”。毫无疑问，这种称呼与其说是指官员向治下民众施予一种类似父母的关心，还不如说是指治下的民众对官员表现出的温顺。这些地方官员代表了朝廷，代替朝廷在全国行使权力，可以说是大权独揽。当然，这种大权独揽也有一定的限制，因为地方行政官员要考虑他的顶头上司，顾及省里的高级官员，而且每走一步措施也要依靠他的下属。但是，在治理的辖区内，地方官员全权负责一切，如

维护治安，征收税赋，抓捕犯人，管控盐务，负责粮仓，维持 271
通讯、驿站、教育等。总之，他得表现出足够的天赋，才能完成所有的任务。否则，他就是一个十足的糊涂虫，一个被所有事情骚扰的人，一个无忧无虑的庸才，永远得小心翼翼地躲开龙潭虎穴，即下层民众和上级官员。而且，地方官员首先得和有影响力的地方士绅搞好关系，这些人是他辖区内的知识分子和仅有的读书人。

接下来，我将引用《学治臆说》中的原文来阐明这一点。

> 有司之职，礼士勤民，迎来送往，谒上官，接寮属，日有应理公事，簿书凌杂，虽能者亦须借佽幕友，况省例不同，俗尚各别，惟习其土者知之。[①]
>
> 为州县者，得百里而长之，即此百里之中，人情风尚，非及期月，断不能周知梗概。知而措之，顺人情，因物利，信而后劳，又非期月不可。事事了彻，方与士民有臂指之联。功令计典，定以三年，无速效也。躁于鬻者，历事未几，辄图调
> 署，择善而赴，或无暖席，其于百姓休戚，漠不相关。如富家 272
> 之雇乳媪，甫与赤子相习，挟主者衣饰而去，致赤子屡易乳

① 《学治臆说》第五。

媪，为之主者屡损不一，损而赤子终不受乳哺之益。父母官之谓何？嗟乎，夫孰使之然哉！可不为百姓计乎？[①]

汪辉祖继续说，与繁华之地相比，偏远之地的行政官员施政更加容易。虽然地方偏僻，但是宾客访友的迎来送往很少，官员的工作不易受到干扰，可以把一天中的12个小时都花在审阅卷宗上。这样，各类文件就可以立即发送，诸多事务也可以当日完结。此外，官员也很容易和辖地的民众保持紧密接触，减少长随和下属贪污腐败和滥用职权，赢得民众的信任，逐渐树立自己良好的官声。相反，在繁华之地，官员每天只能花2—4个小时处理政务，很快就会神经衰竭[②]。

但是，偏远之地和边缘岗位也有不利之处。首先是语言上的困难。方言在一开始都很难懂。即使可以让长随和下属当翻译，但是民众所说之言的准确意思还是有可能被遗漏。汪辉祖提出了一个实用的建议，即找一个十一二岁的本地孩子，然后每天从早到晚向他提问，以熟悉方言[③]。他还建议使用一种简单易懂的语言来发布告示，因为民众通常很难读懂文言文，所以

---

① 《学治臆说》第二十九。
② 《学治臆说》第三十。
③ 《学治臆说》第三十五。

很快就会对各种冗长累赘的文件感到厌烦。最好是以押韵的方式表达，比如八句四言，或者六句五至六言等，文字要以工整易懂的方式书写[①]。

至于其他困难，主要是打探一些秘密的消息。以下是汪辉祖的原话：

> 人情俗尚，各处不同，入国问禁，为吏亦然。初到官时，273
> 不可师心判事，盖所判不协，舆情即滋，议论持之，于后用力较难。每听一事，须于堂下稠人广众中择传老成数人，体问风俗，然后折中剖断，自然情法兼到。一日解一事，百日可解百事，不数月诸事了然。不唯理事中肯，亦令下如流水矣。[②]

汪辉祖指出，官员需要一些提供情报的人，以了解地方的情况，最佳人选是当地的名流。

> 余初至宁远，懵如也，宾至即见，各叩以乡土情形，及棍匪姓名，密置小簿。宾去详录所言，凡讼师、棍盗等项，约记其年貌住处，每升堂先检阅一过，见与簿中相类者，摘发

① 《学治臆说》第五十七。
② 《学治臆说》第三十六。

诲饬，群相惊诧。故法立而不犯，未及一年，四境要隘，粗悉大略。上官偶有垂问，皆能登答，遂过蒙赏识，其实无他寸长也。[①]

地方官员一定不能泄露情报员的姓名，否则这些提供情报的人就会被报复。如汪辉祖所言：“我方资以为治，而致其因我受累，于义不可，于心何安。”[②]

274 地方官员如何面对自己的上级呢？在职责和个人关系之间找到一个平衡点并非易事。

服官之义，唯上所使。上官以公事见委，艰苦皆不可辞。使我以私，必当自远，不特私事也。名为公事，而行私意，于其间一有迎合，便失本心，为之愈熟，委之愈坚，其势必至丧检骫法。此当于受知之初，矢以朴诚，不知有私，唯知有公。上官以为不达权宜，便是立身高处。[③]

在下列引文中，我们会发现这些建议很难用于实践。

---

① 《学治臆说》第三十七。
② 《学治臆说》第三十八。
③ 《学治臆说》第二十一。

属吏受上官之知，可展素蕴矣。然先受知者忌之，将受知者嫉之，求知而不得者伺隙而挤之，百密一疏，谣诼生焉。上官不一，不能无爱憎之别，即皆爱我矣，保继来者之取舍一辙乎？骆统有言，疾之者深，谮之者巧，受宠若惊，唯阅事者知之。[①]

或曰才必可供指使，而后上官引为私人，既以才见知，而 275
不以才应用，上官岂甘心焉。征色不已，必至发声，发声不已，必至积怒，怒不可回，则在在皆获谴之缘，索垢求疵，免者几何？曰：是以平日不可不慎也。作吏者，公私罪名，有动多连，故服官日待罪。唯不贪不酷，不亏公帑，即免大戾，其他不韪，皆公过耳。与其恋栈罹辟，何如奉法去官。此处关头，须独断在心，切不可迟疑商酌。一有游移，妻子皆足为累。[②]

还有其他隐藏的危险，如雇用亲戚等。汪辉祖严厉地提醒地方官员不可任命自己的儿子、女婿和妻子的兄弟担任公职。

---

① 《学治臆说》第十九。
② 《学治臆说》第二十二。

威之所行，权辄附焉，权之所附，威更炽焉。任以笔墨，则售承行，鬻差票；任以案牍，则通贿赂、变是非；任以仓库，则轻出重入，西掩东那，弊难枚举。即令总核买办杂务，其细已甚，亦必至于短发价值，有玷官声，故无一而可，事非十分败坏，不入于耳，迨入于耳，已难措手。

以法则伤恩，以恩则坏法。三者相同，而子为尤甚，其见利忘亲者，无论意在爱亲，而孳孳焉为亲计利，势必陷亲于不义，所以危也。[①]

治婿则碍女，治舅则碍妻，隐忍黜逐，已累不可言，总不
276 若择贤友而任之。友以义合，守义则尊而礼之。苟其负义，何嫌乎绝交，甚至绳之以法，亦可对人。[②]

地方官员应该厚待亲戚，以免被同乡诟病，但是得量力而为。他首先得把自己俸禄的一部分拿出来为亲戚购置粮食和衣物，这样做就无可指责了。“心有余而力不逮，无可如何也。”[③]

总之，最好的办法就是在财物上资助亲戚，而不是委以公职。如果的确有值得信赖的亲戚，也只能把看守仓库的工作托

---

① 《学治臆说》第八十五。
② 《学治臆说》第八十六。
③ 《学治臆说》第八十七。

付给他。[1]然而，跟随官员赴任的亲属往往都是不可信赖之人。“官中用人，大率以势交，以利聚，皆乌合也。一朝去官，东西散矣。”[2]

此外，汪辉祖建议官员不可带年幼的亲人赴任，因为衙门不利于青少年的成长。耍钱赌博、阿谀奉承、淫词艳曲、嬖优伶、狎娈童等充斥其中，更不用说衣美食肥的恶劣影响了。[3]同时，汪辉祖也承认，脱离亲戚的官员也会陷入绝境。如果出门的话，把钥匙带在身上都有所不妥，更何况官印是无法随身携带的。也不能相信妾室，因为她们出身低微，而且贤惠者极少。更有甚者，宠妾一旦揽权，后果不堪设想。

277

众人的眼睛都盯着地方官员，因此他得小心自己的官声。“非二更局宅门后不得举杯。”[4]当然，官员也会喜欢声色，但是一定要有节制。甚至对于吟诗作画都不可沉溺其中，因为一旦官员的娱乐生活被公务打断，他就会变得烦躁愤怒，最终导致祸事。汪辉祖用18世纪的典型语调说：“人非圣贤，谁无嗜好，须力自禁持，能寓意于物而不凝滞于物，斯为得之。”[5]

---

① 《学治臆说》第八十九。
② 《学治臆说》第九十。
③ 《学治臆说》第八十八。
④ 《学治臆说》第九十三。
⑤ 《学治臆说》第九十二。

地方行政长官还得独自承担自己的职责。“若胸无成见，听人主张，将用亲而亲官，用友而友官，用长随吏役，而长随吏役无一非官。人人有权，即人人做官，势必尾大不掉，官如傀儡。”[①]

除了“衙门”的话题，汪辉祖还分析了地方行政长官如何履行职责。他举了一个虽不多见但性质恶劣的谋杀案作为例子。“无论寒暑远近，讯毕即往，以免犯证入城，先投讼师商榷，中途犯到，即择可息足处所，提犯鞫问，使其猝不及备，得情自易。”[②]

汪辉祖似乎经常与讼师争吵，他也多次谈及这一话题，强调在被告见讼师之前，就得先提审被告。汪辉祖明确指出：
278 “乡民初见官长，尚有惧心，立时细鞫，真情易露。”[③]

至于刑事调查，地方官员应该坚持亲自参与验尸，甚至亲自动手验尸，检查伤口，仔细查验尸体腐烂程度。即使在盛夏，也不可为了避秽气而推迟时间，避免仵作舞弊。[④]

还有其他许多需要严格检查的情况，诸如土地纠纷、山地和田地划界、开渠灌溉的诉讼、堪舆风水事务等。要避免欺诈、

① 《学治臆说》第六十三。
② 《学治臆说》第七十七。
③ 《学治臆说》第七十六。
④ 《学治臆说》第七十八。

蒙蔽和谎言，只能通过仔细的丈量、立标、定界以及地方官在场约束。[①]

此外，还有强盗和土匪，他们往往和捕快相互勾结。通常，这些狡猾的匪徒会给衙役行贿，以便在适当的时候获得后者的帮助。汪辉祖指出，官员如果不关注这一方面的话，就会让事情恶化，更加难以肃清匪盗。他甚至提出了一个方法（尽管他本人都不确定该方法的有效性），即对捕快网开一面，让他们抓捕盗匪，将功折罪。[②]

最让人惊讶的是汪辉祖命名为《查逐流丐之法》的篇章，涉及天灾导致的严重的流民问题。当时，明文规定即使是为了救助也不能把储粮运至其他县，因此，乡民们为了逃避饥荒，成群结队地涌入存有储粮的邻县。汪辉祖首先介绍了一位前任县令摆脱流丐的妙招。这位县令让流丐逐一登记，假装允诺赠给他们回乡路费，然后派人送他们到县城领赏，然后再由县城
里的捕快一一驱逐。当然，这种方法并非长久之计。汪辉祖本 279
人也有处理流丐的经验。有一次，邻邑歉收，大批流丐进入湖南，涌入汪辉祖辖区的36个村子。他是如何处理的呢？让各

① 《学治臆说》第五十四。
② 《学治臆说》第七十一。

个村子相互联动，共同负责抓捕和驱赶流丐[①]。流丐的确止住了，但是不用说，他们闯入另一个县。

接下来，我想补充汪辉祖处理宗教和司法事务的态度和方法。这些态度和方法在他的同僚和读者中影响很大。

只有三篇短文涉及宗教方面，但是已经很能说明问题。我强烈建议所有把儒家视为宗教的学者都能阅读它们。

第一篇讲述了城隍庙的重要性。“朝廷庙祀之神，无一不当敬礼，而城隍神尤为本境之主。”之后，他用一个幡然醒悟的杀人犯的故事论证，“以著城隍神之有益吏治云”[②]。

汪辉祖还区别了“地方土神”和“各乡土地神”。关于前者，汪辉祖提出：

> 当敬者，不独城隍神也，凡地方土神为阖境尊信者，其先必有功德于民，始能血食勿替。或以非祀典所载，不为之礼，此尤不可。盖庸人妇稚，多不畏官法而畏神诛，且畏土神甚于畏庙祀之神。神不自灵，灵于事神者之心，即其畏神之
> 280 一念，司土者为之扩而充之，俾知迁善改过，讵非神道设教之

① 《学治臆说》第七十三。
② 《学治臆说》第六十四。

意乎？[1]

这难道不是18世纪实证主义和理性主义不可知论最好的体现吗？

为了祈雨，湖南民众经常把各乡土地神抬到县城，让官员向土地神行礼。公元1789年春，20多尊土地神像被抬进县衙大堂，汪辉祖断然拒绝完成行礼仪式，并发表了以下讲话：

若辈之为是举，谓民之需雨急也。民需雨而官不知，宜以神告儆。今官固先民而祷矣，是何为者？况官之行礼，为九叩首，为六叩首，为三叩首，国有定制，无敢增减。权幽明合一之理，各乡土地神分与地保等，地方官不可与地保平行，土地神独可与地方官抗礼乎？不可抗礼，而举以见官，是谓亵神。且神而有知，应赴城隍神祈求，不暇入县门也。若其无知，则土偶耳，官为叩祷，于礼无稽。余非不爱民者，悖礼经而违国典，不可，且不敢也。其速举尔神以归。道逢戚友，传述余言，不劳更入城也。[2]

① 《学治臆说》第六十五。
② 《学治臆说》第六十六。

对上文中汪辉祖涉及宗教的文字再做评论显得非常多余，
281 因此，让我们谈谈他对司法问题的看法。汪辉祖曾长期担任司法方面的师爷，于是免不了就此侃侃而谈。我只能谈谈我认为重要的几点。毫无疑问，儒家关于法律的学说其实是试图在“法”或“理”与人情、时机以及其他难以估计的因素。汪辉祖给出了一个例子：

然有不必过分皂白可归和睦者，则莫如亲友之调处。盖听断以法，而调处以情，法则泾渭不可不分，情则是非不妨稍借。理直者既通亲友之情，义曲者可免公庭之法，调人之所以设于周官也。[1]

然而，儒家法律观要求在必要之时严格地、严厉地执行法律。当人们抓住为非作歹的罪犯时就要毫不留情地惩罚他们。汪辉祖建议必须仔细观察犯人的心理。尽管他双目近视，但是仍然坚持仔细观察被告的面部表情，通过脸色和语言等的变化来辨别罪犯[2]。汪辉祖还建议“听讼宜静”，不相信判官以粗暴之法断案的效率。这些酷吏往往暴力对待被告，“有细故而批

① 《学治臆说》第四十九。
② 《学治臆说》第四十三。

颊百十者，有巨案而三术叠加者”[1]。很明显，汪辉祖建议按中国之法尽可能人性地审案，要立足于物证和人证来分析，而不应依靠酷刑来获得犯人的口供。但是，他只是排斥非法使用酷刑，而且他在《学治臆说》中生动地描写了这些酷刑。一百年后，约翰·亨利·格雷（John Henry Gray）也详细地描绘了这些刑罚。 282

乃有所谓跪练者，盘铁索于地，裸犯膝跪其上，犹为未足，以圆木或竹穿入两膝弯，用两人左右踏之，曰踏扛，亦曰压扛，惨号之状不忍见闻。二十年前，干吏用以勘黠盗，已而非黠盗亦用之，后遂用之命犯，甚则讼案亦用之。……夫官坐堂上，可茶可烟，可小食，从容自如。犯跪堂下，外则饥惫，内则畏惧，虽甚刁谲，言多必失，静听其隙而严诘之，受之以需，何患不得？而必酷以取供，爱民者不以为然也。[2]

以下是1878年约翰·亨利·格雷在伦敦麦克米伦出版社出版的《中国人的法律、风俗、习惯史》[3]一书中的描写：

---

① 《学治臆说》第四十四。

② 《学治臆说》第四十七。

③ John Henry Gray, *China: a History of the Laws, Manners, and Customs of the People*, London: Macmillan, 1878.

中国法庭往往用酷刑来解决问题。断案的判官坐在一张铺着红色桌布的大案几的后面，让被告跪在案几前，以表达对公堂的尊重。除非被告能够被证明是无辜的，否则他会被当成犯人对待。……在中国，被告极少做有罪辩护，而且判官也很少表现出怜悯，由判官主观判断的情况很常见。在审判过程中，判官会向被告查问许多带有倾向性的问题，从而给被告定罪。一旦被告的回答含糊其辞，判官就会马上使用酷刑来作为唯一的手段。

接下来，我将描述几种最简单的酷刑。被告跪在堂下，上
283 身赤裸。几个狱卒用力拉着他的胳膊，然后由另一位狱卒用行刑棍击打被告的背部。如果被告继续支支吾吾，狱卒就会用两块厚皮革缝合而成的专用工具掌嘴。……掌嘴的力量如此之大以致于经常把受刑者的牙齿打落，脸颊肿大到无法咀嚼。如果被告还坚持不认罪，狱卒就会用一块硬木头击打他的脚踝。……只要囚犯坚持喊冤，就会有一种更加严酷的刑罚折磨他。这是一种类似拷问架的刑具。把囚犯绑在上面后，继续拷问他。如果回答不能令人满意，就用力击打已经提前扒光的大腿。我见到一些囚犯长时间被吊在上面，疼痛得连拷问架都一起抖动，痛苦地呻吟，口吐白沫。这些细节充分表现了该刑罚的残酷。当受刑者从架子上放下来后，都完全无法站立。于是，狱卒就

> 把受刑者放进囚车，让苦力从所谓公正的大堂推至囚室，等待下一次审判。几天后，受刑者又被押至公堂，接受再次审讯。然而，这种酷刑无法保证一定能让受刑者认罪。于是，又换用更加残忍的酷刑来拷问。受刑者跪在一个六英尺长木棍下，两边各拴在一个木柱子上。他的颈背刚好在木棍下，双臂展开拴在木棍上。然后，在受刑者的腿弯处放上一根同样尺寸的木棍。两个狱卒分别站在棍子两端上，用全身的力量压在受刑者的膝关节上。而且，在膝盖下往往还放上一些铁链，以增加受刑者的痛苦。……我曾两次目睹这一酷刑，每一次都是惨不忍睹。[①]

我很抱歉引用如此大段的文字，但是我认为它能提供必要的背景，从而帮助读者理解汪辉祖在用刑问题上表现出的宽容仍有局限。因此，我要再次强调，汪辉祖只是反对非法用刑。

在结束对酷刑的分析之前，我必须得讨论一下非法性的
问题，因为这个问题非常关键。哪些情况是合法的？哪些又是 284
非法的？二者之间的分界线又在哪里？或者说这一分界线真的存在吗？至少，我们可以说这条分界线总是处于变化、滑动之中，完全不固定。只要我们开始研究汪辉祖所处社会的主要弊

① John Henry Gray, *China: a History of the Laws, Manners, and Customs of the People*, London: Macmillan, 1878, Vol. I, p. 32-35.

病即腐败时，合法与非法的问题就会显得非常重要。在《学治臆说》的开头，当汪辉祖谈及地方行政长官的重要幕僚即负责司法和税收事务的师爷时，就委婉地指出了腐败的普遍性。

嗟乎，幕道难言矣。往余年二十二三，初习幕学，其时司刑名、钱谷者，俨然以宾师自处，自晓至暮，常据几案，治文书，无博弈之娱，无应酬之费。遇公事，援引律义，反复辨论。间遇上官驳饬，亦能自申其说。为之主者，敬事唯命。礼貌衰，论议忤，辄辞去。偶有一二不自重之人，群焉指目而讪笑之，未有唯阿从事者。至余年三十七八时犹然，已而稍稍委蛇。又数年，以守正为迂阔矣，江河日下，砥柱为难。甚至苞苴关说，狼狈党援，端方之操，什无二三。初入仕途，往往坐受其误而不自知，于此欲得贤友，宜向老成同官，虚心延访，庶几遇之。[1]

285 然而，在地方官的所有幕僚当中，师爷的俸禄最高。地方官本人名义上的俸禄很低，所以还有一笔数目更大的补充性俸禄，意味深长地被称为“养廉银”。这笔钱刚刚够养活师爷们，但远远无法让他们保持廉洁。具体情况如何呢？一位地方

① 《学治臆说》第六。

行政长官每年的养廉银可以达到500至1000两白银不等，然而每年维持他们的职位所花费的银两十倍于养廉银，这还没有计算官员本人的开销和幕僚长随的薪水。实际上，地方官员不得不面对沉重的支出，以捐钱的方式解决官府的支出和粮仓国库管理中累积的亏空。此外，他还得接待经过自己辖地的上级官员，而且尽管法律不允许，但是多少还会给过往的上级官员准备礼物，提供“规费”等。地方官员甚至在与上级官员的职员们打交道时，除了给门房提供“门费”之外，还得给衙役和仆人准备“茶钱”，还有其他无止境的花费等。那么，地方官员以及他们的同僚是如何获取这一大笔钱的呢？答案很简单，也是通过同样的方法来利用各种机会获取“规费”。“规费”是“陋规”更加委婉的一种说法。简单地说就是贿赂。可以说，贿赂是一种在所有行政机关里无处不在的习惯，自上而下，渗透进社会的每个阶层。为了了解这些多样且普遍存在的“规费”，我只需举几个例子就能说明。地方州县官定期从纳税人那里收取一种弥补浇铸钱锭时损失的费用，名曰“火耗”。这笔钱占常规税收的10%至50%。而且，地方行政官员把铜钱兑换成银两时，可以获得比市场价更优惠的兑换价。另外，在纳税人缴纳粮食时，也可以向他们加征额外的折扣税。官员还
可以享受以实物交税，或以远低于市场价的官方定价交税。最 286

后，每次分配有利可图的工作或任务时，官员还可以从自己衙门的职员如书吏、代书和衙役们那里敲诈钱财。总之，当辖区内的民众想从地方官员处获得什么好处，或躲避什么祸事时，官员就可以向他们索要钱财。

在底层，情况可能更加糟糕。书吏会索要“笔纸钱”，以及各种事务产生的规费，如登记冤情、发放传票、审判、出庭、调查、撤案或结案、征税通知、完税收据等。在漕粮征收的每个环节和各种不同的税收当中都会产生规费，有些书吏甚至在同一环节多次向纳税人索要规费。

衙役也和政府雇员保持紧密合作，向案件的相关人员或谋杀案嫌疑人收受贿赂。当他们被派往乡下征税，或者当他们为官府的粮库工作时也会收受贿赂。从被拘捕或被传唤的人那里，衙役们会“索要‘鞋钱’或‘鞋袜钱’、酒钱、饭钱、车船费及雇驴钱。衙役们也以引带到庭听审为由向原告被告双方索取陋规费。若不按谈定的数目付钱，原被告就无法见到州县官或不许回家。初审定罪的囚犯也须付费，以求被带往上一级衙门重审”。[1]

毫无疑问，由于官员的长随处于蜘蛛网的中心地带，所

① 译文引自瞿同祖:《清代地方政府》，范忠信、晏锋译，法律出版社，2003年，第110—111页。——译者注

以他们也能从各种“规费”中获得油水。但是，这里无法一一列举各种“陋规”。读者可以在本文开头部分提及的瞿同祖教授的书中找到所有想要的信息。我想补充的是，瞿同祖试图 287
区分“规费”和“腐败”，把腐败视为“规费”的升级。换言之，瞿教授想在“合法腐败”（或者说被默许的腐败）和“非法、禁止的腐败”之间画一条分界线。我认为，这条分界线并不存在，而且在瞿同祖的书中都能找到反驳存在这条分界线的论据：

> 虽然这种惯例是“不正常的”“贱鄙的”，正如“陋规”一词本身所表示的，但它仍然被确立和承认，并成为广泛接受的事实。因此，它也在法律的默许之内。但是，我们不要把它与贿赂或别的形式的贪污腐败混淆，后者是非法的、被禁止的。然而，在某些情形下，在收取“陋规”和贪贿之间并没有一个明确的分界线……要确定哪些费用构成合法的行政费用以及它实际上需要多少，是相当困难的。官员及衙门职员们很快就会滥用“陋规”制度，给政府制造严重的行政难题。收费的种类增加了，数量也增加了。整个事态全在政府的控制之外，特别是在中央政府的控制之外。中央政府甚至无从知道在各地实际上存在的陋规收费的不同种类，更不必说用什么方式监督它的

用途了。[1]

上述文字表明瞿同祖也在修正他的看法，以期和事实相一致。因此，我可以说，在常规贿赂和非常规腐败之间并不存在分界线，而且也无法定义它们各自的边界，因为腐败已经成为制度化、常规化和正常化生活方式的一部分。今天，那些研究不发达国家的学者也许同样能发现这一点。

我们再次言归正传，继续讨论汪辉祖。他的经历证明了
288 对书吏、衙役和长随的控诉已经司空见惯。总的来说，他建议要严格管理下属，但是不能把他们逼上绝路，并且要避免让他们颜面扫地，尤其是面对那些老成的吏役。这些老成吏役比过于热心的年轻人更加值得信任[2]。汪辉祖特别强调长随的重要性，尤其是看门人和收发文件的书吏的重要性，因为他们关系着官员的声望和升迁。为此，他讲述了自己雇用一位老仆的故事。由于信任这位老仆，汪辉祖让他担任看门人的职位。一年后，这位老仆被人指控在通传文件时敲诈勒索，妨碍公事。汪辉祖刚开始并不相信这些传闻，直至又一年老仆的罪行彻底败

① 译文引自瞿同祖:《清代地方政府》，范忠信、晏锋译，法律出版社，2003年，第47、49页。——译者注

② 《学治臆说》第八十二、八十三、八十四。

露[1]。总之，人们很容易就会觉得，这些卑劣之人围绕着天真的官员。也许的确如此。最机密的工作都是委托给长随，后者成为地方官员和下属之间的中间人，在幕僚、书吏和衙役之间无法和谐相处时协调他们的诸多活动。此外，长随还是和其他衙门，尤其是和上级官员打交道时的中间人。瞿同祖认为“如果不交陋规费，没有一份文书能过得了上级衙门书吏这一关”[2]。长随通常并非是官员辖地的当地人，但是常常积累起一笔可观的财富。汪辉祖建议刚刚被授予官职的年轻地方行政长官在资金短缺时不可向幕僚和长随借钱[3]。他也谈到乍一看很难理解的惯例，即有人向地方行政长官送钱以获得衙役或长随之职。这是一笔好买卖。所有这些人都可以在处处可见的腐败之网中获得一个关键位置。 **289**

如果说在这个社会里一切都是腐败的，这也许有点夸张，仿佛把中国古代官僚制度漫画化了。然而，漫画也许比照片更能突出这些基本特征。无论如何，人们都会问：这样一种机制是如何能够运转的？的确，尽管该机制运转得并不好，但是仍然可以勉强维持。我也许甚至会赞同何炳棣的观点。他虽然没

---

① 《学治臆说》第十二、十三。
② 译文引自瞿同祖：《清代地方政府》，范忠信、晏锋译，法律出版社，2003年，第81页。——译者注
③ 《学治臆说》第十四。

有清楚地讲明白人口的问题，但是却提出了自己的主要研究成果之一，即在欧洲列强的巨大冲击之前，清朝是中国漫长历史中最幸福，也是最平静的时期之一。或者，更实事求是地说，这是中国历史上祸事最少的时期之一。

最后做一个总结。《学治臆说》只是汪辉祖诸多作品中的一部，他至少还为官员写了 12 本其他的指南。可以说，这部书是我遇到的最难读的书之一。我曾不止一次地在翻译过程中感受到厌烦，有那么几个失望的时刻几乎让我放弃翻译这本书（我不时地感受到，可供我们使用的字典非常匮乏）。但是翻译工作还没有结束，我还得保持耐心和恒心。在这个平凡的领域还有许多事情要做，即使它无法吸引更多的人。然而，我坚信，尽管困难重重，但是这项工作必不可少，它必将带来让我们无法忽视的成果。

1963 年 1 月 5 日至 11 日

于丰特奈玫瑰镇（Fontenay-aux-Roses）

第 13 章　资本主义在中国的诞生[①]

延安整风运动期间，1942 年 2 月 1 日，毛泽东在一篇著名的报告中说道："中国资本主义的发展，从鸦片战争到现在，已经一百年了，但是还没有产生一本合乎中国经济发展的实际的、真正科学的理论书。"[②] 从那时起，情况并没有得到改善。为什么会如此？在回答这个问题之前，我首先要说明一下困难所在。 290

现在人们习惯于谈论"不发达"国家。然而，"不发达"这一表达掩饰了一个重要的事实，即世界被分成两个部分，一

① 本文原载于"The birth of capitalism in China", *Journal of Economic and Social History of the Orient*, III, 1960，并由雅克·雷克吕（Jacques Reclus）从英文翻译成法文。

② 毛泽东：《整顿党的作风》。另参见 Brandt, Schwartz et Fairbank, *A Documentary History of Chinese Communism*, p. 378。

方是少数西方国家，它们处于工业化进程的高级阶段；另一方是数量众多的亚非拉国家，它们虽分别处于工业化进程的不同阶段，但是任何一国都无法在生活水平上与欧美老牌工业国家媲美。和不发达国家相比，这些欧美国家就是“超发达”国家了。这种超发达程度得益于资本主义的强劲推动和迅速扩张。
291 在扩张过程中，前工业国家都曾沦为殖民地，受尽剥削，为资本主义体系的稳定运行提供了原材料和人力。这些被剥削国家之间在经济与文化水平上也存在很大的差距。此外，它们在时空上的差别也是人尽皆知的，例如非洲原始部落与奥斯曼帝国或古代中国的复杂社会之间的差别就不言而喻，因为后者的组织机构既强大又复杂。这会立即产生一个问题，即为什么在这些高度文明的国家里没有诞生类似西方的资本主义呢？或者它曾经出现过？当然，我在此所说的不是来自外国的资本主义因素，也不是模仿西方发展起来的某些资本主义特征——顺便说一句，这些西方模式的资本主义被引入后会破坏甚至最终摧毁接受国的文明。

然而，奇怪的事情是，从中国方面对这个问题进行认真思考的唯一学者是德国社会学家马克斯·韦伯。也许，甚至连韦伯也并不完全了解其中的内涵。除了西欧（保尔·瓦雷里称之为“亚洲的小海角”）之外，世界的任何一处都没有本土形式的资本主义，而且似乎也不会自主地朝着这个方向发展。这一发现立即让我们明白在欧美发生的事情简直是一个奇迹。把开化或未开化的前工业社会当作一面镜子，可以让我们看见自身的发展，并让我们得出比较公正的估量。我认为，这也是研究前工业社会将会获得的主要好处之一。

回到中国的问题，我将从以下问题展开：为什么中国文明没有产生资本主义，尽管它有诸多有利条件，如直至文艺复兴之前中国在科技方面一直领先于西方？中国是否曾经有过资本主义的开端，即一种被扼杀在母体中萌芽状态的资本主义呢？或者这种资本主义的萌芽状态也从未发生？如果曾经有过这种萌芽状态，哪些因素阻碍了它的发展？为什么资本主义萌芽没有开花结果？其中最主要的阻碍因素是什么？我将在稍后的部 292
分尝试找到某些启发，用来回答这些问题。

但是，首先，我想谈谈研究这一问题时遇到的困难。无须赘述西方汉学的问题了。西方汉学家热衷于文献学的细致考证，他们既没有兴趣也没有时间来研究这个大型社会里的经济基础或社会结构等毫无价值的问题。

在这个领域当中，中国人自己做了些什么呢？在上文中我们已经注意到毛泽东的评论了。他发出研究中国资本主义的呼吁在当时有多少中国学者响应呢？毛泽东本人对此做过什么回应呢？

至于后一个问题，我们仅以毛泽东提出的一个口号为例。1947年12月25日，在《目前形势和我们的任务》这篇报告里，毛泽东尝试用一个奇特的术语来定义中国特殊形式的资本主义，即“买办的封建的国家垄断资本主义”。这很明显是一个口号，但是，如果我们将其理解为是毛泽东对当时现实的描述，这个术语无疑是非常适合的。这个标签前面的部分，“买办的封建的”，指的是通商口岸与帝国主义列强保持紧密联系的中国工商业资产阶级和大地主。标签后面的部分，“国家垄断资本主义”，很明显指的是在国民党统治下的中国，蒋介石、宋子文、孔祥熙家族垄断了全国的经济生活。毛泽东把这一部分资产阶级形容为“官僚资产阶级”。

我分析这句奇特的口号，完全是为了指出，在一个国家致力于进行翻天覆地的革命任务之时，学术研究遇到的困难有多大。我也许可以列举许多妨碍认真研究中国资本主义起源的因素。

首先是“封建制度”。众所周知，马克思提出了一个关于
293 人类发展的总体进化理论，主要包括四个阶段或依次递增的水平，即原始部落集体的共有制度、古代奴隶制度、中世纪封建制度和现代资本主义。其中，现代资本主义最终将被社会主义

或全面的共产主义取代。然而，马克思并没有满足于这套黑格尔式的单线进化图示。他在研究俄国、中国，特别是印度社会时，补充了一个名为“亚细亚社会”的阶段。但是，马克思没有决定这个阶段在发展进化序列中的排位，所以暂时让它与其他的阶段并列。这一点意义重大，但是很多人都不知道，庸俗马克思主义的教义甚至直接把它省略了。

然而，20 世纪 30 年代的中国共产党人在有关中国过去、现在和未来的热情讨论中并没有忽略它。他们当中有几位试图运用马克思原本的分析，从而提出中国特有的进化形式，预见中国可能的发展路径。但是，伴随着政治舞台上发生的重要事件，他们的声音很快就被淹没了。

1926—1927 年资产阶级领导的国民大革命，给当时人数很少的中国共产党和他们的苏联老师提出了一个难题。中国共产党人应该与国民党合作，还是应该保持自己行动彻底的独立与自由？

此时，苏联共产党内部之间意见并不统一。在中国问题上，苏联的布尔什维克也争得面红耳赤。托洛茨基及其少数追随者认为中国共产党必须坚持和国民党之间的斗争，因为无产阶级革命是时代的使命。斯大林代表的多数派决定和国民党合作，认为中国当时仍然处于资产阶级革命的阶段。我在此无意重提历史，只需要简单回顾一下 1927 年 4 月发生的事情即可。
294 那时，蒋介石背叛革命，屠杀了大批优秀的中国共产党党员。但是，不久后独揽大权的斯大林派坚持用理论来支持他们在决策上的错误。斯大林等人根据上述单线进化的图示，认为无产阶级革命只能在资产阶级执掌政权之后才能发生。按照这种逻辑得出的结论是，之所以支持代表资产阶级的国民党，那是因为无情的历史时间表指出当时仍然是资产阶级革命的时节。这还意味着（也是关键所在），中国当时尚未进入资本主义阶段，仍然停留在封建阶段，而且不可能是别的时代。

想要理解这种逻辑，重要的是要懂得这种逻辑背后的心理，即喜欢证实历史上应该发生的事情而不是实际发生的事情。

第一种理解困难，是中国过去是封建制度的观点已经被广泛接受，中国历史学家几乎很少发表不同的意见。而且，经常发生的情况是，一个历史学家撰写了一篇论文，严肃准确地描述一个与封建完全不同的时代或社会阶层，但是在发表的时候，他仍会给他贴上“封建”的标签。这样做并不困难，因为“封建”一词在此已经失去其原有的特定含义，而被用来表达“反动”之含义。这个词同时也就可以指涉一切与地主所有制有关的人或事，如法语词汇 hobereau（乡绅）、德语词汇

Junker（容克地主），或者英语词汇 squirearchy（地主阶级），如果我说的不错的话。

我不需要详细罗列这种做法的缺陷，因为它会阻碍人们进行细致的分析，否认历史研究可能存在的不同意见。仅举一个案例来说明。士大夫与被君主专制驯服的工具即宦官都被视为封建制度的代表，然而二者之间却存在着对立、竞争，乃至不 **295**
可调和的仇恨。

第二种困难是前一个困难的直接后果。通行的学说认为 1949 年以前，中国是一个“半封建半殖民地”国家。这一判断让人们很难对近代中国做出任何其他的解释。即使做了，也会带着不少顾虑和犹豫。

第三种可能干扰研究资本主义的障碍是有些人随意地引用经典著作，也就是说以简单的唱赞歌的方式引用几句马克思、列宁、斯大林甚至是毛泽东的话语掩饰自己的思想，敷衍了事。

我想要谈的是最后一个困难，它让我们重新回到本文的主题。这就是缺乏相关的历史材料。很少有非官方的文献能够保存下来，涉及受轻视的商人阶级的文献更是少之又少。这也许还因为无论是中国还是西方的历史学家，至今都对这些资料不感兴趣，也没有人专门收集它们。大家都知道，商家的文件原本可以提供极为有用的研究素材，却常常被拿来当作包装纸包裹东西。此外，还有许多其他永久破坏此类资料的因素。然而，严肃系统地收集资料，诸如今天为考古证明所做的那样，一定会带来迄今尚未发现的丰富文献。事实上，对现存材料还有大量的工作可以做，只要研究者下决心把它们从图书馆厚厚的灰尘中翻出来，而不是把时间花在重新翻译《道德经》或撰写讨论瑜伽的新文章上。

有些人坚持诡辩称中国没有真正的资产阶级，而且它也从
296 来不存在；或者说由于在人类发展图示中没有它的位置，故而无法存在。假如我们能抛弃先入为主的偏见和人类发展一定是单线前进的错误，我们也许能回答下列问题：为什么高度文明的中国社会没有催生出资本主义？或者说曾经有过资本主义，为什么它的形式与西方资本主义不一样？当然，我在此说的是前工业社会，它到现在才开始晚来的工业革命。换言之，我一开始就排除了外来的工业资本主义，它是在 19 世纪 40 年代中国被迫打开国门至 1949 年这一百年内引入的。

今天，对鸦片战争之前中国的社会结构或者说这个社会结构的基本特征应该有一致的意见。这是一个辽阔的农业国，绝大部分的居民都是农民。相对而言，手工业者和商人组成的中间阶级人数很少。最后，在结构顶端的是士大夫，也就是统治

阶级。他们都是著名的文人，也经常被称为“士绅”，人数很少，权力极大，统治中国社会已经两千多年。我不喜欢也不建议使用“士绅”这个词汇，因为在这个社会中，通过官职来获得土地所有权比通过占有土地来获得官职的情况更为常见。当然，土地所有者的条件让他们更容易获得当官所需的教育。但是，自公元 8 世纪起，科举制度的建立动摇了拥有土地之贵族的地位。

中国社会的诸多固有因素导致了它的结构难以理解。例如，统治阶级擅长使用种类繁多的蒙蔽手段来巩固自己的统治。他们为自己的荣誉树立起一座巨大的丰碑——正史，几乎把士大夫的一切言行举止都写进去了。这些正史里的世界是一 297
个封闭的官僚世界，我们只能偶尔在其边角或缝隙里窥见官僚之外的世界，如农民仅仅只有两种身份，不是纳税人就是恶棍，或者造反者；此外还有商人也以两种身份出现，不是纳税人就是唆使腐败的行贿之人；至于手工业者，他们几乎很少出现。这些阶级在正史中的代表没有一个具有活人的性格，他们只是附属品，只是没有自主权利的对象，任由官僚摆布。

另一种情况是在社会等级上使用的蒙蔽手段。他们小心谨慎地使用的完美宣传堪与现代政治宣传相媲美。它长期让人们相信农民是天底下最重要的人，所有人都关心他们的生活状态。它还想让人们明白，农业是最重要的职业，被称为“本业”，而其他职业都是末业。商人尤其受到儒家的口诛笔伐，被视为卑劣的人。然而，实际上，在士大夫和商人之间，存在着一种对农民不利的默契关系。也就是说，商人比农民更加容易获得向上爬的通道。西汉年间有这样一句谚语：

以贫求富，农不如工，工不如商，刺绣文不如倚市门。[1]

但是，财富本身无法带来社会声望。士绅必须既拥有财富，且受过教育。富人可能更容易获得受教育的机会，而未受过教育的人根本无法获得官职。

298 18世纪的小说《儒林外史》揭示了另一种蒙蔽手段，即官吏的信条与实践并不一致：

做官的时候，全不晓得敬重上司，只是一味希图着百姓说好；又逐日讲那些“敦孝弟，劝农桑”的呆话。这些话是教养题目文章里的词藻，他竟拿着当了真，惹的上司不喜欢，把个官弄掉了。[2]

---

① 《汉书》卷九十一。

② 《儒林外史》第三十四回。

官僚与商人阶级之间的关系受到下列事实的影响，即掌握学识的官吏能够监督和协调农业社会的全部活动，因此在国家中占据着支配地位，并以统治阶级的身份享有至高无上的权力与名望。可见，在这种关系中，官吏能够运用任意手段来压制商人，并让他们屈服。所有的让步、反对、支持、宽容都可以随时施予，也可以随时收回。权利、头衔、特权、豁免权、契约、法规之类的东西根本不存在，一旦发现任何新生事物，就会把它扼杀在摇篮之中。如果到了无法压制的程度，朝廷就会插手控制，攫取它的全部利益。站在下层百姓的角度，在这种关系中，不可能有任何合法的权利，因为朝廷和代表朝廷的官僚无所不能，所有的一切事物都由他们决定。下层百姓如果想要获得自己应得的权益，只剩下一条道路，即贿赂。

这种关系还有一个突出的特征，即中间阶级非常懦弱，毫无斗争精神。一方面，中间阶级面对似乎占有绝对优势的对手时感到无能为力。另一方面，他们也并非真正地想要独树一帜，选择一种与统治阶级对立的生活方式。这一点对中间阶级
的抑制甚于其他任何因素。他们没有什么抱负，只求跻身于统 299
治阶级，稍稍沾点官威就满足，于是不遗余力地让自己或后人成为士大夫。

以上是导致中国具有独特发展道路的原因之一。此外，还有贪污带来的影响。实际上，贪污成为两个对立阶级之间的主要接触点。因为如果没有官吏的巧取豪夺，商人也就不会实施贿赂。这种分工形式只对少数人有利，但是它不仅最终导致官场腐败，而且也不利于资产阶级改善自己的地位。它阻止中间阶级巩固和扩大暂时获得的优势，阻碍资产阶级的自我意识，让后者无法看到自己是拥有自我利益的独立实体。

在此，我将随手举几个例证来阐明上述观点。

汇兑是私人首创精神的产物。公元 8 世纪的唐朝，商业迅速发展。当时的商人发现，运送大量的现金既费事又危险。于是，他们发明了“飞钱”。通过这个办法，商人可以将现金存入某个特定机构并获得一张收据，然后凭借这张收据在其他地方兑换成现金。公元 811 年，朝廷禁止私人使用“飞钱”，但是它自己却独占了这个办法，允许商人在京城的官方金融机构存入现金，然后凭票据在外地兑现，每张汇票需支付官府百分之十的费用。

几乎在同时，佛教徒们发明了印刷术，目的是进行佛家的宗教宣传。后来，朝廷又把持了这项发明，却用于截然相反的目的，即传播儒家思想。后来，朝廷关闭了佛寺，当然，这不是因为佛教徒发明了印刷术，而是出于诸多其他目的。

最早发行期票的原始银行是四川的一些富商创立的。公元 300
11世纪，四川是全国的贸易中心之一，而这种期票后来也就变成了流通的纸币。刚开始的时候，官府认可16家最大的富商，把发行“交子”的垄断权交给他们，并从中收取3%的费用。但是几年以后，即公元1023年，朝廷便用官府垄断代替了私人垄断[1]。

再举一个关于借贷习俗的例子。高利贷在古代中国经济中所起的作用也许要比中世纪的西方更大。关键的是，法律不仅不禁止过高的利息，而且官府自己也在从事高利贷。唐初的法律规定了最高利率，私人借贷是月息6%，而官府是7%。宋朝，上述不同借贷的最高利率分别是4%和5%[2]。

宋朝的商人行会必须满足官府的征购。这种义务激发了许多怨言，因为政府出的价格低于市场价，而且商人还得承担供应货物的运费。公元1073年，在京城肉业行会的请求下，官府施予了一个特权，允许行会成员每月交付月税以取代这种义务，而官府则以市价征购。但是12年后，官府又退回到以前的制度。官府给出的理由之一非常典型，即行会强迫其他未入

① L. S. Yang, *Money and Credit in China* (Cambridge, Mass., 1952), p. 51-53.

② Yang, p. 95.

会的小商贩加入行会，以便共同分担这笔取代义务的月税[1]。

还有一个例子能够很好地说明中国与西方在城市发展上的
301 明显不同。这个例子涉及的是城市房产权的问题。宋代发展起来的大城市中，许多房屋是为了出租而修建的。官府是大多数房屋、商铺和建筑用地的所有者。甚至为了管理它们，朝廷设立了专门的机构，按日向穷人征收租金，以免拖欠累积。

上述案例都发生在晚唐和宋朝，这并非偶然。在这个时期，城市发展与商业繁荣是相辅相成的。因此，我们不得不在更早的时期即公元 8 世纪下半叶，寻找资本主义的萌芽。即便如此，我们也不能忘记中国城市与西方城市之间的本质区别。因此，我在上文举的最后一个案例就能很好地说明问题。这个本质区别在于：西方城市是资产阶级的摇篮，后来又是它的堡垒；而中国的城市则主要是官府衙门之所在，官吏的驻地。他们永远对资产阶级怀有敌意，而城市也始终在朝廷的控制之下。

晚唐，尤其是宋朝，国家主权处于分裂的状态中。在这个时期发生了中国资产阶级的第一次大发展，这并非偶然。我坚信，每当国家主权处于分裂之时，朝廷和士大夫的权力就会受

---

① S. Katô, “Au sujet des Hang ou Associations de marchands en Chine”, *Memoirs of the Toyo bunko*, 8 (Tokyo, 1936), p. 62.

到削弱，而中间阶级就会繁荣发展。除了宋代，充满生机、光芒四射的战国时代和中世纪的三国至南北朝时期都是如此。然而，即使在这些对商人有利的时期，朝廷和国家垄断仍然是商业活动的严重束缚。

矿业和盐业能够更详细地展现这个现象。它们提供的经典 302
例证能够说明中国早期的资本主义是如何受到官僚制度条条框框的束缚。这些产业都是非常繁荣的事业，带来的财富最为丰厚。与茶叶交易、对外贸易、军需供应一样，无论是国家授权、国家控制还是国家垄断，它们几乎都同样生意兴隆。

矿业始终处于朝廷的控制之下，特别是铜矿、银矿以及铁矿。其中，铜矿和银矿提供了铸造钱币的原材料，而铁矿则为制造工具和武具提供了原材料。从宋代开始，对煤炭的使用也越来越流行，在冶炼和烹饪上取代了木炭。自公元 1600 年起，有关矿业的详细描述越来越多。从中，我们得知矿洞深达 100 英尺，有一套排水、通风和排除瓦斯的设备，如竹管等。

由于土地在理论上属于朝廷，所以矿产归朝廷所有也就理所当然。明初，朝廷采矿是为了满足自身的需要。当时并没有市场，如果朝廷认为储备的金属充足，就会关停矿场。官营矿场会雇用大量的矿工和铸工，并免除他们的徭役和兵役。但是这些工人仍需缴纳正常的税收。他们通常自备工具和燃料。劳动力不是按人头而是按家庭计算。和农户一样，每个工人家庭被看成独立的纳税单位。著名的永乐皇帝在北京遵化兴建了铁厂。公元 15 世纪初，遵化铁厂有 3000 工人，包括工人、匠人、不从事生产的文职和武职助手和囚犯。这个铁厂的产量大约 50 万斤，全国铁厂的总产量在 1000 万至 2000 万斤[①]之间（相
303 当于 6000—12000 吨）。矿工和铸工只在冬季农闲的 6 个月里工作，工资是每天一升粮食。

但是在 16 世纪发生了一个很大的变化。矿税不再是固定数额，而是按照实际产量征收。这个变化激发了私营矿业的发展，并且导致官营矿业的衰落。从此，出现了富裕的矿主。在工人当中，也有工头和职业矿工之分。对他们都是按产量支付工钱。此外，工头还可以得到在工具、燃料和工资方面的补偿。采矿所得的利润按照以下比例分配，即国家占 30%，矿主占 50%，工资占 20%。尽管税率沉重，而且时不时会出现更加严苛的法令（如禁止开采新矿）和其他不利因素（如采矿要避开农忙季节），私营矿业和为利润而从事的生产仍在持续增长。

在结束明朝矿业之前，我想引用一个独特的告示。公元 16 世纪的最后一个年代（准确地说是公元 1596 年至 1605 年），

---

① 明代 1 斤约为 597 克。——译者注

上演了一场“矿税之祸”。出于财政原因，朝廷到处挖掘银矿，每当一地开采失败，负责开采的宦官就以横征暴敛来强行弥补损失。这最终自然是激发了民怨，于是，万历皇帝开始后悔，下诏：“凡有矿洞，悉令各该地方官封闭，不许私自擅开，务完地脉灵气。”[①]

还可以提一下 18 世纪云南铜矿的发展。元朝时期，官府在这个中国南方的省份开采铜矿，并在有明一代持续发展。至公元 1706 年，朝廷征收 20% 的产量作为实物税。该年的产量达 81000 盎司，大约是公元 1685 年的 20 倍。此后，国家开始垄断，官府不仅征收产量的 20% 作为实物税，而且拥有优先购买权，即用低价买下剩余的部分。如果把铜卖给政府之外的其他人，即以走私罪论处，执行没收和罚款的处罚。这条新规对私人企业十分不利，并导致走私盛行。最后，朝廷做出让步，允许自由买卖缴纳税收后所剩的铜。让步措施迅速提升了产铜量：公元 1724 年，产量是 100 万斤；公元 1726 年，产量为 200 万斤；到了公元 1727 年，产量提升至 300 万斤。 **304**

更高的利润空间让朝廷又开始回到老一套，加强了对铜

① 《明神宗实录》卷四百一十六。关于明代矿业，还可参见白寿彝：《明代矿业的发展》，载《中国资本主义萌芽问题讨论集》卷二，1957，第 947—993 页。

矿的控制。除了征收实物税外，官府又开始收购剩余产品，只不过稍稍提高了收购价格。18 世纪末，再一次做出新的让步，进一步提高收购价格，并准许在自由市场上出售税后剩余产量的 10%。从公元 1740 年至 1810 年，共有大约 50 座矿场，总产量达 6000 至 9000 吨（即 1000 万至 1500 万斤），从事生产的矿工有 20 万至 30 万人。

现在，让我们进一步谈谈生产组织。场主（或矿主）由官府任命。在其控制下还有若干文吏和警卫，监督开采、税收和销售。场主有 7 位工头协助，这些人有时由工人队伍推选产生，但是多数情况下是由官府任命。每一位工头都负责一项具体的工作，包括解决争议、支付工钱及其他开支、负责熔炉、食品供应、开挖矿洞、架设支柱和供应煤炭等事务。

矿场分为大厂和矿井两种。矿井通常转包给其他的承租者，由各人独立经营或合伙承包。每个矿井都由几个工组夜以
305 继日地开采。工组一般由采矿工和支架工组成，后者负责矿道支撑、通风与排水等事宜。矿的大小不同，矿工的人数也在 100—200 人不等。铸工的工作比较复杂，例如它需要 6 个人操作一台 12 英尺[①] 的大风箱，每个工人轮流工作两小时，12

① 约等于 3.7 米。——编者注

小时轮一次。

在矿场行政管理方面，官府使用了一种工钱预付与税收预支相结合的制度。每月预付的工钱将在下个月从总产量中扣除价值相等的铜和作为实物税的铜。为了归还预付的工钱，生产者须支付：

（1）实物税（如上文所述）；

（2）一定数量的铜（数量由官府决定），以换取自由出售税后余铜的权利；

（3）名为“合场公费”的费用，这是对本金与垫资的一种捐额；

（4）“养廉铜”，这是给管理人员的补助，以预防敲诈勒索。

最后还必须按照官府规定的价格出售剩余的铜。

一旦官府得到自己的份额并买下自己所需的铜后，就不再关心生产和矿主的赚头了。但是，在此之前，官府的监督独断专行。为了防止走私，熔炉受到官府的严密控制。一旦铜冶炼出炉，就会立即接受检验、称重和课税。当时的记录显示，税额在 9%—20% 之间任意变动。此外，贪官大大小小的敲诈勒索也是不可避免的。可见，官府整套管理的重心在于督察式的监视，而不是为了促进生产。工人当中则以秘密结社来对抗这种监督。

矿主都是来自其他省，如江苏、湖北、四川和广东来的富
306 商。这些矿主提供资本，雇用管事、技工（从事支架、通风、排水等工作）、工头和工人。工人也是从上述省份招募而来的穷苦百姓。当庄稼收割完毕，他们通常就会前往矿上寻找工作。但是，如果有生意兴隆的新矿开张，那么无论什么季节，他们都会蜂拥而至。

向工人支付酬劳的方式有两种，即不与产量、利润关联的月薪制和被称为“米分”或“亲身弟兄”的股份制。在这种股份合作制下，工人能得到食物和 30% 的利润，管事、技工和工头能获得 10% 的利润，而矿主能得大头，即 60% 的利润[①]。

我要特别强调这种制度，因为有一种类似的制度曾经是西方早期资本主义的特征。从 14 世纪起的银矿开采中尤其如此。这种类似的制度主要出现在日耳曼人的银矿中，在日耳曼语中被称为“verlag”。另一个值得注意的关键点是，承包云南铜矿的合伙者双方即矿主和领薪工人都是来自外省，也就是说都是外乡人。这个特点值得注意，其中缺乏紧密的隶属关系。

对食盐的垄断也一直是朝廷收入的主要来源。早在公元前 6 世纪，中国就开始对消费品征税。自唐朝以来，盐税就在朝

① 关于中国云南的矿业，可参看王明伦：《鸦片战争前云南铜矿业的资本主义萌芽》，载《中国资本主义萌芽问题讨论集》卷二，第 947—993 页。

廷收入中占比很高。为了加强垄断，禁止走私，繁荣盐业，朝廷便依靠商人来运销食盐，因为这些事情对朝廷来说既困难又麻烦，尤其是人口还在不断增加。 307

在清代，盐税每年可达大约 500 万两白银。最初，两淮地区的盐税占全国总额的一半，18 世纪中叶以后占 40%。可见，两淮地区是中国中部和东南部 11 个产盐区最大也是最富庶的区域。通过保存下来的大量材料，可以算出两淮地区盐商每年向 7500 万居民（占 18 世纪全国总人口的四分之一）提供食盐 6 亿多斤，平均每年可获得利润大约 700 万两白银。下面我们将来分析这个行业是如何运转的，以及商人把赚来的利润用在何处。

灶户本来是独立的小生产者，他们利润虽小，但是周转快，不用承担风险。但是，到了 18 世纪，这些灶户越来越受到场商的控制。到了公元 1800 年，只有一半灶户还拥有盐场。甚至当他们还是自己小盐场的合法主人时，就已经在事实上成为资本家权势控制下的工薪者。刚开始，场商只是从灶户手中买盐，然后转卖给运商，但后来他们就演变成大规模的生产者。这样，他们也就得承担一定的风险，因为食盐是一种容易损耗的商品。在卖给运商之前，盐就已经存放一年了。产盐商从破产的灶户手中买下盐场，或者参与股份分享利润。这些产盐商的身份必须获得政府的认可，而且人数有限，只有 30 人才能获得这些许可。如此，在“verlag”制度向充分发育的资本主义的过渡中，产盐商不仅能牢固地控制灶户，而且也控制着小商贩，后者通常都是产盐商的代理商。产盐商每年可以获
308 得利润 150 万至 200 万两，他们将其中的 60% 纳入囊中，留下 40% 分给场商和灶户。

盐在运销方面的利润更高。运商每年能获利大约 500 万两白银。在宋代，商人把粮食运到边境供应军需。作为交换，他们得到政府发行的盐票，凭此在内地换取政府垄断的盐。明末（公元 16—17 世纪），商人可以用现金购买盐票，因此边境的盐商变成了内地的盐商。直到 19 世纪中叶还在实行一种很典型的办法，即朝廷把世袭的食盐专利权承包给能预付盐税的富商，并把他们记录在册（纲册），然后每年依照纲册在两淮地区分配食盐份额。

在两淮地区，这些运商共有 230 名。对于所有关心中国资本主义的人来说，这些运商组织都是一种新的发现。顶层的商人只有 30 名，被称为“总商”。其中，一半人都有盐引[1]，另一半人则是租用别人的盐引。这些总商主要负责向散商课纳盐

① 盐引是宋代以后历代政府发给盐商的食盐运销许可凭证。——编者注

税，并对整个商人团体即200名散商负责。和总商相比，散商地位很低。尽管他们几乎人人拥有资产，但是通常都需要在一位总商的名下做生意。总商剥削散商的方式主要有两种：高利息借贷资本和把官府的勒索转嫁给全体散商。与此同时，总商还掌握“规费”中的大部分。这是用来接待官员和捐纳地方官府的钱，它出自商人团体的公积金，掌握在少数商人手中。朝廷大员也鼓励这种做法，因为他们可以和少数这几个商人共同私分利益。盐政衙门曾从总商中选择四五个人，组成一个全权 309
负责的小集团，但是这带来的弊端很大，于公元1724年被废除。即便如此，其中的权力等级依然十分明显，即朝廷大员＞地方官员＞商人领袖＞总商＞散商。当然，在散商之下还有广大的普通消费者——农民，也就是真正的盐税承担者。

最后，谈谈财富积累这个首要问题。在18世纪下半叶的盛世，盐商的利润估计有2.5亿两白银。这些盐商把这些钱花在了哪里呢？在此之前，我们回答另一个问题，即盐商来自何处？他们的生活如何？

两淮盐商主要有两帮：一帮来自山西，他们是从前的边商；另一帮来自安徽徽州，按照家乡的古地名，被称为“新安商人”。至明朝末年，这两帮人就已经家喻户晓。如果各位还记得马克斯·韦伯关于清教徒节俭传统与资本主义诞生之间关系的论述的话，下面这段来自公元1600年前后中国的描述将能够提供很好的对照：

富室之称雄者，江南则推新安，江北则推山右。新安大贾，鱼盐为业，藏镪有至百万者，其他二三十万则中贾耳。山右或盐，或丝，或转贩，或窖藏，其富甚于新安。新安奢而山右俭也。然新安人衣食亦甚菲啬……唯娶妾、宿妓、争讼，则挥金如土。[1]

310 这些勤俭创业者的后人，到了第二、第三代的时候染上了截然不同的癖好。这些后人沽名钓誉，一心想获得社会声望，为此不惜花费大量钱财。统治阶级希望商人恪守己位，于是他们就在生活上炫耀奢华来补偿社会声望的不足。他们沉湎于声色犬马，拥有无与伦比的游园，成为古玩、书籍和艺术品的收藏者和鉴赏者。他们慷慨地资助文人，接待名士，附庸风雅。当时，几十位著名文人都是他们的座上宾，如诗人袁枚、哲学家戴震、历史学家钱大昕等。公元18世纪下半叶，这些商人捐银4100万两供皇帝个人花费的确是在历史上发生过的事情。

① 谢肇淛：《五杂俎·地部二》。

可见，他们的生活方式、家族精神和教育开支使得积累起来的大部分财富流入了非经济领域。

另一个阻碍资本主义发展的障碍是投资土地的传统习惯，尽管地租收益最多不过是典当、借贷或贸易收入的三四成。我们可以看到北京城里的徽州会馆（即著名的新安商人）规定：会馆所有的共同资金“只许用于购置地产，不许用于借贷生息，以防不测”，“风险小与声誉好，是使土地投资具有吸引力的两个主要因素”[①]。

中国资本主义发展史有一种间歇性，并且充满了突飞猛进 311
与停滞倒退。我将通过最后一个例子来阐明这种间断性。由于盐业的衰落，盐商的资本也转向了更加有利可图的典当业。公元 18 世纪初，他们接管了原本属于朝廷机构的联号当铺，投入的帑银被称为“发商生息”[②]。

综上所述，本文提出以下观点：

第一，我无法指出中国资本主义诞生的确切时期。但是，我发现有一种把这个时期往前提的趋势，即从 19 世纪提前至 18 世纪，再提前至 17 世纪……最后提前到宋代（10 至 13 世

① Lian-sheng Yang, *Money and Credit in China*, pp. 102-103.

② 参见 Abe Takeo, “Le prêt sur gage dans la période Qing”，dans *Haneda Toyoshi ronso* (Kyoto, 1950), pp. 1-36。当铺的总数从公元 1685 年的 7685 家增加到公元 1812 年的 23139 家。

纪）。我认为宋代是中国近代开始的标志。而且，我还认为，上文提到的间歇性破坏了教科书偏爱的那种简单稳定的上升路线。

第二，涉及工业资本主义时，我们绝不应该忘记机器的目的是节约劳动力或劳动时间。中国并不缺乏劳动力，正相反，中国一直拥有巨大的劳动力。大量廉价的劳动力阻碍了发明以节约时间为目的的机器。然而，中国资本主义持续发展最为缺少的不是机器操作，不是科学才能，也不是财富积累，而是私人企业的活动空间。在中国，私人企业缺少必备个人自由和保障，缺少除了国家义务之外其他权利的合法基础，缺少土地投资之外的其他投资方式，也缺少必要的保障以免受官吏的敲诈
312 勒索和官府的专断干涉。但是，最大的阻碍因素也许是国家官僚制度压倒一切的权威。它把资产阶级标新立异、形成阶级意识并为自治权而斗争的一切企图扼杀在摇篮之中。勇于冒险并引以为骄傲的自由企业在中国经济史上纯属反常的个案。

第三，如果把资本主义仅仅定义为竞争性的或自由的企业（这在我们西方世界也几乎消失了），那么在中国就完全不曾出现过资本主义。但是，如果承认国家资本主义也是我们称之为“资本主义”之现象的重要组成部分，那么，在中国，资本主义就像白发苍苍的老人，给自己勇敢健壮的曾孙留下了极为珍

贵的经验。

而且，确切地说，我们正生活在国家资本主义的年代，无论是西方老牌的资本主义国家或是东方新生的“人民民主”国家都是如此。因此，这个问题在今天对我们仍有重要的现实意义。

第 14 章　历史中国和新中国：延续与断裂[1]

313 中国不再任人宰割，这也许是昨日之中国与今日之中国之间最明显的对比。一系列事实上的变化都可以让诸位明白这一点。首先让人感到惊讶的是中国的发展速度，这个国家已经从一个贫弱的亚洲帝国变成一个现代工业大国。中国从 19 世纪至“一战”前夕曾是西方列强的觊觎之物和势力范围，不久以前还是军阀混战的舞台，任由内战和侵略的摧残。饱受分裂、奴役、失望、苦难、耻辱和迷茫之苦的中国，在 10 年里就成为一个自信的国家，力量与日俱增，正在走向一流大国的行列，影响着世界的命运，尽管有许多人仍然一叶障目，装作无视它的存在。

这是在与时间竞赛，速度飞快，但是也十分辛苦。其他国

① 本文原载于 *Aspects de la Chine*, III, Paris, 1962。

家需要花上好几个世纪才能完成的蜕变，而中国希望在几个五年当中就能完成。人们通常把这种情况称为“历史的加速”，这种以前难以想象的事情在20世纪中叶发生在我们或敌视或赞许的目光下，过程中既有碰撞和暂时的倒退，也有“大跃进”。此外，这个口号很好地反映了这一当今世界重大事件的精髓，即一个落后者，一个姗姗来迟的新手，试图赶上和超越 314
所有的老手。

具体来看，这是一个巨大的农业社会，继承了最古老的文明，后来坚决地离开西方的榜样，投入到俄国老师的阵营，并迫不及待地开始革新，不断地同时快速开展各种革命，如民族革命、社会革命与工业革命。

中国抛弃了一般发展的各种方案和规律，无视所有的建议，甚至没有听从俄国老师的建议，冲动地否认自己的现有条件。农业革命刚刚结束，土地刚刚分配下去，它就让农民投身到集体化运动中，无论在速度还是在规模上都超过苏联的集体农庄。

但是，农村的动荡远比不上更受重视的工业化宏伟事业。这一工业化建设开始时的基础只有数量很小的初始资本、刚刚形成的工人阶级、少得可怜的中层管理人员、基础的技术知识和贫乏的机器设备。西方通过几个世纪才能实现工业化，即使是俄国或邻国日本也是依靠几代人的努力才完成的成就，中国人民将要在二三十年里完成。

因此，断裂是明显存在的。首先是刚刚过去的历史决裂。中国厌恶地抛弃了所有让它想起那些寄生虫们的一切事物，也抛弃了曾经衣衫褴褛的日子、沿街乞讨的乞丐、腐败的军阀和政客、祈求外国贷款又将其挥霍一空的外交官、从未成功的议会制和要求徒弟绝对服从以充当学费的师傅。由此带来的还有中国与西方、中国与 19 世纪及其在欧美的延续之间的决裂。

其次，还有与传统，至少是与传统的某些方面决裂。这些传统给国家实现现代化带来了沉重的障碍。妇女解放、教育体系对精确科学和技术的重视都体现了与传统决裂的必要性。家庭崇拜、长幼秩序、服从尊长，这些都是几千年来在习俗中根
315 深蒂固的传统。要消除它们的影响，这不仅是更加迫切的需要，而且也许是更加困难的任务。

以前最为墨守成规的文明已经从原则上拒绝传统主义。官方的宣传工具不遗余力地公开批判传统的生活方式和思想。儒家是所有保守主义的化身，因此也就成了官方宣传最喜欢的靶子。然而，如果我们不被嘈杂的表面现象迷惑，就可以很明显地发现表现出来的内在延续性的迹象。

首先是文化的延续。第一个需要指出的就是中国文明无与

伦比的媒介依然是文字。尽管受到反传统主义者反复攻击，表意文字并没有消失。尽管接受了一些微调，如简化或缩略等，汉字依然存在，成功地对抗了那些空论家的批评，仍旧是古今之间活跃的联系和牢固的桥梁。在漫长的历史中，汉字已经历了许多改革，但是它们的抵抗力十分惊人。要把汉字一笔划去根本就行不通，而且汉字的消失就等于抛弃民族文化的遗产。

然而，新中国至少在文化层面和以前的政府一样敏锐，甚至更加清醒。它不会也不愿放弃被正确地视为民族骄傲重要推力的遗产。毛泽东只喜欢写古体诗，郭沫若也是中国最伟大的学者和作家之一，其他许多领导人也集政治家与文人精英于一身，很难想象他们会把中国文学的所有作品束之高阁。正相反，他们不仅没有摒弃这些作品，反而还推广它们，让人民群众也能阅读。的确，中国戏剧、古典小说、伟大诗篇甚至博学之文从未有过 1949 年以后的盛况。这些书籍一经出版，立即售罄。

美术和考古也是如此。中国传统绘画的珍品依然受到尊重。一些专门的杂志艰难地翻印所有通过无数次考古发掘才
得以重见天日的文物，而且这些考古发掘也得到公共事业的 **316**
支持。关于传统的持久性，还有另一个意外但非常有特点的例子。古代的医术不仅没有让位于西医，反而还和西医一起发展

繁荣。它不仅能够正式地被教授，而且还得到政府的保护和支持。

还有一个更加难以察觉的层面。某些人的态度让我们非常困惑，这不是因为这些态度不合时宜，而是因为它们带有习俗的劣根性。我们可以想象，有许多知识分子会顺着中国思想惯有的趋势，用传统的那一套来理解最近发生的事件。旧派的中国文人已经习惯了王朝更替，也熟悉中国上千年的历史。如果这个旧派的中国文人向我们吐露他的观点，我们也许会奇怪地发现他会使用一些已经过时的观念。他也许仍然想把中国上半个世纪的混乱比作新王朝建立之前经常出现的乱世，认为1949年以前的历史依然充斥着许多争权夺位之辈、盲目骄傲的大人物、腐败政府的混乱无能、失地农民的苦难生活、政权虚弱导致的胡人入侵以及其他诸多传统因素，相信由此导致的争权夺利带来了混乱，而新政权、新时代英明的建立者拥有天命和民心，也最终取得胜利。这种视角并非全盘错误，只是弄错了最关键的一点，即政体的革新。

而且，也许还很难一一反驳这个旧派文人提出的所有论据。他把新中国的某些特征和古代帝国进行比较，如国家至上、官员阶层地位更高、公共事业对大量劳力的需求、长期的治安监督、权力的集中等。此外，还有个体无法逃离集体的社会压力和影响等。

很明显，这些新旧之间的比较是完全错误的，它们完全忽 317
视了当下事件所处的不同背景。稍微花点时间比较一下现代国家追捧的法国大革命即可明白。法国大革命爆发的背景是早期工业资本主义，而不是封建制度。它带来规模巨大的混乱，无论在节奏上还是在性质上都完全不同。因此，很明显，就算20世纪发生了王朝更替，那它也不是简单意义上的王朝替代。但是，即使抛开那个旧派文人的看法，我们还是可以为这种表面上的类比找到合理的解释。

我们认为，中央集权制和官员行使权力是中国古今政体真正的相似点。没有必要把前资本主义和前工业的社会与高度工业化的社会混为一谈。无论是古代还是今天，官员一直发挥着主导作用。如何解释这种相似性呢？中国这个广阔的国家并没有经历过西方国家的发展道路，历史上也未出现西方资本主义发展阶段具有的宪章、豁免权、私企、竞争等。在中国，最后的决定权一直属于权力集中的国家。今天，所有的国家，无论是经历过19世纪典型资本主义发展阶段的西方国家，还是不发达国家，都在走向官僚主义化，把越来越多的职权交给国家。于是，也就可以理解，想用很短时间赶上超级大国（我们也可以称之为“超发达国家”）的不发达国家，提供了一个官僚制度的特定案例。其独特之处就在于这个国家在经济上虽然不发达，但是在组织架构上非常发达，尤其是中国的文人官员拥有两千年的历史。

很明显，加速发展付出了很大的代价。但是，看看其他不发达国家，它们没有像中国一样的文化遗产和知识分子阶层，
318 但是也在和同样的难题做斗争，即使这些难题的难易程度有所不同。我们可以试问，这些很高的代价是否可以避免？而且，不发达国家一旦彻底独立，那么中国对这些难题做出的回答是否是唯一的可行之道呢？

参考文献

[1] TENG (S. Y.) et FAIRBANK (J. K.), China's response to the West, Cambridge Mass., 1954.

[2] FAIRBANK (J. K.), éd., Chinese thought and institutions, Chicago, 1957.

[3] CHOW (T. T.), The May Fourth Movement, Intellectual revolution in modern China, Cambridge, Mass., 1960.

白乐日著作年表

星号表明该文已经被收录到本书当中。 328

一、生前已经发表的著作与论文

1.《唐朝经济史的贡献（618—906）》（德文），1931—1933；

2.《哲学家范缜及其反佛教论》（德文），1932；

3.《先行者王安石》（德文），1933；

4.《荀子：古代儒家之典范》（德文），书评，1933；

5.《人类的觉醒：东亚和近东的史前文化》（德文），书评，1933；

6.《爱德华·冯·德·海德男爵藏品的铭文》（德文），1934；

7.《曹操的两首诗》（德文），1937；

8.《现代中国小说文选》（法文），书评，1937；

9.《先驱之风：宋代诗词翻译》（英文），书评，1937；

10.《天子：唐朝创立者李世民传记》（英文），书评，1938；

329 11.《中国逝去的时间》（德文），1947；

12.《有关唐朝法律史的资料》（德文），书评，1947；

*13.《在“虚无主义的反抗”和“神秘主义的逃亡”之间：公元3世纪中国文人思潮》（法文），1948；

14.《中国的历史》（德文），书评，1949；

15.《中国的社会与国家》（德文），书评，1949；

*16.《汉朝末年的社会危机与政治哲学》（法文），1949；

17.《中国的历史与文化》（德文），书评，1949；

18.《中国社会史的新光辉》（英文），1950；

*19.《中国社会的重要特征》（法文），1952；

20.《中世纪中国的经济与社会研究卷一：隋朝经济论》（法文），1953；1954年，白乐日因为这部著作被法兰西铭文与美文学术院授予“儒莲奖”。

*21.《公元4至5世纪中国鞑靼政权与汉族政权下的土地制度转变》（法文），1953；

*22.《中国的集市》（法文），1953；

23.《征服者和统治者：中世纪中国的社会力量》（英文），书评，1953；

24.《三国史:〈资治通鉴〉第69至78卷翻译与评注》（英文），书评，1953；

25.《中世纪中国的经济与社会研究卷二：隋朝法制论》（法文），1954；

*26.《公元 4 世纪至 14 世纪的中国土地制度》（法文），1954；

*27.《中国城市行政与司法制度史》（法文），1954；

28.《中国的传统与革命》（法文）；1954；

29.《中国的奴隶制问题》（德文），书评，1954；

*30.《中国土地问题》（法文），1955；

31.《汉学研究主题的选择》（法文），1955；

32.《中国教育制度史卷一：走向五代之末年》（英文），书评，1955；

33.《北宋的官僚》（英文），书评，1955； 330

34.《明朝》（英文），书评，1956；

35.《13、14 世纪蒙古统治下的中国驿站体系》（德文），书评，1956；

36.《中国》（法文），1957；

37.《马可·波罗在中国的京城》（法文），1957；

38.《对列文森一文的评论》，1957；

39.《十一世纪末中国商业中心分布图》（法文），1957；

40.《作为官僚行动指南的中国历史》（德文），1957；

41.《中国科学与文明卷二：科学思想史》（英文），书评，1958；

42.《中国的特征》（卷一）（法文），1959；

*43.《中国官僚社会的长期稳定性》（法文），1959；

*44.《资本主义在中国的诞生》（英文），1960；

45.《中国的思想与制度》（英文），书评，1960；

46.《元朝的经济结构：元史卷九十三、九十四的翻译》（英文），书评，1960；

*47.《“以史为鉴”的官僚制度实践》（法文），1961；

*48.《中国社会的重要特征》（卷三）（法文），1952；

49. 1955 至 1963 年白乐日在法国高等实践研究院第六分部授课内容概要，曾发表在该研究院的年鉴上。后来 1964 年 8 月至 9 月，借第十六届国际汉学大会之机，波尔多人文科学与文学院又将其收入《向白乐日致敬》的小册子（第 8 至 12 页）。

二、去世时尚未发表或未完成的著作与论文

1.《中国文明和官僚制度》（英文），1964；

*2.《传统中国的政治理论和行政实践》（英文），1965；该文由 Jacques Reclus 译成法文后收入本书。

*3.《中国官僚君主专制》（法文），该文收入本书后，首次发表。

4.《中国法律史与法律人类学文献简介》（法文）；

331 5.《古代中国的制度和历史》（法文），与马伯乐合著，于 1967 年由法国大学出版社出版；

6.《中世纪中国的经济与社会研究卷三：〈晋书〉法律论》（法文），未完成；

7.《中世纪的法律精神》（法文），未完成；

8.《儒家思想的变化》（德文），1954 年在伯尔尼、苏黎世和汉堡等地的演讲稿；

9.《荀子》部分章节译注 （法文），未完成；

10. “宋史指南研究计划” 的早期法文研究，主要包含以下部分：初步的临时性研究，文献概述，《宋会要》目录，与日本同行的谈话，等等；

11.《17 世纪政治思想》（法文），该部分为 1961 至 1963 年白乐日在法国高等实践研究会第六分部的授课材料，主要包括：（1）黄宗羲；（2）顾炎武；（3）王夫之；

12.《汪辉祖研究材料》（法文），该部分同样是 1961 至 1963 年白乐日在法国高等实践研究会第六分部的授课材料，主要包括《学治臆说》部分翻译和评论；

13. 关于《汉书》、司马迁、中国资本主义、宋朝土地制度以及社会流动性等研究的法文笔记；

14.《中国文学为世界文学带来了什么？》（法文），为第十六届国际汉学大会所做的报告，油印版 2 页。

译后记

鉴天朝，知天下

——天朝的封建官僚机制

2017年，我在法国国家科学研究院民族学与比较社会学研究所访学。偶然得知广西师范大学出版社正在征集“海外汉学译丛”，便计划将法国社会学界的汉学著作挑选一两本来翻译。起初，一直在葛兰言的《关于中国的社会学研究》和白乐日的《天朝的封建官僚机制：古代中国经济和社会研究》两本著作之间犹豫，后来得知该社已经拟出版《葛兰言文集》，于是便选定了白乐日的著作。

与葛兰言相仿，白乐日也是新一代的法国汉学家。白乐日生于1905年，比葛兰言整整年轻21岁。如果说葛兰言深受法国汉学与涂尔干学派的影响，那么白乐日的学术渊源则在德国汉学与马克斯·韦伯。殊途同归，二者都从传统汉学擅长的文献研究出发，走向了跨学科研究，尤其是将史学与社会学、人类学等学科紧密联系起来。然而，白乐日更加清晰地意识到跨学科路径将会给西方汉学带来飞跃，也因此更加自觉地从经济学、社会学等视域和方法上研究中国，尤其是研究社会史中的中国。白乐日之所以能够在法国汉学界获得一席之地，正是得益于他的学科视域转向，如他在《中国的集市》一文中对西方传统汉学的批评，“西方的汉学家对中国的社会与经济几乎毫不感兴趣……他们还是重点关注中国的语言、宗教、哲学和文学”。然而，在白乐日之前，法国涂尔干学派的社会学家就已经开始关注中国社会。涂尔干曾在自己的社会学著述中多次提及中国。莫斯甚至撰文讨论中国的葬礼、巫术和灵魂崇拜。葛兰言也是涂尔干学派嫡传，其《中国古代的节庆与歌谣》开创了法国社会人类学研究中国的新局面。“一战”给法国涂尔干学派的社会学研究带来了巨大的破坏。战后，法国社会学研究快速恢复。后来白乐日为了躲避德国纳粹，来到巴黎，加入法国汉学学术圈。尽管“二战”对白乐日的学术生涯产生了巨大的冲击，但是法国汉学偏爱的历史学与社会学跨学科范式仍然为“二战”后白乐日的研究提供了沃土。

尽管白乐日在西方汉学界的影响深远，也深受著名汉学家费正清等人的推崇，但是国内学界对他的专门研究仍然凤毛麟角。这位曾获“儒莲奖”的法国汉学家在中国尤其是大陆学界的冷遇可能与其自身研究过于分散且专著偏少有关，亦与其著述在中国鲜有翻译不无关系。然而，白乐日不乏真知灼见。作为优秀的史学家，他鉴古知今，从中国过去之史准确地研判到中国发展之势，早在新中国成立之初便预见“在美苏的世纪之后将会是属于中国的21世纪”。作为杰出的研究者，他破旧立新，不仅接受新材料，而且能把新旧材料联系在一起，提倡“只有充分地比较正史、个人著述和较少利用的碑文等不同文献，才能弥补材料缺乏的问题”。在西方中心主义盛行的传统中，他能秉持学者的中正立场，大胆地指出“中国必须接受毫不犹豫地实现工业化，既不用依靠西方，也用不着理睬西方”。在怀疑中国论至上的年代里，他能抛弃傲慢的帝国主义之相，真诚地理解“新中国土地改革的目的是把广大的农村人口从苦难中拯救出来”。当然，面对新中国，他也提出了自己的疑问，“时间会给出答案，未来将告诉我们中国农民是否已经告别了苦难的岁月”。在近期召开的全国脱贫攻坚总结表彰大会上，习近平总书记庄严宣告中国的脱贫攻坚战取得了全面胜利！中国共产党人用一份漂亮的成绩单回答了“白乐日之问”。

有史以来，人类对待他者的心态大抵有三类：猎奇寻趣的心态，以他正己的心态，人类共同体的心态。以第一种心态来看中国，从中世纪至今都不乏其人，尤其以文学性的游记为代表。这些文字即便不是道听途说，也免不了添枝加叶，其直接目的就是描述差异，甚至夸大差异，以吸引读者的兴趣。第二种心态是把中国当作参照，甚至视为方法，以此激发对本国方方面面的思考，尤其以启蒙运动前后的来华传教士和思想家为代表。20世纪初，伴随着社会学和人类学的进步，以白乐日为代表的部分学者开始运用一种人类共同体的心态来观中国。就白乐日而言，他之所以研究中国，不是为法国乃至西方的民众增添茶余饭后的谈资，也不是为法国的自我完善提供一种借鉴，而是以中国社会为个案来思考人类社会的形态和动因。相对于前两者，人类共同体的心态能更好地摆脱意识形态的干扰，正如白乐日所言，“中国的命运从此不可分离地与现代社会的命运连在一起。后者变得越来越一致和趋同，并且受困于走向官僚体制的强烈倾向”。而白乐日之所以选择中国为个案，也正是因为成立之初的中华人民共和国的“独特之处就在于这个国家在经济上虽然不发达，但是在组织架构上非常发达”。

与许多西方学者不同，白乐日既承认古代中国官僚制度的独特性，也指出官僚制度并非中国独有，而是人类社会的组织方式之一，甚至包含西方诸国在内的现代人类社会都变得越来越有组织，官僚制度正是这种组织性的具体形态。以人类命运共同体为最高目标，这不仅仅是中国共产党的倡议，更是今天中国学者，乃至全世界学者都应遵循的研究心态。也正因如此，白乐日把自己的研究主题聚焦于“制度”。除了“历经两千年依然活跃于现代世界”的官僚制度外，白乐日还关注中国的土地制度、商业制度、司法制度等。他甚至率先从清代幕学出发，考察官僚制度下的微观行政实践。这无疑体现了汉学家白乐日敏锐的学术眼光和开阔的学术视野。

本书得以出版要感谢广西师范大学出版社的大力支持，该社先后有编辑们不厌其烦地解答我的疑惑。尤其是责任编辑蒋桂霞老师更是为本书最后定稿出版付出了大量心血。选题之时，笔者也得到了中国比较文学学会海外汉学研究会张西平会长及诸多前辈学友的支持，特此致谢！另外，我要特别感谢恩师徐新建教授为我打开了人类学的窗户，感谢法国导师 Albert Piette 教授与我探讨法国人类学、社会学诸问题。工作单位四川师范大学外国语学院的领导和同事为本书的出版给予了无私的帮助，研究生张精桐同学协助我完成了出版前的收尾工作，诸多学友给我提出了不少宝贵的建议，在此一并衷心致谢！最后，我要感谢国家社科基金的资助。2018 年，我有幸获批国家社科项目“近代法语期刊与‘中国西南表述’研究”，得以继续从文学与人类学、社会学的跨学科视域来研究法国汉学，顺利推进本书的翻译，因此本译作也是得益于该项目的成果之一。

2021 年 3 月

译者于川师成龙校区龙湖畔